ClimatePartner °
klimaneutral

Verlag | ID: 128-50040-1010-1082

Dieses Buch wurde klimaneutral hergestellt. CO_2-Emissionen vermeiden,
reduzieren, kompensieren – nach diesem Grundsatz handelt der oekom verlag.
Unvermeidbare Emissionen kompensiert der Verlag durch Investitionen
in ein Gold-Standard-Projekt. Mehr Informationen finden Sie unter: www.oekom.de

Bibliografische Information der Deutschen Nationalbibliothek

Die Deutsche Nationalbibliothek verzeichnet diese Publikation in der Deutschen
Nationalbibliografie; detaillierte bibliografische Daten sind im Internet
unter http://dnb.d-nb.de abrufbar.

© 2014 oekom, München
oekom verlag, Gesellschaft für ökologische Kommunikation mbH
Waltherstraße 29, 80337 München

Umschlaggestaltung: Elisabeth Fürnstein, oekom verlag
Umschlagabbildung: © Parto Teherani-Krönner. Das gemeinsame Mahl.

Druck: Bosch-Druck GmbH, Ergolding

Dieses Buch wurde auf 100%igem Recyclingpapier gedruckt.

ISBN 978-3-86581-688-7

RECYCLED
Papier aus
Recyclingmaterial
FSC® C011862

Parto Teherani-Krönner, Brigitte Hamburger (Hrsg.)

Mahlzeitenpolitik

Zur Kulturökologie von Ernährung und Gender

Edition Humanökologie: Band 8
Schriftenreihe der Deutschen Gesellschaft für Humanökologie
Herausgegeben von Bernhard Glaeser
Wissenschaftszentrum Berlin für Sozialforschung (WZB)

Herausgegeben von Bernhard Glaeser
Wissenschaftszentrum Berlin für Sozialforschung (WZB)

Inhalt

Geleitwort der Deutschen Gesellschaft für Humanökologie

Bernhard Glaeser

Deutsche Gesellschaft für Humanökologie, Berlin

Die Humanökologie ist eine zukunftsweisende Disziplin und themenübergreifende Forschungskultur, deren Gegenstand die Wirkungszusammenhänge und Interaktionen zwischen Gesellschaft, Mensch und Umwelt sind. Ihr Kern ist eine ganzheitliche Betrachtungsweise, die physische, soziokulturelle, wirtschaftliche und politische Aspekte einbezieht. Der Begriff Humanökologie geht auf die soziologischen Arbeiten der Chicago-Schule um 1920 zurück und verbreitete sich seitdem in den Natur-, Sozial-, Planungs- und Humanwissenschaften.

Die Deutsche Gesellschaft für Humanökologie (DGH) wurde 1975 gegründet. In ihren frühen Jahren war sie vorwiegend sozialmedizinisch geprägt, bis sie eine thematische Ausweitung in weitere Wissenschafts- und Politikfelder förderte. Heute ist sie ein Forum, in dem Experten aus allen Bereichen der Umweltwissenschaften zusammenkommen, um voneinander zu lernen und miteinander zu diskutieren. Ihre Internet-Hausseite ist zu finden unter http://www.dg-humanoekologie.de

Seit 1989 pflegt die DGH auf ihren Jahrestagungen das interdisziplinäre Gespräch zu ausgewählten, für die Umwelt- und Nachaltigkeitsthematik relevanten Schwerpunktthemen. Daraus entstand zunächst eine Reihe von Bänden im Westdeutschen Verlag:

Bernhard Glaeser (Hrsg.) 1989. *Humanökologie.*

Bernhard Glaeser und Parto Teherani-Krönner (Hrsg.) 1992. *Humanökologie und Kulturökologie.*

Karl Aurand, Barbara P. Hazard und Felix Tretter (Hrsg.) 1993. *Umweltbelastungen und Ängste.*

Josef Schmid (Hrsg.) 1994. *Bevölkerung — Umwelt — Entwicklung.*

Barbara P. Hazard (Hrsg.) 1997. *Humanökologische Perspektiven in der Gesundheitsforschung.*

Dieter Steiner (Hrsg.) 1997. *Mensch und Lebensraum: Fragen zu Identität und Wissen.*

Seit 2000 publiziert die Gesellschaft im Rahmen einer neuen Schriftenreihe – der Edition Humanökologie im oekom Verlag. Folgende Bände
sind bisher erschienen:

Wolfgang Serbser (Hrsg.) 2004. *Humanökologie: Ursprünge – Trends –
Zukünfte.* Edition Humanökologie Band 1.

Wolfgang Serbser, Heide Inhetveen und Fritz Reusswig (Hrsg.) 2004.
*Land – Natur – Konsum. Bilder und Konzeptionen im humanökologi-
schen Diskurs.* Edition Humanökologie Band 3.

Bernhard Glaeser (Hrsg.) 2005. *Küste, Ökologie und Mensch. Integrier-
tes Küstenmanagement als Instrument nachhaltiger Entwicklung.* Edition
Humanökologie Band 2.

Bernhard Glaeser (Hrsg.) 2006. *Fachübergreifende Nachhaltigkeitsfor-
schung. Stand und Visionen am Beispiel nationaler und internationaler
Forscherverbünde.* Edition Humanökologie Band 4.

Susanne Stoll-Kleemann und Christian Pohl (Hrsg.) 2007. *Evaluation
inter- und transdisziplinärer Forschung. Humanökologie und Nachhaltig-
keitsforschung auf dem Prüfstand.* Edition Humanökologie Band 5.

Karl Bruckmeier und Wolfgang Serbser (Hrsg.) 2008. *Ethik und Umweltpolitik. Humanökologische Positionen und Perspektiven.* Edition
Humanökologie Band 6.

Kurt Egger und Stephan Pucher (Hrsg.) 2012. *Was uns nährt, was uns
trägt. Humanökologische Orientierung zur Welternährung.* Edition Humanökologie Band 7.

Der vorliegende Band 8 ergänzt und komplettiert mit *Mahlzeitenpolitik*
den vorhergehenden Band 7 zur *Welternährung.* Beiträge zur Kulturökologie der Ernährung reichen von der schieren Ernährungssicherung
über „schwarze und weiße Küche" bis zu regionalen Ernährungskulturen und Anbausystemen, in denen die tragende Rolle der Frauen deutlich wird. Beispiele aus verschiedenen Weltregionen würzen den Band.
„Mahlzeitenpolitik" schreitet auf einem neuen Weg in die Zukunft und
läutet mit diesem Band einen Paradigmenwechsel ein: Nur mit einer
Zusammenführung der Agrar- und Ernährungswissenschaften und deren Ergänzung durch sozial- und kulturwissenschaftliche Ansätze einschließlich einer Geschlechterperspektive kann sich eine sensible Sichtweise auf unsere tägliche Ernährung entwickeln, die zur Mahlzeitensicherheit führt.

Deutsche Gesellschaft für Humanökologie   Bernhard Glaeser
Berlin, im Juli 2014   Präsident

Einführung

Parto Teherani-Krönner[1], Brigitte Hamburger[2]

[1] E-Mail: parto.teherani-kroenner@agrar.hu-berlin.de
[2] E-Mail: mail@brigitte-hamburger.de

Der vorliegende Sammelband eröffnet ein neues Kapitel in der Ernährungsdebatte, in dem das Konzept der Mahlzeiten bzw. der Mahlzeitensicherheit, Mahlzeitenkultur und Mahlzeitenpolitik eingeführt wird. Dabei wird etwas Offenkundiges angesprochen, dass jedoch lange unbeachtet im Dunkeln geblieben ist, nämlich, dass Menschen nicht agrarische Rohprodukte, sondern meist zubereitete Mahlzeiten essen. Dabei werden Ziele einer nachhaltigen Umweltentwicklung mit Ideen der Ernährungssouveränität und der Geschlechtergerechtigkeit zusammengeführt. Durch Betonung der Geschlechterperspektive und der human- und kulturökologischen Dimension in der Herstellung und Zubereitung unserer täglichen Mahlzeit wird die bisherige Ernährungsdebatte bereichert.

Eine zentrale Frage der Mahlzeitensicherheit ist die Genderperspektive, da sowohl in der Herstellung der Agrarprodukte als auch in ihrer Weiterverarbeitung und der Zubereitung von Mahlzeiten das Geschlechterarrangement eine entscheidende Rolle spielt. Frauen leisten in der Mahlzeitensicherheit, der Mahlzeitenkultur und Mahlzeitenpolitik entscheidende Beiträge, die nicht länger vernachlässigt werden dürfen. Somit sind unsere Mahlzeiten auch nicht geschlechtsneutral. Darauf verweisen einige Beiträge in diesem Sammelband.

In der Ernährungsdebatte sind Kriterien für Gesundheit und Wohlbefinden wichtig für das Gemeinwohl. Im Grunde haben der Genuss und die sozial-kommunikativen wie kulturellen Dimensionen unserer täglichen Mahlzeiten eine zentrale Bedeutung. Dies dürfte nichts Neues sein, doch für die Wissenschaft, die sich mit der Ernährung befasst, wäre es eine Innovation, da die konventionelle Ökotrophologie bisher stärker naturwissenschaftlich orientiert gearbeitet hat.

Auch für die Agrarwissenschaften geraten diese Fragen kaum ins Blickfeld. Mit der Mahlzeitensicherheit, der Mahlzeitenkultur und der Mahlzeitenpolitik soll eine Brücke geschlagen werden zwischen den Agrarwissenschaften und den Ernährungswissenschaften. Bisher haben

sie sich weitgehend isoliert voneinander entwickelt und sind fast ohne
Berührung und gegenseitigen Austausch ausgekommen, gleichwohl sie
sich der menschlichen Ernährung verpflichtet wissen. Im Mainstream
der Agrar- und Ernährungswissenschaften dominieren naturwissen-
schaftliche Ansätze. Auch wenn die Interdisziplinarität in aller Munde
ist, wird sie wenig umgesetzt.

Die Hinwendung zur Mahlzeitenkultur eröffnet neue Forschungsbe-
reiche. Qualität und Quantität dessen, was wir täglich zu uns nehmen,
können in einem neuen Licht erscheinen. Auch ist mit neuen Bewer-
tungskriterien für unser Wohlergehen zu rechnen, die sich nicht allein
in Kilokalorien, Vitaminen und Mineralien messen lassen.

Für diesen neuen Ansatz, der sich auf Mahlzeiten bezieht, wird die
Einbeziehung sozial- und kulturwissenschaftlicher Ansätze als Notwendigkeit und Bereicherung aufgefasst. Mit einer human- und kulturökologischen Einbettung und der Berücksichtigung der Mensch-Umwelt-
Beziehung können ökologische Themen sowie Fragen zur Arbeitsteilung, zum Geschlechterarrangement und zu gesellschaftlichen Machtstrukturen aufgegriffen werden. Ernährungsfragen sind existentiell – sie
entscheiden über Leben und Tod. Historisch betrachtet sind gesellschaftliche Abhängigkeiten verknüpft mit dem Zugang zu Nahrungsmitteln und somit ein Thema der Ernährungssicherung, der Ernährungssouveränität und, wie zu zeigen sein wird, der Mahlzeitenpolitik.

Eine Wissenschaft, die sich mit der Mahlzeit befasst, wird bisher wenig kombinierte und integrierte Dimensionen unserer Ess- bzw. Mahlzeitenkultur aufgreifen und somit neue Perspektiven eröffnen. Einige
Beiträge in diesem Sammelband liefern bereits erste Bausteine zu diesem
neuen Ansatz. Das, was im angelsächsischen mit dem Begriff *food studies* bezeichnet wird, könnte ein integraler Bestandteil der gesamten
meal security und *meal policy* Debatte werden. Somit ermöglicht uns
die Mahlzeiten-Wissenschaft die Zusammenführung verschiedener Disziplinen unter einem Motto. Es wird ein Thema sein, das zwar komplex
ist, jedoch realitätsnäher und problemorientierter recherchiert werden
könnte. Es geht um Inter- und Transdisziplinarität unserer täglichen
Mahlzeit mit all den Konsequenzen, die dies für uns persönlich, aber
auch für regionale und internationale Märkte und Prozesse und auf die
Umwelt hat.

Einen neuen Zugang zum Ernährungsthema stellt Parto Teherani-
Krönner in ihrem Beitrag *Mahlzeitenpolitik, Mahlzeitensicherheit und
Mahlzeitenkultur* vor. Ausgehend von der täglichen Ernährung – den
Mahlzeiten und dem, was auf den Teller kommt – werden die Begriffe
der Mahlzeitensicherheit, Mahlzeitenpolitik und Mahlzeitenkultur ein-

geführt, um dem Denken in der verfahrenen Diskussion um die Ernährungsfrage eine neue Richtung zu geben. Ein human- und kulturökologischer Ansatz wird vorgestellt, mit dem auch Fragen zur Umwelt, der Qualität unserer Nahrung, der Arbeitsteilung, Verantwortung und Zuständigkeiten einbezogen und aus der Geschlechterperspektive analysiert werden.

Der Umgang mit der auch im 21. Jahrhundert andauernden Hungerkatastrophe steht im Mittelpunkt des Beitrages von Michel Lanz, der die Lösungsansätze von FAO, IFPRI, Welthungerhilfe, WHI, Weltagrarbericht und Humboldt-Forum untersucht und kritisch würdigt. Er argumentiert im Sinne einer konsequenten Befolgung der Maxime *food first*, die auch eine Verhaltensänderung in den Industrieländern zur Folge haben müsste.

Den Fragen der Subsistenz und der Allmende wendet sich Josephine Hilliges zu. Sie widmet sich kritisch der Rezeption des Hardinschen Ansatzes und setzt ein Fragezeichen – *Tragödie der Allmende?* Die Autorin betrachtet den ideengeschichtlichen Hintergrund der *Allmendetragödie* aus feministischer Sicht. Daraus folgernd schlägt sie einen alternativen Blickwinkel vor, durch den Subsistenzwirtschaft, Genderaspekte, lokales Wissen und die Partizipation der Betroffenen einbezogen werden.

An einem konkreten Beispiel zeigt das Interview mit Mary Abukutsa Onyango, wie stark koloniale Herrschaftsstrukturen Ernährungsgewohnheiten beeinflusst haben. Die Wiederentdeckung und das wieder zunehmende Wissen über afrikanische indigene Gemüsesorten sind eine Bereicherung für die Ernährung und die Zubereitung von Mahlzeiten. Darüber hinaus sieht die Forscherin den Anbau indigener Gemüse als Chance für arme Bevölkerungsgruppen und eine bessere Ernährungsgrundlage für viele Menschen in Afrika.

Mit einem historischen Rückblick zeichnet Elisabeth Meyer-Renschhausen die Veränderungsprozesse *Von der schwarzen zur weißen Küche nach* und befasst sich mit der *Kunst des richtigen Dosierens*. Von der ofenbeheizten, schwarzen Küche ging die Entwicklung hin zur sterilen, weißen Küche. Dabei verändert sich die Wertschätzung für die Kochkunst der Bäuerin, Köchin und Hausfrau am heimischen Herd. Auch die symbolischen Bedeutungen des Herdfeuers, des Ofens, der Frau im Rauch, werden zum Verständnis dieser Wandlungsprozesse beleuchtet.

Der Verlust des gemeinsamen Mahles am Küchen- und Esstisch, gesundheitliche und soziale Aspekte des Kochens und Essens sowie der Mangel an Wissen und Erfahrung über Zubereitung, sind Themen im

Beitrag von Georg Eysel-Zahl. Daraus folgert der Autor: *Ohne Ernäh-rungsbildung keine Ernährungssouveränität.* Positive Beispiele werden in der Arbeit von Stiftungen, Einzelpersonen und anderen Akteuren gese-hen, wobei exemplarisch auf die Arbeit der Sarah Wiener Stiftung (SWS)[1] – „Für gesunde Kinder und was Vernünftiges zu essen" verwie-sen wird.

Regionalen Ernährungskulturen in Sierra Leone und Zimbabwe wendet sich Rita Schäfer in ihrem Beitrag zu Gender als *Schlüsselkate-gorie zum Verständnis der Anbausysteme und der Ernährungssicherung in Afrika* zu. Exemplarisch zeigt die Autorin den Beitrag von Frauen in den spezifischen Anbausystemen, weist auf die Bedeutung der Arbeits-teilung in der Landwirtschaft hin und auf die Verhandlungsmacht von Frauen in Familie und Gemeinschaft. Herausgearbeitet werden histori-sche Entwicklungen in ihrer Bedeutung für Handlungsspielräume der Gegenwart und Zukunft.

Mit einem humanökologischen Ansatz untersucht Mirjam Röder Er-nährung als ganzheitlichen Prozess. Die Autorin befasst sich mit dem *Wandel von Ernährungsgewohnheiten im Sudan.* In ihrem Beitrag zeigt sie, wie Technologien und Techniken, wirtschaftliche, politische und gesellschaftliche Entwicklungen, Weltanschauung, Sitten und Traditio-nen die Auswahl und Zubereitung der Nahrung prägen. Die Mahlzeit erweist sich so in ihrer Gesamtheit als kulturelle Inszenierung.

Die Zusammenhänge und die Verwobenheit von Mahlzeiten, Biodi-versität, lokalem Wissen und Geschlechterkonstruktionen zeigt Julika Schmitz in ihrer Untersuchung zu *Mahlzeiten und Nahrung bei den Shu-ar in Ecuador.* Da der fortschreitende Verlust von Agrobiodiversität zwangsläufig auch das Verschwinden des Wissens über die Vielfalt mit sich bringt, betont sie den Wert des noch lebendigen lokalen Wissens indigener Völker. Grundlage für die empirische Forschung ist ein diffe-renzierter Ansatz, der die Dimensionen Geschlecht und Mensch-Umwelt-Verhältnis einbezieht.

Schließlich wird der Alltag rund um das Essen und unsere Mahlzei-ten im Beitrag von Brigitte Hamburger in Sprichwörtern gespiegelt. Mit den verschiedenen Sprichwörtern aus unterschiedlichen Ländern lassen sich Gemeinsamkeiten im Alltagswissen erkennen. Die Mahlzeit tritt in verschiedenen Themenfeldern auf und kreist um Liebe, Hunger, Ge-sundheit, Gastfreundschaft und vieles mehr.

---

[1] Sarah Wiener ist eine durch Fernsehsendungen bekannt gewordene Starkö-chin, die mehrere Restaurants in Berlin führt und sich für Ernährungserzie-hung in den Schulen einsetzt.

Mit diesen Beiträgen wird die breite Palette an Fragestellungen und Arbeiten deutlich, die sich um das Thema Mahlzeiten drehen. Sie eröffnen eine neue Sicht auf unsere tägliche Routine und veranschaulichen wie vielschichtig das ist, was wir essen.

Ernährungssicherung auf dem Prüfstand

Foto Zwischentitel:
„Auberginmus als Vorspeise in Teheran"
Parto Teherani-Krönner

Mahlzeitenpolitik, Mahlzeitensicherheit und Mahlzeitenkultur. Ein neues Konzept in der Ernährungsdebatte

Parto Teherani-Krönner

E-Mail: parto.teherani-kroenner@agrar.hu-berlin.de

Zusammenfassung. Mit diesem Beitrag wird die Komplexität unserer täglichen Mahlzeit hervorgehoben und die Bedeutung von Mahlzeitensicherheit, Mahlzeitenpolitik und Mahlzeitenkultur in der Ernährungsdebatte vorgestellt. Die Zubereitung unserer Mahlzeiten – so auch das Kochen – wird damit zu einem zentralen Anliegen für die wissenschaftliche Untersuchung von häuslichen Beziehungen und lokaler Lebensgestaltung (*livelihoods*). Für das Ernährungsthema sind nicht nur Fragen der Produktion von Lebens-Mitteln, sondern auch deren Weiterverarbeitung in der sozialen Reproduktion von Belang, die nur im Zusammenspiel das Alltagshandeln aufrechterhalten können und somit unsere Aufmerksamkeit verdienen.

Mit einem Ansatz zur Mahlzeitensicherheit und Mahlzeitenkultur wird eine neue Bewertung der Arbeit im Haushalt – *care economy* –, meist die der *Hausfrau* oder die des *Hausmanns* oder all jener, die für die Zubereitung von Mahlzeiten für die Mitglieder einer Hausgemeinschaft oder Gruppe zuständig sind, gewürdigt. Es geht um einen neuen wissenschaftlichen Zugang, in dem die Agrar- wie auch die Ernährungswissenschaften sich mit dem gesamten Kontext befassen müssen, der zur Erstellung einer wirklich gesunden und bekömmlichen Mahlzeit gehört. Hiermit eröffnen sich neue Perspektiven für eine Mahlzeitenpolitik, die ökologische, ökonomische wie auch soziokulturelle Dimensionen unserer Alltagsernährung zusammenführen und der Mensch-Umweltbeziehung eine größere Achtsamkeit schenken. Der hier verfolgte Ansatz wird eingebettet in human- und kulturökologischen Modellen, die um den Gender-Aspekt erweitert, sich für Ernährungsfragen als besonders geeignet erweisen.

Schlüsselwörter. Ernährung. Ernährungssicherung. Mahlzeitensicherung. Mahlzeitenpolitik. Mahlzeitenkultur. Kulturökologie der Mahlzeit. Geschlecht. Soziale Reproduktion.

Vorwort

In den letzten Jahrzehnten wurde immer wieder das Thema der Ernährungssicherung – *food security* – auf internationaler und nationaler E-bene diskutiert. Große Erfolge sind trotz Deklarationen und Bekenntnissen – wie in den UN-Millenniumszielen (MDG[1]) – nicht zu verzeichnen. Die Zahl der Hungernden hat nicht nur nicht abgenommen, sondern ist nicht zuletzt durch die Preissteigerungen bei Grundnahrungsmitteln der vergangenen Jahre, vor allem mit den Nahrungsmittelkrisen nach 2008 und später auch 2011, angestiegen.

Das berechtigt, Zweifel an den bisherigen Konzepten der Ernährungssicherung anzumelden und den Verlauf der bisherigen Ernährungsdebatten unter die Lupe zu nehmen. Dabei geht es nicht nur um die Politik, sondern auch um einen kritischen Blick auf wissenschaftliche Konzepte und Ansätze in der Ernährungssicherungsdebatte. Mit diesem Beitrag wird auf die historische Entwicklung der Ansätze zur Ernährungssicherheit und Ernährungssouveränität verwiesen und durch einen neuen Blick die Bedeutung der Mahlzeit als Bereicherung der Ernährungsdebatte herausgearbeitet. Damit eröffnen sich neue Perspektiven für Wissenschaft und Politik, die die internationalen Verflechtungen unserer Mahlzeitenkulturen im Alltag umfassen.

Mahlzeitensicherheit oder Ernährungssicherheit?

In der verfahrenen Diskussion um die Ernährungsfrage mag es hilfreich sein, die Begrifflichkeit zu überprüfen, um dem Denken eine neue Richtung zu geben. Es geht um unsere tägliche Ernährung – unsere Mahlzeiten. Daher wird hier das neue Konzept der Mahlzeitensicherheit vorgestellt und ausgehend davon werden auch die Begriffe der Mahlzeitenpolitik und Mahlzeitenkultur eingeführt.

Mit dem angelsächsischen Begriff *food security* – übersetzt mit Ernährungssicherheit – wird oft auf das weltweite Problem des Hungers hingewiesen. Dabei geht es meist um die Menge an Nahrungsmitteln bzw. die Höhe der Agrarproduktion. Thema ist die Quantität von Grundnahrungsmitteln, die bezogen auf die Bevölkerung berechnet

---

[1] MDG – *Millenium Development Goals* – Die acht Millenium-Entwicklungsziele wurden aus der Milleniumserklärung abgeleitet, die im Jahr 2000 während des sogenannten Milleniums-Gipfels der Vereinten Nationen verabschiedet wurde. Ziel 1 ist die Bekämpfung von extremer Armut und Hunger.

wird. Im Blick stehen Weizen, Mais, Reis und die damit einhergehenden Kilokalorien, die den Menschen zur Verfügung stehen. Der Zugang zu diesen Nahrungsmitteln wird als Problem erkannt, da nicht alle Menschen über die notwendigen Mittel verfügen, sich selbst zu versorgen oder ihre Nahrungsmittel auf dem Markt zu erwerben. Das sind mittellose Menschen, die Armen, die Hungernden. Mittlerweile ist jeder sechste oder siebte Mensch auf Erden davon betroffen.

Auf der anderen Seite ist in vielen Industrieländern und Schwellenländern ein großer Anteil der Bevölkerung mit Problemen des Übergewichts konfrontiert. Der einen Milliarde Hungernder steht eine weitere Milliarde übergewichtiger Menschen gegenüber. Auf der einen Seite der Mangel, auf der anderen Seite der Überfluss, der anscheinend auch nicht einfach zu bewältigen ist. Ernährungsfragen, mit denen die Weltgesellschaft konfrontiert ist, sind komplexe und grundlegend kulturelle Probleme. Sie sind nicht mit dem Begriff Ernährungssicherheit (*food security*) allein zu fassen.[2]

In dem hier vorzustellenden Ansatz wird daher ein neues Konzept und damit einhergehend ein innovativer Terminus *Mahlzeitensicherheit* eingeführt, wie ich ihn bereits in Ansätzen in einem Beitrag im Sammelband: *Food Security and Nutrition* (Kracht/Schulz 1999) entwickelt hatte (Teherani-Krönner 1999).[3] Denn es geht um das, was Menschen wirklich essen, was sie zu sich nehmen, wie sie essen, mit wem sie ihr Mahl teilen und wie alles zubereitet, serviert, abgeräumt und entsorgt wird. Nicht zu versäumen ist daher, danach zu fragen, wer die notwenige Zeit aufbringt und die damit einhergehende Arbeit übernimmt und die Verantwortung für die Sättigung und Gesundheit der Haushaltsmitglieder trägt.

Hiermit wird etwas benannt, das zwar offenkundig ist, aber bisher begrifflich so konkret noch nicht gefasst wurde, nicht in den Blickwinkel geriet und somit ignoriert werden konnte. Es geht um das Faktum, dass Menschen überwiegend zubereitete Mahlzeiten essen und nicht

---

[2] Der Begriff Ernährungssicherheit auf Deutsch umfasst *food security* und *food safety*, gleichwohl es einen Unterschied macht. In einem Fall geht es eher um die Quantität – *food safety* hingegen verweist auf die Qualität und den Gesundheitsaspekt unserer Nahrungsmittel.

[3] Die Begriffe: Mahlzeitensicherheit, Mahlzeitenpolitik und Mahlzeitenkultur habe ich in verschiedenen Vorträgen – z. B. DGH 2004; Rom 2009; Hanoi 2010; Berlin 2011; Berlin 2013; Canberra 2013; Florenz 2013 und Leibnitz 2013 – ausgearbeitet und zur Diskussion gestellt. In diesem Beitrag wird der Ansatz nunmehr schriftlich vorgelegt.

Rohprodukte. Und so blieb der gesamte Prozess, wie wir zu einer bekömmlichen und wohlschmeckenden Mahlzeit kommen, in der Debatte
um *Ernährungssicherheit* im Schatten der Wissenschaften, die sich nicht
darum gekümmert haben, was Menschen wirklich essen. Jedenfalls
war/ist es nicht Bestandteil der Ernährungsdebatte und zwar weder in
den Agrarwissenschaften noch in den Ernährungswissenschaften.
Gleichwohl besteht die Notwendigkeit, Brücken zwischen den agrar-
und ernährungswissenschaftlichen Disziplinen zu schlagen. Dem nachzugehen, ist sicher eine lohnende Aufgabe.[4]

Auch auf internationaler Ebene wird die Lücke erkannt. Hierzu sagt
die Leiterin eines neu gegründeten Arbeitsbereichs *SecureNutrition core
team*, Yurie Tanimichi Hoberg, bei der Weltbank:

> "One of the things that struck me as a very practical approach when we
> talk about nutrition and agriculture is to really use the gender lens. It's
> because nutrition in itself is sometimes quite foreign in concept to what
> we are used to working on in agriculture. In nutrition, the focus is on
> the first one thousand days of life, starting from conception, and there's
> much emphasis on looking at children and young infants mainly under
> two years old. So, to take that approach and to try to link that with ag-
> riculture is often not that easy. I think a very practical and operational
> lens is gender"
>
> (Hoberg 2012).

Mit diesem Beitrag, aber auch mit anderen Artikeln dieses Sammelban-
des, wird gezeigt, warum es wichtig ist, die Perspektive zu wechseln.
Dabei soll zum einen der Fokus auf das gelenkt werden, was und wie
Menschen wirklich im Alltag essen und ihre Mahlzeiten zu sich nehmen. Zum anderen gilt es, das Thema Ernährung in einen umfassende-
ren Kontext zu setzen.

Neue Begrifflichkeit

Mit dieser neuen Begrifflichkeit wird eine Aufforderung verbunden,
den Blick zu schärfen und über den Unterschied nachzudenken. Mahl-

---

[4] Nach der BSE-Krise 2003 wurde die Notwendigkeit der Zusammenführung
der Ernährungs- und Agrarpolitik deutlich und mit dem Begriff Agrarwende
gekennzeichnet. Daran hat die Fachtagung der Arbeitsgemeinschaft Ernährungsverhalten (AGEV) gemeinsam mit dem Zentrum Technik und Gesellschaft (ZTG) an der TU Berlin 2013 zum Thema „Agrarwende – Bilanz und
Perspektiven" erinnert, da nach 10 Jahren die Verbindung in Forschung
und Lehre kaum stattgefunden hat.

zeitensicherheit oder Ernährungssicherheit? Das ist hier die Frage. Woran denken wir, wenn von *food security* – Ernährungssicherheit die Rede ist und was beinhaltet ein Ausdruck wie *meal security* – Mahlzeitensicherheit? Worin besteht der Unterschied?

Zum einen sollen bezogen auf unsere Essgewohnheiten und unsere täglichen Mahlzeiten alle erforderlichen Schritte Beachtung erfahren. Das bedeutet, dass auch Fragen der Arbeitsteilung, Verantwortung und Zuständigkeiten und damit einhergehend die Geschlechterperspektive als wichtige Dimensionen unserer täglichen Ernährung und Mahlzeit einbezogen und eingeblendet werden. All dies tritt in der (internationalen) Diskussion zur Ernährungssicherheit kaum in Erscheinung. Doch nun ist zu hoffen, dass diese Aspekte unserer täglichen Mahlzeit in der neuen Begrifflichkeit eine wiederentdeckte Wertschätzung erlangen.

Zum anderen geht es auch um den Prozess der Herstellung unserer Lebensmittel mit allen Konsequenzen für die Umwelt und die Sozialsysteme, einschließlich der Machtstrukturen, die unsere Alltagsernährung formen. Dies umfasst die Produktionsbedingungen, die angebotene Produktpalette und das Zubereiten von Mahlzeiten einschließlich aller Arbeitsschritte. Das ist wichtig, damit der gesamte Prozess der Verarbeitung und Zubereitung mit all den notwendigen Mitteln und Ressourcen wie auch Konsequenzen für die soziale und naturräumliche Umwelt ins Blickfeld gerückt werden.

In den Agrarwissenschaften wird bisher mit dem *value chain* Ansatz der Prozess der Produktion, der Lagerung, des Transportes, der Verarbeitung und Vermarktung bis zum Verkauf der Agrargüter verfolgt. Was nach dem Erwerb der Lebensmittel erfolgt, wie sie dann verarbeitet werden, wer dafür zuständig ist, aus den erworbenen Zutaten eine Mahlzeit herzustellen, zu kochen und zu servieren, bleibt für die bisherigen wissenschaftlichen Ansätze eher im Dunkeln, fast ein Tabuthema. Kochen scheint eine zu ordinäre Arbeit, um sie als Bestandteil wissenschaftlicher Konzeption der Ernährungssicherheit zu behandeln. Das soll mit dem Konzept der Mahlzeitensicherheit und Mahlzeitenpolitik anders werden. Denn nun werden auch diejenigen Prozesse zum Thema gemacht, die sich auf die Zubereitung und die Herstellung von Mahlzeiten beziehen und in der Sphäre der sozialen Reproduktion angesiedelt sind. Alle damit einhergehenden Aufgaben sind wichtig, um den gesamten Prozess mit den notwendigen Arbeitsschritten in Augenschein zu nehmen.[5]

---

[5] Bei der SHE (Society for Human Ecology) Konferenz in Las Vegas 2011 bestätigte mir ein Teilnehmer aus Bangladesh nach meinem Vortrag zu

Amartya Sen (1982) hat gezeigt, wie auch innerhalb von Haushalten der Zugang zu Nahrungsmitteln unterschiedlich sein kann und dabei den Begriff *entitlement* geprägt. Es kann also sein, dass ein Sack mit Reis die Türschwelle zur Wohnung passiert, was und wie aber die zubereitete Mahlzeit dann hergestellt und aufgeteilt wird, ist ein Kapitel, das lange Zeit keine Beachtung gefunden hat. Die gesellschaftlichen Interaktionen und Beziehungen in der Herstellung und dem Verzehr sind jedoch wichtige Aspekte unserer Mahlzeiten, die nunmehr ins Zentrum der Betrachtungen gerückt werden. Daher sind auch alle mit der Nahrung einhergehenden Machtstrukturen von Bedeutung.

Eine Wertschätzung erfährt unsere tägliche Mahlzeit, wenn sie enthäuslicht wird. Dann werden alle Arbeitsschritte berücksichtigt, für die bezahlt wird bzw. Löhne zu entrichten sind.

Exkurs: das Mahl und die Mahlzeit

Das hier vorgestellte Konzept der Mahlzeitenpolitik wird eingebettet in einen human- und kulturökologischen Ansatz, wie ich ihn schon in früheren Arbeiten skizziert habe (vgl. Teherani-Krönner 2008a). Nunmehr kann dieses Konzept auch für den Bereich unserer Ernährung und für unsere Mahlzeiten spezifiziert werden. Damit gelangen wir zu einer ganzheitlichen Betrachtung unserer täglichen Mahlzeiten und Mahlzeitenkultur.

Mit dem Mahl oder der Mahlzeit wird in der deutschen Sprache nach *Wahrig: Deutsches Wörterbuch* „Essen, Mahl, (zu bestimmter Zeit eingenommene) Speise oder Speisenfolge" bezeichnet (Wahrig 2001). Wobei explizit ein breites Spektrum vom bescheidenen über das einfache bis zum reichlichen und üppigen Mahl Erwähnung findet.

Das DWDS (Digitales Wörterbuch der deutschen Sprache) erwähnt ferner, den Prozess der Zubereitung von Speisen als auch die „gemeinsame" Einnahme derselben (DWDS 2013).

Damit soll verdeutlicht werden, dass das Mahl und die Mahlzeit sehr unterschiedlich ausfallen können. Wichtige Kriterien sind sowohl der Prozess der Zubereitung als auch die Zeit bzw. der Zeitpunkt einer gemeinsamen Einnahme. Die Mahlzeit kann üppig aber auch karg ausfal-

---

Meal Security or Food Security? dass die Hilfsorganisationen in seinem Land nach einer Überschwemmungsnot zwar Säcke mit Reis liefern, sich aber keine Gedanken darüber machen, wie der Reis gekocht werden kann. Es fehlt dann an Energie, sauberem Wasser und den notwendigen Zutaten und Utensilien.

len, wobei damit auch auf die verschiedenen sozialen Gruppen und Klassen bzw. Milieus hingewiesen wird. Sicher sind dann auch noch die kulturellen Unterschiede von Bedeutung, auf die am Ende dieses Beitrags verwiesen wird. Wichtig ist es, das Setting in dem jeweiligen Kulturkreis und der sozialen Gruppe mit zu beachten. Dabei ist die Mahlzeit nicht auf eine bestimmte soziale Gruppe orientiert, fällt aber sehr unterschiedlich aus, je nach dem in welchem Umfeld die Mahlzeit arrangiert und eingenommen wird. Hierzu hat z. B. Doris Hayn sieben verschiedene Ernährungsstile in Deutschland ausfindig gemacht (vgl. Hayn 2005). Die Mahlzeit kann in einem Fastfoodlokal oder am Straßenrand eingenommen werden. Am anderen Ende der Skala steht dann möglicherweise ein *Slow Food* Restaurant oder eine Sterneküche für gehobene Ansprüche.

Der Begriff Mahlzeit taucht auch bei einer Kampagne von Oxfam auf. Unter dem Motto: *Mahlzeit! Ein Planet. 9 Milliarden. Alle satt* wird auf die weltweiten Probleme und Spekulationen auf den Agrarmärkten hingewiesen.[6]

In der sozialwissenschaftlichen Literatur ist der Begriff in Vergessenheit geraten, obwohl Georg Simmel in seinem Beitrag zur Soziologie der Mahlzeit bereits vor 100 Jahren das Phänomen als grundlegend soziologische Angelegenheit bezeichnet hat (vgl. Simmel 1910).

Das Mahl kann analog zur Gabe im Sinne von Marcel Mauss als *gesellschaftliches Totalphänomen* beschrieben werden. Denn das Ernährungshandeln hängt mit allen anderen Lebensbereichen zusammen, die nicht isoliert werden dürfen, wenn das Totalphänomen Nahrung begriffen werden soll (vgl. Rückert-John und Teherani-Krönner 2012).

> „In diesen ‚totalen' gesellschaftlichen Phänomenen kommen alle Arten von Institutionen gleichzeitig und mit einem Schlag zum Ausdruck: religiöse, rechtliche und moralische (...); ökonomische (...); ganz zu schweigen von den ästhetischen Phänomenen (...)"
>
> (Mauss 1968: 17-18).

---

[6] Auf der Homepage steht: „Aufbruch in ein neues Ernährungszeitalter. Anders produzieren, weniger verschwenden, anders konsumieren! Für eine gerechte Welt. Ohne Hunger. Innerhalb der ökologischen Grenzen" (Oxfam 2013).

Die Kategorie Mahlzeit

Als Totalphänomen können Begriffe wie Mahlzeitenkultur und Mahlzeitenpolitik ein neues Licht auf den gesamten Prozess der Produktion
und Verarbeitung von Lebensmitteln sowie das Kochen und Servieren
täglicher Mahlzeiten werfen. Dabei erfahren geschlechtsspezifische Dimensionen unserer Ernährung im Zusammenhang mit Umweltfragen
eine neue Gewichtung, wie im Folgenden noch erörtert wird.

Was ist Mahlzeitensicherheit? Mahlzeitensicherheit umfasst Quantität
und Qualität der Ernährung und eröffnet neue Perspektiven, sowohl für
arme als auch reiche Gesellschaften und Gemeinschaften. Sie umfasst
nicht nur die Rohprodukte, sondern schließt den gesamten Prozess der
zur Herstellung und Zubereitung einer Mahlzeit erforderlich ist, ein.
Der Ausgangspunkt ist das, was Menschen essen mit den Präferenzen
und den Tabus. Alle Aktivitäten rund um das Essen werden dann mit
einbezogen. Die Mahlzeitensicherheit kann auch Fragen der Nachhaltigkeit unserer Ernährungssysteme umfassen.

Was ist Mahlzeitenpolitik? Die gesellschaftliche Organisation der Ernährung und die institutionelle Verortung – wie – wo – was gegessen
wird. Verankerung von Mahlzeiten in gesellschaftlichen Strukturen, der
Produktion und Reproduktion, der Landwirtschaft, in Vermarktungs-
kanälen, in Kantinen, in Einkaufs- und Zubereitungsräumen. Fragen der
gesellschaftlichen Arbeitsteilung und Arbeitsorganisation in öffentlichen
und privaten Räumen, die mit der Herstellung und Zubereitung von
Mahlzeiten befasst sind, gehören zur Mahlzeitenpolitik.

Was umfasst Mahlzeitenkultur? Hierzu gehören Gewohnheiten und
Rituale, die Zeremonien, die im Zusammenhang mit unseren Mahlzeiten stehen. Kein Fest, kein Ereignis kann ohne Rituale auskommen, in
denen das Essen und Trinken wichtige Gestaltungselemente darstellen.
Alle Kulturen kennen Grenzen dessen, was als genießbar angesehen
wird. Unsere Mahlzeiten sind auch ein Zeichen für Abgrenzung und
Distinktion. Die symbolische Ordnung spiegelt sich im Essen und der
Mahlzeit wider und bestimmt über gesellschaftliche Tabus, die wiederum eng mit den Mahlzeitentabus verbunden sind (vgl. Douglas 1966/76
und Harris 1988).

Bevor die theoretische Einbettung des Mahlzeitenansatzes in human-
und kulturökologische Modelle behandelt wird, soll im Folgenden auf

die Ernährungsdebatte in internationalen Organisationen verwiesen werden.

Die internationale Debatte zur Ernährungssicherheit

Das Jahr 2015 sollte als Meilenstein gelten. Die Staatengemeinschaft hatte sich mit den MDG (*Millennium Development Goals*) im Jahre 2000 dazu verpflichtet, die Zahl der Hungernden in der Welt zu halbieren. Spätestens seit der Hungerkrise 2008 steht jedoch fest, dass dieses Ziel nicht erreicht wird.

Eine Verbesserung ist in wenigen Ländern entsprechend der Bilanz im WHI (Welthunger-Index) 2012 festzustellen:

> „Einige Länder konnten besonders große Fortschritte in der Hungerbekämpfung erzielen. Hierzu gehören unter anderem die Türkei, Mexiko, China und Ghana. In einigen Ländern hat sich die Hungersituation seit 1990 allerdings auch verschlechtert (siehe Graphik). In 3 Ländern ist die Hungersituation gravierend: Burundi, Eritrea und Haiti führen die Liste der ‚Hungerländer‘ an und deuten mit einem Index-Wert von über 30,0 auf besonders dringenden Handlungsbedarf hin.“

Doch für die Menschen, die weiterhin einen Mangel an Nahrungsmitteln verzeichnen und denen der Zugang zu sauberem Wasser verwehrt bleibt, besteht wenig Hoffnung auf Linderung. Zum einen gibt es keine Strategie, die die Völkergemeinschaft verpflichtet, Maßnahmen gegen den Hunger zu unternehmen. Zum anderen war auch bei der Verabschiedung eines solchen Zieles – wie die Reduzierung der Zahl der Hungernden auf die Hälfte – nicht klar, mit welcher Begründung nur eine Halbierung angestrebt wird. Was sollte mit der anderen Hälfte der weiterhin Hungernden passieren?[7] Wie können wir eine solche Zielvorgabe legitimieren und ethisch vertreten? Warum ist die Völkergemeinschaft nicht in der Lage, effektive Maßnahmen gegen den Hunger zu ergreifen?

Sicher ist eines der zentralen Probleme, dass es keine Einigkeit darüber gibt, wo die Ursachen des Hungers liegen. Darüber jedenfalls konnte bisher kein Konsens in der Staatengemeinschaft wie auch der

---

[7] Endlich spricht Ban Ki-Moon seit 2012 von einem *zero hunger challenge* (vgl. Ban Ki-Moon 2013). Auch wenn es ansonsten bei Entwicklungsprojekten plausibel erscheint nach *bewährter* Methode prozentuale Zielvorgaben anzuvisieren, so kann es bei einer solchen existenziellen Thematik nicht angemessen sein von 50% Hunger zu sprechen.

Wissenschaft erzielt werden. Auch wenn die Gründe vielfältig sind, so deutet vieles darauf hin, dass internationale Vernetzungen im Agrarsektor eine entscheidende Rolle spielen. Wenn die Akteure sich auf eine solche Analyse verständigen würden, dann könnte auch die internationale Staatengemeinschaft aktiv werden. In der bisherigen Konzipierung des Problems im Rahmen internationaler Organisationen mit offiziellen Vertretern der Staaten wird jedoch das Thema Hunger auf die Ebene der individuellen Staaten verlagert. Die armen Länder aber sind kaum in der Lage, mit ihren Mitteln den internationalen Märkten – wie auch der WTO (World Trade Organisation) – gegenüber zu treten.[8]

Die Positionen liegen weit auseinander. Zum einen wird argumentiert, dass die steigende Weltbevölkerung nach immer mehr Nahrungsmitteln verlangt. Damit wird der Großteil agrarischer Innovationen – bis hin zur Gentechnologie – legitimiert und begründet. Die klassische Agrarlobby und die großen Unternehmen mit Forschung auf dem Sektor von Saatgut mit Patentrechten argumentieren meist mit den steigenden Bevölkerungszahlen. Von *Bevölkerungsexplosion* etc. ist da die Rede.

Zum anderen gibt es aber auch diejenigen, die darauf hinweisen, dass wir bereits mit den heute produzierten Agrargütern durchaus in der Lage sind eine Bevölkerungszahl von zwölf Milliarden zu ernähren. Damit ist der Mangel an Lebensmitteln keine hinreichende Begründung für Hunger in der Welt. Denn wie Jean Ziegler, Sonderberichterstatter der UN im Zeitraum von 2000 bis 2008, auf der Grundlage der Daten der FAO ermittelt hat, werden genügend Nahrungsmittel produziert.

> "12 billion people – almost double the current world population – could be normally nourished, so those dying of hunger are being killed as a result of man-made causes"
>
> (Lederer 2007).

Dieser bitteren Realität ins Auge zu schauen, ist nicht einfach. Würden wir diesen Standpunkt anerkennen, dann stünden wir alle in der Pflicht. Es wird genug produziert, damit alle im 21. Jahrhundert satt werden. Wie können wir dabei zusehen?

> "In a world overflowing with riches, it is an outrageous scandal that more than 1 billion people suffer from hunger and malnutrition and that

---

[8]   Es gibt auch international aktive Nicht-Regierungs-Organisationen, die die Missstände anprangern, wie ATTAC – die dann auch den WTO Verhandlungen kritisch gegenüber stehen, insbesondere, was die Nahrungsmittel anbelangt, jedoch bleiben ihre Stimmen bisher außerhalb der offiziellen Politik.

every year over 6 million children die of starvation and related causes. We must take urgent action now"

(Jean Ziegler 2010).

Doch die Position findet nicht nur Zustimmung, es gibt auch andere Positionen, die mit dem Argument des Hungers immer mehr produzieren wollen. Die Kluft scheint nicht so leicht überbrückbar zu sein, zumal der Agrarsektor immer stärker auf den internationalen Märkten zu einem Spekulationsobjekt geworden ist und Agrarprodukte an den Börsen gehandelt werden. Auch betreten neue Interessenten für die Weiterverarbeitung von Nahrungsmitteln die Bühne. Viele wissenschaftliche Arbeiten verweisen darauf, dass sie durch Agrosprit die Welternährung in Gefahr sehen. Das Dilemma ist groß und scheint kaum lösbar zu sein (vgl. Rossi und Lambrou 2008)

Die Ernährungssicherungsdebatte auf der internationalen Ebene ist nicht neu – sie begleitet die UN-Gremien seit ihrer Gründung.

„Das vom Rahmenaktionsplan genannte Recht auf angemessene Ernährung wurde bereits im Artikel 25 der Allgemeinen Erklärung der Menschenrechte vom 10.Dezember 1948 festgeschrieben und ist daher nichts Neues"

(Pedersen 2009).

Mit der FAO (*Food and Agricultural Organisation der Vereinten Nationen*) sollte genau dieses Problem der Nahrungsmittelabsicherung weltweit als internationale Aufgabe verstanden und behandelt werden.

Der erste Welternährungsgipfel – Die Erklärung von Rom

Das Ziel der Hungerbekämpfung und Halbierung der Anzahl der Hungernden auf der Welt war bereits auf dem ersten Welternährungsgipfel der FAO des Jahres 1996 in Rom thematisiert.

Ziel dieser Zusammenkunft, an der 185 Staaten teilnahmen, war das Recht auf Nahrung, das bereits bei der Gründung der Vereinten Nationen 1948 als Teil der allgemeinen Menschenrechte zugesichert wurde, als Orientierungsgröße anzunehmen. Alle teilnehmenden Staaten verpflichteten sich, sich dieser Zukunftsaufgabe zu stellen.

„(...) das Recht jedes Menschen auf Zugang zu gesundheitlich unbedenklichen und nährstoffreichen Nahrungsmitteln in Einklang mit dem Recht auf angemessene Ernährung und dem grundlegenden Recht eines jeden Menschen, frei von Hunger zu sein"

(BMELV 2013).

Die Zahl der Hungernden bis zum Jahr 2015 zu halbieren, wurde als Aktionsplan beschlossen. Ernährungssicherung und Armutsbekämpfung sollten mit hoher Priorität verfolgt werden (ebenda).

Somit waren nach 1996 alle Staaten aufgefordert, etwas gegen den Hunger zu unternehmen. Adressiert wurden vor allem die nicht industrialisierten Gesellschaften des globalen Südens, wo es um Ernährungssicherung und die Beseitigung des Hungers ging. Untersuchungen sollten durchgeführt werden, um Empfehlungen auszuarbeiten und Maßnahmen gegen den Hunger zu ergreifen, der oft mit einem Mangel an Nahrungsmitteln begründet wurde. Mittlerweile aber wissen wir, dass dies nicht greift, auch wenn das Ziel im Jahre 2000 mit den MDG (*Millennium Development Goals*) eine Wiederauflage erfuhr, die dann in einem 8-Punkte-Programm proklamiert wurde.

Ein neuer Ansatz: Mahlzeitensicherheit
Wie ist es dazu gekommen?

Bevor der neue Ansatz theoretisch eingebettet und entwickelt wird, soll eine wichtige soziale Bewegung, die sich kritisch mit der Agrarentwicklung und den internationalen Agrarmärkten befasst, vorgestellt werden. Hiervon gehen wichtige Impulse für die Zukunft des Agrarsektors aus, die auch für den neuen Ansatz der Mahlzeitenpolitik von großer Bedeutung sind.

Initiativen zur Ernährungssouveränität

Der internationale Agrarhandel hat in vielen Regionen dieser Welt zur Zerstörung von kleinbäuerlichen Existenzen geführt. Die Unzufriedenheit mit der globalen Entwicklung der Agrarwirtschaft insbesondere für Kleinbäuerinnen und Kleinbauern führte zu der zunächst regionalen, mittlerweile globalen kleinbäuerlichen Bewegung – *La Via Campesina*. Ihre Devise ist die Ernährungssouveränität.

In den Worten von Via Campesina ist Ernährungssouveränität (*food sovereignty*)

> "(…) the right of each nation to maintain and develop their own capacity to produce foods that are crucial to national and community food security, respecting cultural diversity and diversity of production methods."

Weiter wird ausgeführt:

"We, the Via Campesina, a growing movement of farm workers, peasant, farm and indigenous peoples' organizations from all the regions of the world, know that food security cannot be achieved without taking full account of those who produce food. Any discussion that ignores our contribution will fail to eradicate poverty and hunger. Food is a basic human right. This right can only be realized in a system where Food Sovereignty is guaranteed"

(La Via Campesina 1996).

Via Campesina wie auch die Bemühungen um die Durchsetzung eines *Rechts auf Nahrung* sind wichtige Grundlagen, um Ernährungsfragen in quantitativer wie auch qualitativer Sicht anzugehen. Dabei spielen Umweltfragen und der ökologische Fußabdruck unserer Lebensmittel, die in einem komplexen Gefüge stehen, auch eine bedeutende Rolle. Damit ist auf das Ganzheitsprinzip unserer Ernährung zu verweisen, das es sinnvoll in einem human- und kulturökologischen Ansatz zu behandeln gilt, wie noch zu erläutern ist.

Auch der Begriff Ernährungssouveränität beinhaltet noch nicht die vollständige Betrachtung aller notwendigen Prozesse in der Ernährungskette, die für unsere Mahlzeiten wichtig sind. Daher lautet das Plädoyer in diesem Beitrag, die Mahlzeitenkultur nicht zu vernachlässigen. Wenn wir in Zukunft von der Mahlzeitensicherung und der Mahlzeitenpolitik ausgehen, dann kann dies auch eine Bereicherung für den Ansatz der Ernährungssouveränität bedeuten. Damit werden kulturökologische Dimensionen unserer Mahlzeiten ein Stück offenkundiger. Gelänge es uns, die Idee einer Mahlzeitenkultur und Mahlzeitenpolitik zu verfolgen, könnten sich neue Räume öffnen, die einen Beitrag zur Lösung der Probleme von *food security* und *safety* leisten und auf kulturelle Besonderheiten unserer Esskultur eingehen.

Von der Food Security Debatte zu Meal Security im Iran

Im Folgenden wird dargelegt, wie ich zu dieser neuen Konzeption und Begrifflichkeit gekommen bin. Denn die Terminologie entpuppte sich im Laufe meiner Recherchen als interessant und aufschlussreich: Nach der erwähnten FAO Konferenz 1996, wo das Problem der Ernährungssicherung behandelt wurde, waren betroffene Staaten aufgefordert, etwas gegen den Hunger tun. Die Empfehlungen richteten sich an individuelle Staaten, die Staatengemeinschaft war nicht konkret angesprochen.

Nach der FAO Tagung von 1996 war ich mehrmals im Iran und so konnte ich die *Food Security* Debatte im Land verfolgen und mich mit den wissenschaftlichen Arbeiten auf diesem Gebiet, wie sie im Land selbst erarbeitet worden waren, vertraut machen (vgl. Teherani-Krönner 1999)[9].

Dabei konnte ich im Laufe meiner Recherchen aufschlussreiche Erkenntnisse gewinnen. Zum einen gab es eine sehr rege Debatte zum Thema *food security* im Iran. Die Forschungsarbeiten wurden teilweise vom Forschungsinstitut des Agrarministeriums durchgeführt. Auch Forschungseinrichtungen, die sich mit Ernährungsfragen befassten, wie das NNFTR (National Nutrition and Food Technology Research Institute), Teheran, hatten eigene Regionalstudien zur Lage der Bevölkerung in abgelegenen Regionen durchgeführt. Als Indikator wurde der Gesundheitszustand von Neugeborenen und Kindern bewertet (vgl. Rahmani 1992). Viele Forschungsarbeiten waren bereits Anfang der 90er Jahre durchgeführt worden, dennoch gab es mit dem FAO Ernährungsgipfel, an dem auch Vertreter aus dem Iran teilgenommen hatten, einen neuen Aufschwung und eine Vielzahl von Publikationen, die sich diesem Thema zuwandten. Hier werde ich nicht auf die einzelnen Recherchen und Publikationen eingehen, doch auf einen besonderen Aspekt will ich hinweisen, der maßgeblich meine Hinwendung zu diesem Thema und weitere Arbeiten beeinflusst hat.

Es geht um die verwendete Begrifflichkeit im Zusammenhang mit dem Thema: *Ernährungssicherheit*. Die Terminologie bei der Übersetzung wurde wie ein Schlüssel zu einem verborgenen Reich. Der auf Persisch verwendete Begriff war aufschlussreich und wegweisend. Was ich bei näherem Betrachten erfuhr, war eine Überraschung. Wie selbstverständlich wurde der angelsächsisch geprägte Begriff *food security* im Iran mit *aminate gazai* übersetzt. *aminat* bedeutet Sicherheit, aber *gaza* ist nicht *food*. Aus *food* wurde in Ermangelung eines identischen Begriffs *gaza*. Dieser Begriff wird auf Persisch für eine zubereitete Mahlzeit verwendet. Wenn also von *aminate gazai* gesprochen oder geschrieben wird, dann bewegen wir uns begrifflich auf Persisch in eine neue Richtung und steuern somit auf eine Sicherung der Mahlzeit zu. Dadurch entsteht die Bezeichnung *Mahlzeitensicherheit*.

Hier taucht in der Übersetzung und wieder Rückübertragung eines Begriffs etwas Neues auf. Im Unterschied zu *food*, womit alle Rohprodukte und Grundnahrungsmittel gemeint sein können, beinhaltet *gaza* –

---

[9]   Einige dieser Ergebnisse sind veröffentlicht in meinem Beitrag zum Sammelband von Kracht und Schulz.

Mahlzeit – völlig neue Dimensionen. Denken wir nun an die Sicherung von Mahlzeiten, dann wird es uns gelingen, bis dato völlig unbeachtete Aspekte der Ernährungsdebatte in Augenschein zu nehmen und in den Vordergrund zu rücken. Denn für eine zubereitete Mahlzeit sind nicht nur die Lebensmittel und die Zutaten, sondern alle Arbeitsschritte, die mit der Herstellung verbunden und erforderlich sind, zu berücksichtigen. Hinzu kommen notwendige Utensilien, Energie und Technologie, aber auch die Rezepte und das Wissen darüber, was zusammen passt und wie es verarbeitet wird.

Wer verfügt über das Wissen und wer übernimmt die Verantwortung für die Mahlzeiten, die in unterschiedlichen sozialen Kontexten hergestellt und serviert werden? In welchen sozialen Räumen findet die Einnahme von Mahlzeiten statt? Fragen, die wir der Mahlzeitenkultur und der Mahlzeitenpolitik zuordnen können. Daher ergibt sich als weitere beachtenswerte Dimension der Mahlzeit die Frage nach der Zuständigkeit und den Personen, die diese Arbeit beim Herstellen und Kochen übernehmen. Die Arbeitsteilung und das Geschlechterarrangement werden nunmehr zu einem wichtigen Aspekt der Mahlzeitensicherheit. Wer ist zuständig für die Mahlzeiten? Welche Schritte sind erforderlich? Doch bevor diese Fragen behandelt werden, wird die Einbettung der Mahlzeit in das Konzept der Human- und Kulturökologie vorgestellt.

Die Mahlzeit in der Human- und Kulturökologie

A) Das kulturökologische Dreieck

Bezogen auf das kulturökologische Dreieck (Teherani-Krönner 1992: 142 und Steiner 1992: 194) können Mahlzeiten und Ernährungsgewohnheiten ins Zentrum der Dreieckpunkte platziert werden. In der Auseinandersetzung der Menschen mit der sozialen Umwelt und auch mit der Natur in der Pflege und in der Exploration der Ressourcen der Umwelt werden die jeweiligen Techniken entwickelt, die bestimmte Nutzungsformen prägen. Damit erarbeiten sich Menschen in Interaktion mit anderen die Grundlagen ihrer Existenz, die sowohl materieller als auch immaterieller *Natur* sind. Dies verdeutlicht auch die duale Bedürfnisstruktur (vgl. Teherani-Krönner 2013/2014) der Menschen, die sowohl der Existenzsicherung als auch der sozialen Anerkennung bedürfen (vgl. Honneth 1994).

Kulturökologie der Mahlzeit

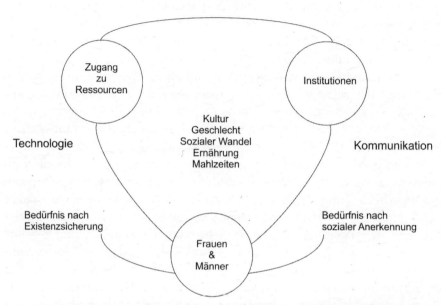

In Anlehnung an das humanökologische Dreieck in Teherani-Krönner 1992: 142

So entstehen aus der Interaktion und Kommunikation in sozialen Institutionen unser Wissen über das Essbare, die Kenntnis des Umgangs mit den Produkten und die Erfahrung der Zubereitung und schließlich die Rituale, die damit einhergehen. Agrarprodukte können dann je nach Kenntnis und Verfügbarkeit weiterverarbeitet werden, damit daraus eine schmackhafte Mahlzeit entsteht.

In der Kulturökologie der Mahlzeit werden ökologische Fragen und das Thema Nachhaltigkeit zentral. Dabei können in diesem Konzept der Mensch und damit das Geschlechterarrangement nicht fehlen, das die Art und Weise der Nutzung von Natur und Sozialstruktur prägt. Da Naturressourcen nicht allen gleichermaßen zur Verfügung stehen, ist es notwendig, die Ungleichheiten im Zugang zu den materiellen Ressourcen und den sozialen Institutionen in der Gesellschaft als Strukturmerkmal regional, national und international zu beachten.

Die Arbeitsteilung kann in verschiedenen Gesellschaften sehr unterschiedlich ausfallen. Doch das häusliche Kochen ist, wie erwähnt, bisher eine Domäne der Frauen geblieben (vgl. Häußler, Meier-Gräwe 2012 und Baum 2012). So ist es sinnvoll, die Geschlechterdimension im dritten Eckpunkt, also bei den Menschen, als wichtiges Differenzierungsmerkmal zu beachten.

Die klassischen Kriterien, die in der Geschlechterforschung als Grundlagen für die gesellschaftliche Analyse gelten – wie Gender, Klasse & Ethnizität (*gender, class and race*) – sind zu erweitern. Kategorien wie Alter, aber auch religiöse und andere gesellschaftliche Gruppierungen, können bei der Betrachtung der Mahlzeitenkultur als aufschlussreich hinzugezogen werden (vgl. auch Möhring 2013). Das bedeutet, dass die jeweiligen Eckpunkte geschlechtersensibel zu differenzieren sind. Sowohl bezogen auf Zugang zu Ressourcen als auch bezogen auf das soziale System und die gesellschaftlichen Institutionen, bedarf es einer differenzierten Betrachtung des Geschlechterarrangements. Der *Gender-Ansatz* ermöglicht ein erweitertes Verständnis, in dem verschiedene Formen der Benachteiligung erfasst werden. Im humanökologischen Dreieck, im Zusammenspiel von Ressourcen, sozialen Institutionen und Menschen, wird die Konstruktion der Kategorie Geschlecht abgebildet. Hier finden die kulturelle Gestaltung unserer Lebenswelt und ihre Reproduktion statt, in denen Ernährung und Mahlzeitenkultur wichtige und konstituierende Elemente darstellen. Ein geschlechtersensibles Modell des humanökologischen Dreiecks wird zur Analyse der Mahlzeitenkultur erforderlich. Ferner werde ich im nächsten Abschnitt auf die früher entwickelte, erweiterte humanökologische Pyramide (vgl. Teherani-Krönner 2008) verweisen und sie zum Zweck der Anwendung auf die Mahlzeitenkultur spezifizieren.

B) Von der Pyramide zum Trichter im Forschungsablauf

Ernährungsfragen lassen sich auch entlang der vier Dimensionen entsprechend der alten *Parkschen* Pyramide rekonstruieren. Dabei bilden die von Park beschriebenen Ordnungssysteme quasi eine Anleitung zur Durchführung empirischer Untersuchungen. Die unterste Stufe *ecological order* wird als Basis bezeichnet, sie bildet die Grundlage aller gesellschaftlichen Systeme. Darauf aufbauend folgen stufenweise angeordnet: *economical order, political order* und schließlich *moral order*.[10] Diese Pyramide habe ich in meiner Arbeit erweitert und sie als siebenstufige Abfolge von Untersuchungsbereichen für geschlechtersensible Untersuchungen geschildert. Aus der auf diese Weise erweiterten Pyramide von Park (vgl. Abbildung Teherani-Krönner 2008) lassen sich Impulse und Anregungen zur Kulturökologie der Ernährung gewinnen.

---

[10] Siehe auch den Beitrag von Mirjam Röder in diesem Band.

Um den Handlungsspielraum für den Wandel – auch den Wandel in Ernährungsgewohnheiten – und den Umgang mit Nahrungsmitteln besser einschätzen zu können, wird auf das Modell kulturökologischer Handlungsspielräume verwiesen (vgl. Teherani-Krönner 1992, 1989). Auf einer abstrakten Ebene besteht die Möglichkeit, gegebene Situationen in der Abfolge von sieben Stufen zu analysieren (vgl. Teherani-Krönner 2008).

Quelle: Erw. gendersensible humanökologische Pyramide, Teherani-Krönner 2008a.

Ausgehend von den unteren Ebenen, die mit naturwissenschaftlichen Daten auch als *objektive Gegebenheiten* einer Region dokumentiert werden können und über quantitative Verfahren zu ermitteln sind, folgen Ebenen, die sich eher über qualitative Methoden erschließen lassen. Auf die erste Stufe mit der Ermittlung von Ressourcen und der Frage des Zugangs folgen dann technologische Informationen, die sich als wichtig auch im Hinblick auf die Arbeitsteilung in einer Gesellschaft herausgestellt haben (vgl. Boserup 1970/1982 und Teherani-Krönner 2013). Darauf aufbauend sind die ökonomischen, politischen und sozialen Systeme schrittweise über das Handeln aufzuschlüsseln. Damit werden Strukturen gesellschaftlicher Interaktion erkannt, die für die Ernährungssicherung und Ernährungssouveränität von Bedeutung sind.

Auf Handlungsmuster und Ernährungsgewohnheiten zu achten und auf Handlungsrituale zu schauen, erscheint wichtig, da Menschen im Laufe ihrer Sozialisation mit Geschmackspräferenzen ausgestattet werden. Auf alle Fälle ist es wichtig, die Symbolebenen unserer Ernährung und damit unserer Mahlzeiten nicht zu vergessen, denn hier werden eine ganze Reihe handlungsrelevanter Entscheidungen im Alltag beeinflusst. Dies hat weitreichende Folgen für das wirtschaftliche wie auch politische und kulturelle System, die unsere Mahlzeitkultur prägen, über das Konsumverhalten auf das Marktgeschehen zurückstrahlen und die Mahlzeitenpolitik mitgestalten.

C) Trichter

Die sieben Stufen können als analytische Abfolge der Untersuchungsbereiche für konkrete Fallbeispiele hinzugezogen werden. Dabei kann auf das Beispiel Weizen im Sudan und das Prestige von Nahrungsmitteln und Mahlzeiten hingewiesen werden (vgl. auch Miriam Röder in diesem Band). Der folgende Trichter dient als analytische Anleitung, um z. B. empirische Untersuchungen vorzunehmen und dabei die verschiedenen Dimensionen unserer Mahlzeit einzuschließen.

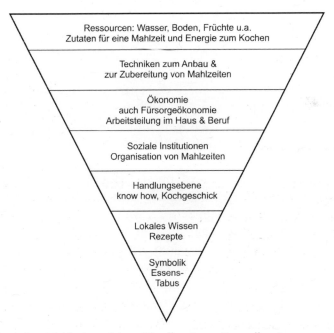

Kulturökologischer Mahlzeitentrichter (Quelle: eigene Darstellung)

1. Ressourcen: Naturelemente wie Boden – Wasser – Vegetation – Früchte können genutzt werden, um Agrarprodukte und damit unsere pflanzlichen und tierischen Grundnahrungsmittel herzustellen. Dabei müssen in einem Konzept der Kulturökologie der Mahlzeit nicht nur der Zugang zu allen Zutaten für eine Mahlzeit, sondern auch die infrastrukturellen Voraussetzungen – wie Zugang zu sauberem Wasser und Energie, die für die Zubereitung der Nahrungsmittel erforderlich sind, mit bedacht werden.

2. Technologieeinsatz: Hier können alle Verfahren die bei der Kultivierung von Land zum Einsatz kommen, bedacht sein. Die zur Nutzung der Naturressourcen entwickelten Techniken auch in der Zubereitung von Mahlzeiten sind zu bedenken. Energiesparende Herde wurden z. B. im Rahmen der Entwicklungszusammenarbeit für die Sahelregion entwickelt.[11]

3. Ökonomie und Arbeitsteilung: Wichtig sind die spezifischen Formen von Arbeit und Arbeitsorganisation. Fragen zur Arbeitsteilung im Anbau von Agrarprodukten und Weiterverarbeitung entlang der Wertschöpfungskette unter Berücksichtigung von Produktion und sozialer Reproduktionsarbeit: care economy sind wichtige Element für die Mahlzeitenperspektive.

4. Soziale Institutionen, politische Strukturen und Entscheidungsmacht: Rechtliche Regelungen im Zugang zu Ressourcen sind entscheidend für die Lebensgestaltung in sozialen Räumen. Fragen zur Legitimation von Macht bilden die Grundlage für soziale Gruppen in der Gesellschaft und deren Partizipation und Teilhabe an Entscheidungsfreiheit. Land- und Wasserrechte sind zum Beispiel entscheidend für Fragen der Geschlechtergerechtigkeit in ländlichen Gemeinden. Arbeitsbedingungen und Lohngestaltung –werden im politischen System ausgehandelt und bilden die Grundlage für die Lebensgestaltung (livelihood).

5. Handlungsebene: Sie umfasst unsere Aktionen, mit denen wir bestehende Strukturen rekonstruieren und stabilisieren, aber auch in Frage stellen können. Mit dem Routinehandeln können Menschen Aufgaben mit einem geringeren Einsatz von Energie bewerkstelligen. Für das Ernährungsverhalten bedeutet es, dass wir unsere Einkäufe ohne große Überlegung erledigen können. Wollten wir aber von Gewohnten abweichen, zum Beispiel weniger Fleisch, dafür mehr vegetarische Mahlzeiten zubereiten, dann ist jeder Schritt mit

---

[11] Hier wird nicht auf die Akzeptanz dieser Techniken durch die Bevölkerung eingegangen, die nicht immer durch Erfolg gekrönt war.

einem höheren Aufwand verbunden. Bis sich die neue Kochart zur Ernährungsgewohnheit durch Wiederholung eingespielt hat, bedarf es der Geduld. Unter Zeitdruck greifen wir nicht selten wieder zum Gewohnten. Bis die neue vegetarische oder vegane Mahlzeitenkultur sich mit einem gewissen Automatismus einstellt, braucht es der Wiederholung. Erst wenn sich das neue Verhalten eingespielt hat, kann es strukturverändernd wirksam werden.

6. Lokales Wissen: Um den Alltag zu meistern, braucht es Kenntnisse und lokales Wissen. Dies wird im Prozess der Sozialisation und später in der Ausbildung erworben, je nach gesellschaftlichen Institutionen. Das lokale Wissen ist für die Kochkunst besonders wichtig, da hier Ernährungsgewohnheiten eine wichtige Rolle spielen. Mit der Globalisierung – wie auch schon zu früheren Zeiten – hat sich der Austausch von Nahrungsmitteln als wichtige Brücke zwischen den Kulturen erwiesen (vgl. Wendt 2004:225). Die Wertmaßstäbe, die sich mit der Nahrung befassen, sind vielfältig und spiegeln sich auch in Sprichwörtern wider (vgl. Wörteler 2011).

7. Symbolische Ordnung: Die Symbolik unserer Nahrungsmittel und Mahlzeiten, ihre Wertschätzung, aber auch Tabus, die es in jeder Esskultur gibt (vgl. Harris 1988) sind ausschlaggebende Kriterien für kulinarische Kost. Die Weltanschauungen sind stark mit den Nahrungsmitteln und den Zubereitungsformen verbunden. Ein Beispiel dafür ist das koschere Schlachten bei Juden und Muslimen (vgl. Douglas 1966/1976 und Sindemann 2010). Das Schweinefleischtabu jedoch, das auch die alten Ägypter schon kannten, wird von Harris nicht auf die Religion, sondern vielmehr mit kulturökologischen Ansätzen analysiert und erklärt (vgl. Harris 1988).

Mit der Behandlung all dieser Information auf den verschiedenen Stufen kann das Handeln der Menschen besser verstanden und mögliche Handlungsspielräume für Veränderungsprozesse besser eingeschätzt werden. Nur so lässt sich sozialer Wandel mitgestalten.

Geschlechterperspektive in der Ernährungsdebatte

Herstellung von Mahlzeiten in der sozialen Reproduktion

Zur Umwandlung von Nahrungsmitteln in eine Mahlzeit sind eine Vielzahl verschiedener Aktivitäten und zahlreiche Schritte erforderlich, die es zu koordinieren gilt. Nachdem eingekauft wurde, erfolgt der Transformationsprozess und in diesem Rahmen gilt es, nach dem erforderlichen Wissen und der notwendigen Zeit zum Beschaffen und Zubereiten zu fragen, nach Ernährungsgewohnheiten zu schauen, auf dem Land und in der Stadt.

Wie viel Zeit ist da, um tatsächlich über die Qualität, über die Rezeptur – was miteinander zu kombinieren ist, was bekömmlich ist – sich auszutauschen und in die Praxis umzusetzen? Was ist Bestandteil dieser Kunst der Zubereitung? Das ist eine Frage, der wir in der ganzen Debatte um Ernährungssouveränität und Ernährungssicherheit mehr Raum geben sollten, als es bisher der Fall ist. Dazu ist es notwendig, nicht nur die Produktion von Lebensmitteln in Augenschein zu nehmen, sondern den Bereich der Reproduktion – besser die Sphäre der sozialen Reproduktion – als wichtigen Ort für die Mahlzeitensicherheit zu erkennen und zu würdigen.

Die Kunst der Zubereitung darf nicht unterschätzt werden, denn auch aus ungenießbaren Rohprodukten können mit Geschick Köstlichkeiten entstehen. Einige unserer Lebensmittel können sogar giftig sein, aber mit der Weiterverarbeitung werden sie zu schmackhaften Nahrungsmitteln. Der Prozess der Verarbeitung und der Zubereitung ermöglicht es, aus ungenießbaren Rohprodukten wohlschmeckende Mahlzeiten herzustellen. Ein Beispiel dafür ist Maniok, das roh giftig ist und durch aufwendige Weiterverarbeitung erst zu der bedeutenden Grundnahrung in vielen tropischen Ländern wird.

> „Die Wurzel der Maniok-Pflanze ist der wichtigste Stärkelieferant für etwa 300 Millionen Menschen. Sie muß dabei zu einem Brei zerrieben und mit Wasser ausgewaschen werden, um die giftigen Blausäureglykoside zu entfernen"
> (http://www.giftpflanzen.com/manihot_esculenta.html, 09.07.2013).

Auch die Kartoffel wird im Rohzustand als giftig eingestuft. Bekannt ist, dass sie gekocht, gebraten, gebacken oder frittiert werden muss, denn roh enthält sie in höheren Mengen Giftstoffe. Der mit der Umwandlung einhergehende Aufwand wird meist von Frauen vorgenommen. Denn Formen der Arbeitsteilung im Gesamtprozess der Zubereitung einer Mahlzeit sind oft geschlechtsspezifisch strukturiert und konstruiert. Wie Martina Padmanabhan zeigen konnte, wird eine Mahlzeit durch Beiträge beider Geschlechter kombiniert. Die *stables* (Grundnahrungsmittel) werden von den Männern beigesteuert, die Soßen liegen im Zuständigkeitsbereich der Frauen (vgl. Padmanabhan 2002).

Die Auswahl und Zubereitung von Speisen, die Art und Weise, wie wir wählen, wie unsere Geschmacksrichtungen geprägt wurden und wie wir unser Essen organisieren, wie wir es genießen und uns über die

Qualität der Nahrung Gewissheit verschaffen, ist ein komplexer Vorgang sozialer und kommunikativer Interaktion. Darauf verwies bereits Georg Simmel, in einem Beitrag zum hundertjährigen Jubiläum der Berliner Universität[12] im Oktober 1910 mit dem Titel: *Soziologie der Mahlzeit* (Simmel 1910).

Somit ist zwar das Themenfeld der Soziologie der Mahlzeit vor nunmehr 100 Jahre bereits angesprochen worden, doch als Arbeitsfeld der Soziologie wenig beachtet und somit auch begrifflich in Vergessenheit geraten.

> „(...) in dem Maße, in dem die Mahlzeit eine soziologische Angelegenheit wird, gestaltet sie sich stilisierter, ästhetischer, überindividuell regulierter"
>
> (Simmel 1910: 2).

In einem solchen sozial konstruierten Prozess agieren Menschen in ihrer öko-sozialen Umwelt, die immer auch durch das Geschlechterarrangement gestaltet wird. Mahlzeitenkulturen sind vielfältig und haben eine geschlechtsspezifische Dimension, die zu beleuchten ist und nicht länger ignoriert werden darf.

Kochen ist Frauensache, sofern dafür nicht bezahlt wird. Sobald es Bezahlungen gibt, fällt die Geschlechterbarriere und so sind es eben Männer, die als gut bezahlte Köche sich um die Meriten streiten. Doch dort, wo für den Alltag gekocht wird, sind es überwiegend Frauen, die sich mit der Zubereitung von Mahlzeiten befassen. Je nach Gesellschaftsstruktur kann es sich dabei um kleinere Einheiten handeln, wie die Kleinfamilie, oder um eine größere Gemeinschaft von Personen, die gemeinsam essen. Ältere und auch jüngere Frauen kommen vielerorts zusammen und organisieren die notwendigen Aktivitäten, damit die gemeinsamen Mahlzeiten entstehen können.

Auch die Vorbereitungsarbeiten können sehr zeitaufwändig sein, wenn z. B. das Wasser und das Brennholz zum Kochen erst zu besorgen sind, wie in vielen Ländern des globalen Südens, die nicht über die entsprechende Infrastruktur verfügen. Auch junge Mädchen werden oft mit diesen Aufgaben belastet, die sich um die Zubereitung von Mahlzeiten drehen. Damit knüpfen sie gleichzeitig an einem Netzwerk, das soziale Sicherheit bedeutet und ein Garant des Überlebens ist.

---

[12] Damit ist die Humboldt-Universität zu Berlin gemeint. Es wäre wünschenswert, wenn diese Lehr- und Forschungseinrichtung diesem Thema nach 100 Jahren wieder mehr Aufmerksamkeit schenken würde.

Kinder – Küche – Kirche: ein Tabuthema unter Feministinnen

Fragen der Geschlechtergerechtigkeit mit dem Thema der Ernährung oder gar mit dem Kochen zusammenzubringen, war für lange Zeit im feministischen Lager ein Tabuthema. Ein Großteil feministischer Forschung richtete sich vor allem auf die Arbeitswelt im städtischen Milieu. Gefordert wurde der gleiche Lohn für gleiche Arbeit – eine Forderung, die noch immer nicht erfüllt ist. Frauen wollten gleiche Chancen haben, durch Bildung am Arbeitsplatz den gleichen Lohn wie ihre männlichen Kollegen bekommen. Dass nicht alle Frauen auf dem Arbeitsmarkt als Lohnabhängige tätig sind, fand in den Forderungen der Feministinnen kaum Berücksichtigung (vgl. Elson, Gideon 2005).

Ein Grund mag darin liegen, dass die berühmten drei Ks: Kinder – Küche – Kirche als Symbole der Unterdrückung angesehen wurden. Davon galt es sich zu distanzieren, um emanzipatorische Vorstellungen und Bewegungen voranzubringen. Kinder – Küche – Kirche war kein Thema für Feministinnen. Frauen wollten und sollten gesellschaftliche Anerkennung durch eine Abkehr von diesen drei Ks erlangen, um sich mit Eintritt in die Lebenswelt der Männer zu behaupten.

Damit verbunden war eine Abkehr vom häuslichen Kochen, sodass das Kochen kein Thema oder gar Aufgabe für feministische Debatten und Recherchen war. Auch die Untersuchung von Haushalten und eine genauere Betrachtung der Arbeitsteilung und Arbeitsabläufe wurden im europäischen Kontext bisher nicht besonders intensiv betrieben. Als Emanzipation im Arbeitsleben wurde einseitig nur der Zugang zur bezahlten Arbeitswelt, der Männerwelt, betrachtet – nicht selten verbunden mit einer Mehrfachbelastung von Frauen (vgl. Elson, Gideon 2005).

Mittlerweile aber ist Nahrungszubereitung als wichtiger Bestandteil der Haushaltsökonomie, der Fürsorgeökonomie – *care economy* – erkannt. Es gibt feministische Ansätze, die sich auf die unbezahlte Arbeit in der Gesellschaft beziehen und das Ausblenden dieser gesellschaftlich notwenigen Leistungen in den ökonomischen Theorien anprangern (vgl. Elson 1998, Biesecker und Hofmeister 2006, Madörin 2010 und Federici 2012).

> "Diane Elson explained that because the economy has conventionally been understood in relation to making money, much of the work that takes place outside the market economy is ignored. This includes not only unpaid work in family farms and businesses but also the feeding, caring for and ensuring the well being of families and neighbours"
>
> (OECD 2011).

Es waren die frühen Feministinnen, die sich aus einer kapitalismuskritischen Perspektive mit dem Arbeitsbegriff, der nur entlohnte Arbeit umfasste, auseinander gesetzt haben (vgl. Mies 1990 und Federici 2012). Dabei wurden zum Teil auch die Forderung nach einer Neubewertung von Hausarbeit und ein Lohn für Hausarbeit formuliert (vgl. Nadig 1978).

Doch diese Ansätze wurden in den späteren Dekaden eher vernachlässigt. Sie standen nicht im Zentrum der Forderungen zur Gleichberechtigung, die überwiegend auf den Arbeitsmarkt ausgerichtet waren. Feministische Ökonominnen haben in den letzten Jahren das Thema der *care economy* oder der informellen Ökonomie wieder aufgenommen und damit die Einbeziehung der unsichtbaren Tätigkeitsfelder von Frauen im Haushalt in die Nationalökonomie herausgearbeitet (vgl. Elson 1998 und Leipert 2001).

Soziale und kulturelle Dimension unserer Mahlzeit

Ob und wie die Zubereitung von Mahlzeiten vonstattengeht, ist ein lohnendes Untersuchungsfeld. Wie dies organisiert wird und wie der Arbeitsablauf in einer Hausgemeinschaft gestaltet wird, ist aufschlussreich für die Untersuchung der Geschlechterverhältnisse in verschiedenen Gesellschaften, einschließlich der westlich-industriellen Länder. Denn Fragen bezüglich der Geschlechtergerechtigkeit werden nicht nur am Arbeitsplatz, sondern sicher auch in häuslichen Gefilden entschieden. Wie dort die Arbeitsteilung und das Geschlechterarrangement organisiert werden, ist entscheidend für die Tatsache, wie weit Gleichberechtigung im Alltag angekommen ist.

Der Begriff Mahlzeitensicherheit *meal security*[13] ermöglicht es uns, die Geschlechterdimension in unserer Alltagskultur genauer zu betrachten. Wie stark werden wir in all den vielfältigen Facetten unserer Ernährung von der *Selbstverständlichkeit* der Arbeitsteilung bei der Zubereitung von Lebensmitteln und Mahlzeiten begleitet. Es wird eine lohnende und aufschlussreiche Analyse sein, sich mit diesen Fragen auch aus der Geschlechterperspektive zu befassen (vgl. Rückert-John, Schäfer 2012). Auch wenn in aktuellen Studien die stärkere Beteiligung von Männern an der Zubereitung von Mahlzeiten zu verzeichnen ist, so bleibt es ein besonderes Ereignis. Denn wenn Männer das Kochen übernehmen, dann gibt es außergewöhnliche Anlässe oder es werden

---

[13] Teherani-Krönner 2011; vgl. auch Fußnote 3.

Raffinessen eingeführt, was die Zutaten, die Zubereitung und das Servieren anbelangt, damit es nicht das ordinäre Alltagsgeschehen ist. Es wird zu einem Ritual, das dann auch hohe Anerkennung im Freundeskreis und darüber hinaus erfährt.

Ein besonderer Braten, eine ausgefallene Rezeptur, erlesene Zutaten sind schon nötig, um das Kochen bei Männern salonfähig zu machen. Abgesehen davon, dass gerade beim Grillen auch der Spaßfaktor des Umgangs mit dem Feuer mit einer stärkeren männlichen Konnotation verbunden wird (vgl. Nationale Verzehrstudie, MRI 2012).

In welchen Räumen findet die Mahlzeitenkultur ihren Platz? In wie vielen Haushalten wird noch gekocht? Es stellt sich auch die Frage, wie weit der Prozess der Enthäuslichung fortgeschritten ist. Gerade mit der Zunahme von Singlehaushalten kann die Mahlzeitenkultur in einem neuen Licht auch im Hinblick auf Geschlechterfragen und Arbeitsteilung erscheinen. Das Essen in öffentlichen Räumen, z. B. in Kantinen oder im Restaurant bietet ein Gefühl, nicht allein zu essen, auch wenn sich keine oder keiner direkt an den Tisch gesellt. Restaurantbesucher essen in Gemeinschaft eines Lokals, sind eben nicht allein.

Aus der Perspektive meiner eigenen Kultur wird eine Person, die alleine isst, als arm angesehen. Arm ist, wer alleine isst! Ein Mensch, der keinen hat, mit dem er oder sie das Mahl teilen kann, hat auch keine sozialen Beziehungen, die als Garant des Überlebens angesehen werden. In den meisten Kulturen ist das gemeinsame Genießen einer Mahlzeit Bestandteil jedes Festes, dazu gehört auch die Vor- und Zubereitung. Welcher Personenkreis gemeinsam isst, wird selbst zu einer interessanten kulturvergleichenden Aufgabe.

Mittlerweile findet z. B. in einigen Großstäten Europas – so auch Berlin- das Kochvergnügen in Kochstudios einen neuen Raum, und kann damit in Gemeinschaft erlebt werden. Auch wenn sich bisher nur wenige eher wohlhabende Personen hier eine Sehnsucht erfüllen, eine Mahlzeit mit verschiedenen Gängen zuzubereiten, die im häuslichen Rahmen wenig Raum erfährt, so könnte dies eine neuer Trend zu mehr Gemeinschaft sein. Doch auch im SOS Kinderdorf-Projekt in Berlin Moabit hat das für einander Kochen auch unter sozial schwachen Gruppen – so auch Migranten – Akzeptanz erlangt und wird als aktive Kiezarbeit angesehen, wenn einmal die Woche abwechselnd zehn Familien für einander kochen und Gäste dazukommen können. (vgl. de Vries 2011)

Die Auswahl und Zubereitung von Speisen, die Art und Weise, wie wir wählen, wie unsere Geschmacksrichtungen geprägt sind und wie wir unser Essen organisieren, wie wir es genießen und über die Qualität der Nahrung Gewissheit verschaffen, ist ein komplexer Vorgang sozialer und kommunikativer Interaktion (vgl. Elias 1976). Menschliche Ernährung, unsere Mahlzeiten sind tief in unseren Normen, Bräuchen und Überzeugungen des Alltags verwurzelt. Kriterien, die wir zur Kennzeichnung und Qualitätsbeschreibung hinzuziehen, deuten auf die Symbolkraft unserer Nahrungsmittel und Ernährung hin (vgl. Harris 1988).

Vorstellungen über Gesundheit und Wohlergehen, aber auch der Ansatz von *purity and danger* (Douglas 1966/1976) sind damit verbunden. Sie prägen unseren Alltag und sind tief verankert in Ritualen und Essgewohnheiten. Der gemeinsame sinnliche Genuss bindet Menschen, soziale Gruppen und lässt emotionale Zuneigung erwachsen (vgl. Meyer-Renschhausen 2010). Mahlzeiten sind ja auch Symbole der Zugehörigkeit zu einer Gruppe, identitätsstiftend und dienen der Distinktion (vgl. Elias 1976, Barlösius 1999/2011 und Sindemann 2010). Sie sind wiederum Mittel zur Abgrenzung und Ausgrenzung. Kulturelle Tabus, die nicht selten ihren Widerhall in religiösen Vorschriften bezüglich des Essbaren und der Zubereitung finden, können tief emotional geprägt sein. Jedoch lassen sich Ernährungstabus auch aus einer kulturökologischen Perspektive analysieren und beleuchten, damit bis zu einem hohen Maße erklären. Marvin Harris z. B., erläutert mit seinen regional ökologischen Analysen und sozio-kulturellen Argumenten das Schweinefleischtabu im alten Ägypten, unter Juden und Muslimen wie auch die Heiligsprechung der Kuh in Indien (vgl. Harris 1988).

Somit kommen wir auf die aufschlussreiche und interessante soziologisch / sozialwissenschaftliche Fragestellung: Mit wem teilen wir das Mahl?

In der folgenden Abbildung unterscheidet Mary Douglas zwei Kreise, die wir auch als soziale Räume ansehen können. Sie umfassen diejenigen, mit denen wir etwas zum Trinken teilen und jene, mit denen wir eine Mahlzeit einnehmen. Ihre Beschreibungen sind zwar auf ihr kulturelles Milieu in USA bezogen, vom konzeptionellen Ansatz jedoch ist dieser Beitrag ausgesprochen anregend, um entsprechende Untersuchungen in anderen Kulturen und sozialen Milieus zu unternehmen. Dabei spielen sicher die Gastfreundschaft und das Verständnis hiervon in verschiedenen Kulturen eine wesentliche Rolle, wie diese Kreise konstruiert werden und welcher Personenkreis ins Innerste des Kreises gelangen kann. Das gemeinsame Mahl ist Grundlage für geschäftliche Verbindungen und wirtschaftliche Verträge, auch wenn hier kulturelle Nuancen bestehen. Hierzu gehören auch die Rituale, mit denen wir unsere Mahlzeiten bestücken. Besondere Anlässe wie Feste, aber auch

Trauerfeiern können sicher aufschlussreich sein, um die kulturelle Symbolik unserer Mahlzeiten zu erkennen und zu verstehen.[14]

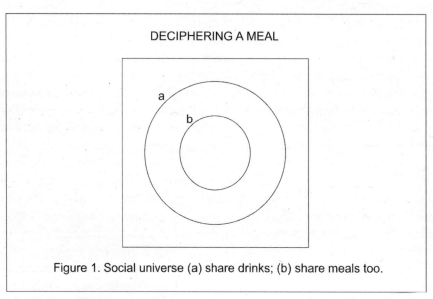

Figure 1. Social universe (a) share drinks; (b) share meals too.

Abbildung aus Mary Douglas 1972

Schlussfolgerung

Mit der Sicherung der Mahlzeiten und einem genaueren Blick auf die Mahlzeitenkultur treten neue Aspekte in den Vordergrund, die bis dato keine Beachtung gefunden haben, wohl aber Teil des gesamten Ernährungsprozesses sind. In diesen Beitrag wurde ein theoriebezogener Ansatz zur *Human- und Kulturökologie der Mahlzeit* vorgestellt, der im Nachhaltigkeitsdiskurs den gesamten ökologischen, ökonomischen, technischen, insbesondere auch den soziokulturellen Rahmen und die Symbolik unserer täglichen Mahlzeit mit einbezieht. Ein innovatives Forschungsfeld wird eröffnet, das eher an die Alltagserfahrungen der Menschen anknüpft und dennoch den globalen Bezug im Auge behält.

Im Vergleich zu früheren und anderen Ansätzen im Ernährungsdiskurs bietet die neu eingeführte Kategorie *Mahlzeit*: Mahlzeitenpolitik,

---

[14] Studierende meiner Seminare im WS 2011/12 und 2012/13 habe ich zur Weihnachtszeit die Aufgabe mit auf den Weg gegeben, die Prozedur und die Rituale als Untersuchungsfeld zu betrachten und zu beschreiben. Dabei haben sie auch interessante Aspekte der Arbeitsteilung bei den Zubereitungen der Mahlzeiten geschildert.

Mahlzeitensicherung und Mahlzeitenkultur den Vorteil, dass sie auf bestehende Ansätze der Ernährungssicherungsdebatte aufbaut aber sie durch bisher vernachlässigte Aspekte bereichert und darüber hinaus auch noch theoretisch einbettet. So wird gegenüber den Debatten zur Ernährungssouveränität zum einen die Diversität und stärkere soziokulturelle Orientierung, zum anderen die Geschlechterdimension im Mahlzeitenansatz betont.

Denn meist sind es Frauen, die auch heute noch über den Aufwand für die Alltagskost aber auch für geladene Gäste entscheiden. Eine Politik der Mahlzeitensicherung wird den Genderaspekt und die Machtstrukturen im häuslichen und außerhäuslichen Bereich als wichtigen Aspekt der Ernährungssicherungsdebatte kenntlich machen. Es geht dann nicht um Ernährungspolitik, sondern um Mahlzeitenpolitik, die von der Herstellung bis zur Vermarktung und weiter den Weg bis zu den zubereiteten Mahlzeiten – also auch den Weg in die soziale Reproduktionssphäre über den Einkauf, in den Kochtopf bis zum Teller und darüber hinaus bis zum Servieren und Abräumen weiter verfolgt.

Das Entsorgen und auch die Verschwendung sind in vielen Industrieländern zu einem wichtigen politischen Thema geworden und mobilisieren bereits soziale Bewegungen mit Slogans wie: *Taste the Waste* (Kreutzberger, Thurn 2012). Sie sind auch für viele Länder des Globalen Südens eine Herausforderung, da Lagerungs- und Transportverluste Ernteerträge weiter dezimieren. Auch hier brauchen wir Politiken, die sich um die Sicherung der Mahlzeiten und Verhinderung von Ernteverlusten kümmern.

Die erforderliche Zeit zur Zubereitung von Mahlzeiten in der angespannten Arbeitswelt wird als wichtiger Faktor der Mahlzeitenkultur zu beachten sein. Zum einen in metropolen Ballungsräumen, zum anderen aber auch dort, wo die Feldarbeit den vollen Einsatz aller Arbeitskräfte erfordert, wird nur wenig Raum und Zeit zur Zubereitung von Mahlzeiten zur Verfügung stehen. Dabei wird von allen Gemeinschaften Flexibilität gefordert, gleichwohl auch unter Zeitdruck und extremen Situationen Tabus, Rituale und Regelungen bezüglich der Mahlzeiten sensible Domänen der Alltagskultur bleiben, die es zu beachten und respektieren gilt.

Ferner erscheint das Wissen über Lebensmittel und deren Qualität, einschließlich der Herkunft wieder von Bedeutung und wird als Garant für Gesundheit und Wohlergehen angesehen. Die Rezeptur und die Verträglichkeit der Zutaten und schließlich auch deren Wirkung, die Bekömmlichkeit für unser Wohlbefinden erfahren eine neue Aufmerksamkeit. All diese Aspekte gehören zur Mahlzeitenkultur und zur Kunst der Zubereitung unserer Mahlzeiten. Der Vorgang des Kochens einer Mahlzeit, die damit einhergehenden Rituale und ästhetische Maßstäbe einschließlich der sozialkommunikativen Aspekte des gemeinsamen Essens können nicht weiter ignoriert werden, wenn wir uns dem Thema Ernährung widmen und das Verhalten verstehen wollen. Damit gelangt die Mahlzeit nicht nur auf den Tisch, sondern wird zum Bestandteil der Ernährungsdebatten der Zukunft.

Literatur

Barlösius, Eva 1999/2011. *Soziologie des Essens*. Juventa-Verlag, Weinheim.

Baum, Stephanie 2012. HausMANNskost: eine Analyse des Kochens aus der Perspektive sich wandelnder Männlichkeit. In Jana Rückert-John und Sabine Schäfer (Hrsg.) Geschlecht und Ernährung. *Gender. Zeitschrift für Geschlecht, Kultur und Gesellschaft*, Verlag Barbara Budrich, Leverkusen, Heft 2, Jg. 4. 2012:66-82.

Biesecker, Adelheid und Sabine Hofmeister 2006. *Die Neuerfindung des Ökonomischen. Ein (re)produktionstheoretischer Beitrag zur Sozial-ökologischen Forschung. Ergebnisse Sozialökologischer Forschung*. Band 2. oekom Verlag, München.

BMELV 2013. *Das Menschenrecht auf Nahrung verwirklichen*. URL: http://www.bmelv.de/SharedDocs/Standardartikel/Ernaehrung/Welternaehrung-FAO/MenschenrechtAufNahrung.html (18.03.2013).

Bne Saad, Majda 2013. *The Global Hunger Crisis. Trackling food Insecurity in Developing Countries*. Pluto Press, London.

Bode, Thilo 2010. *Die Essensfälscher. Was uns die Lebensmittelkonzerne auf die Teller lügen*. Fischer Verlag, Frankfurt a.M.

Bommert, Wilfried 2009. *Kein Brot für die Welt. Die Zukunft der Welternährung*. Riemann Verlag, München.

Boserup, Ester 1970/1982. *Die ökonomische Rolle der Frau in Afrika, Asien, Lateinamerika*. edition cordeliers, Stuttgart (Engl. Original 1970).

Bruckmeier, Karl und Wolfgang Serbser (Hrsg.) 2008. *Ethik und Umweltpolitik. Humanökologische Positionen und Perspektiven*. Edition Humanökologie. oekom Verlag, München.

de Vries, Ally 2011. *Meals – Old Ways and New Horizons. In Meal Cultures in Europe. Changes and Exchanges*. Grundtvig Workshop, HU Berlin. URL: meal-cultures.wordpress.com: 6-9 (20.10.2013).

Douglas, Mary 1972. Deciphering a Meal. In *Daedalus. Journal of the American Academy of Arts an Scientists. Myth, Symbol, and Culture*. Winter 1972. Cambridge, Massachusetts. URL: http://xroads.virginia.edu/~DRBR2/douglas.pdf (09.07.2013).

Dies. 1976. *Purity and Danger. An Analysis of Concepts of Pollution and Taboo*. Routledge, London (Orig.: 1966).

DWDS (Digitales Wörterbuch der Deutschen Sprache) 2013. *Stichworte Mahl und Mahlzeit*. URL: http://www.dwds.de/?qu=Mahl (02.10.2013).

Egger, Kurt und Parto Teherani-Krönner 2004. Kulturökologie der Ernährungssicherung und Ernährungssouveränität. Agrarproduktion zwischen Selbstversorgung, Weltmarkt und Geschlechtergerechtigkeit. In DGH Mitteilungen, *GAIA 13/1, 2004*: 74-76.

Egger, Kurt und Stephan Pucher (Hrsg.) 2012. *Was uns nährt, Was uns trägt. Humanökologische Orientierung zur Welternährung*. oekom Verlag, München.

Elias, Norbert 1976. *Über den Prozeß der Zivilisation*. Suhrkamp, Frankfurt a. M.

Elson, Diane 1998. The Economic, the Political and the Domestic: Businesses, States and Households in the Organisation of Production'. In *New Political Economy, Vol. 3, No.2*. URL: http://www.ciedur.org.uy/adm/archivos/publicacion_197.pdf (02.10.2013).

Elson, Diane and Jasmine Gideon 2005. Organising for Women's Economic and Social Rights: How useful is the International Covenant on Economic, Social and Cultural Rights? In: *ZTG Bulletin 29+ 30: Armut und Geschlecht*: 14-30.

Federici, Silvia 2012. *Aufstand aus der Küche. Reproduktionsarbeit im globalen Kapitalismus und die unvollendete feministische Revolution*. Edition assembalage, Münster.

Glaeser, Bernhard und Parto Teherani-Krönner (Hrsg.) 2002. *Humanökologie und Kulturökologie*. Westdeutscher Verlag, Opladen.

Gottwald, Franz-Theo 2012. *Esst anders! Vom Ende der Skandale*. Schweisfurth-Stiftung. Metropolis Verlag, Marburg.

Häußler, Angela und Uta Meier-Gräwe 2012. Arbeitsteilungsmuster bei der Ernährungsversorgung der Familien – Persistenz oder Wandel. In Jana Rückert-John und Sabine Schäfer (Hrsg.) Geschlecht und Ernährung. *Gender. Zeitschrift für Geschlecht, Kultur und Gesellschaft*, Verlag Barbara Budrich, Leverkusen, Heft 2, Jg. 4. 2012: 9-27.

Harris, Marvin 1988. *Wohlgeschmack und Widerwillen. Die Rätsel der Nahrungstabus*. Klett-Cotta, Stuttgart.

Hayn, Doris 2005. Die Ernährungsstile der Deutschen. Ernährung im Alltag. In *Ökologisches Wirtschaften*, 1/2005:17-18.

Heistinger, Andrea und Danaiela Ingruber (Hrsg.) 2010. *Esskulturen. Gutes Essen in Zeiten mobiler Zutaten*. Mandelbaum Verlag, Wien.

Hoberg, Yurie Tanimichi 2012. Linkages between agriculture, gender and nutrition. *Punta del Este, 28 Oct 2012*. URL: http://www.donorplatform.org/nutrition-and-agriculture/interviews/859-yurie-tanimichi-hoberg-at-the-gcard2-on-the-nexus-between-agriculture-gender-and-nutrition.html (20.08.2013).

Hoering, Uwe 2007. *Agrar-Kolonialismus in Afrika. Eine andere Landwirtschaft ist möglich*. VSV Verlag, Hamburg.

Hoffmann, Ingrid, Katja Schneider und Claus Leitzmann (Hrsg.) 2011. *Ernährungsökologie*. oekom Verlag, München.

Honneth, Axel 1994. *Kampf um Anerkennung*. Suhrkamp, Frankfurt/M. URL: http://www.srf.ch/player/tv/sternstunde-philosophie/video/axel-honneth-der-kampf-um-anerkennung--axel-honneth-im-gespraech-mit-barbara-bleisch?id=6f890969-57a7-4a7a-b2dc-6397b55b1387 (02.10.2013).

Ki-Moon, Ban 2013. In UN (Hrsg.) *Secretary-General's message on World Food Day*. URL: http://www.un.org/sg/statements/?nid=7206 (14.12.2013).

Kracht, Uwe und Manfred Schulz (Hrsg.) 1999. *Food Security and Nutrition – The Global Challenge*. Lit Verlag, New York.

Kreutzberger, Stefan und Valentin Thurn 2012. *Die Essensvernichter. Taste the Waste*. Kiepenheuer & Witsch, Köln.

La Via Campesina, 1996. URL: http://www.ukabc.org/foodsovpaper2.htm#55 (20.10.2013).

Lederer, Edith M. 2007. Production of biofuels 'is a crime'. *The Independent, 27.10.2007*. London. URL: http://www.independent.co.uk/environment/green-living/production-of-biofuels-is-a-crime-398066.html (10.08.2013).

Leipert, Christian (Hrsg.) 2001. *Familie als Beruf: Arbeitsfeld der Zukunft*. Leske & Budrich, Opladen.

Madörin, Mascha 2010. Zukunft der Sorge- und Versorgungsarbeit. In Gunda Werner Institut *Fachgespräch Care Ökonomie als zukunftsfähiges Wirtschaftsmodell – politische Ansätze & Perspektiven*. URL: http://www.gwi-boell.de/web/wirtschaften-fachgespraech-care-oekonomie-562.html (20.10.2013).

Mauss, Marcel 1990. *Die Gabe. Form und Funktion des Austauschs in archaischen Gesellschaften*. Suhrkamp, Frankfurt a. M.

Menzel, Peter und Faith D'Aluisio 2010. *Mahlzeit. Auf 80 Tellern um die Welt*. GEO Verlag Gruner+Jahr, Hamburg.

Meyer-Renschhausen, Elisabeth 2010. Das Ende der Tafelrunde. In Andrea Heistinger und Danaiela Ingruber (Hrsg.) *Esskultur – Gutes Essen in Zeiten mobiler Zutaten*. Mandelbaum, Wien: 24 45.

Mies, Maria 1990. *Patriarchat und Kapital. Frauen in der internationalen Arbeitsteilung*. Rotpunkt Verlag, Zürich.

Dies. 1996. *Frauen, Nahrung und globaler Handel. Eine ökofeministische Analyse zum Welternährungsgipfel in Rom*. ITPS, Bielefeld.

Möhring, Maren 2013. *Fremdes Essen. Die Geschichte der ausländischen Gastronomie in der Bundesrepublik Deutschland*. Oldenbourg Verlag, München.

MRI (Max Rubner-Institut) 2012. *Nationale Verzehrstudie II, Karlsruhe*. URL: http://www.mri.bund.de/no_cache/de/institute/ernaehrungsverhalten/forschungsprojekte/die-nationale-verzehrsstudie-zwei.html und http://www.mri.bund.de/fileadmin/Institute/EV/NVS_II_Abschlussbericht_Teil_1_mit_Ergaenzungsbericht.pdf (02.10.2013).

Nadig, Maya 1978. Lohn für Hausarbeit – ein Schritt zur Befreiung der Frau? In *Berliner Hefte. Zeitschrift für Kultur und Politik, Kampf der Geschlechter. Der Feminismus und die Linke. April 1978*: 54-61.

Nestle, Marion 2002/2013. *Food Politics. How the Food Industry Influences Nutrition and Health*. University of California Press, Berkeley, Los Angeles, London.

OECD 2011. *Changing the Care-less Economy*. URL: http://oecdinsights.org/2011/03/08/changing-the-care-less-economy/ (26.06.2013)

Oxfam: *Mahlzeit! Ein Planet, 9 Milliarden, Alle satt*. URL: www.oxfam.de/mahlzeit (20.10.2013).

Paczensky, Gert von und Anna Dünnebier 1999. *Kulturgeschichte des Essens und Trinkens*. Orbis Verlag, München.

Padmanabhan, Martina Aruna 2002. *Trying to Grow – Gender Relations and Agricultural Innovations in Northern Ghana*. Lit, Münster.

Pedersen, Klaus 2009. Gepflanzte Profite. In *Junge Welt. 16.10.2009*. URL: http://www.welt-ernaehrung.de/2008/10/16/gepflanzte-profite/ (10.08.2013).

Ploeger, Angelika, Gunther Hirschberger und Gesa Schönberger (Hrsg.) 2011. *Die Zukunft auf dem Tisch. Analysen, Trends und Perspektiven der Ernährung von morgen*. VS Verlag, Wiesbaden.

Rahmani, Khadijeh 1992. *Research about Health and Nutrition in the Region of Mochunik in South Khorasan*. NNFTR et. al., Teheran (Original auf Persisch).

Rossi, Andrea and Yianna Lambrou 2008. *Gender and Equity Issues in Liquid Biofuels Production. Minimizing the Risks to Maximize the Opportunities*. FAO, Rome.

Rückert-John, Jana und Parto Teherani-Krönner 2012. „*Zur Neuorientierung der Ernährungsdebatte: Zwischen Bestrebungen der Ausdifferenzierung und Integration*" Call for Paper zur Tagung der Agro Food Studies 17.-18. September 2012, Zentrum Technik und Gesellschaft der TU Berlin.

Rückert-John, Jana und Sabine Schäfer (Hrsg.) 2012. Geschlecht und Ernährung. In *Gender. Zeitschrift für Geschlecht, Kultur und Gesellschaft*. Verlag Barbara Budrich, Leverkusen. Heft 2, 4 Jg. 2012: 7-9.

Sen, Amartya 1982. *Poverty and Famines. An Essay on Entitlement and Deprivation*. Clarendon Press, Oxford.

Simmel, Georg 1910. Soziologie der Mahlzeit. In *Berliner Tageblatt* Nr. 41 vom 10. Oktober 1910. Festnummer zum hundertjährigen Jubiläum der Berliner Universität. URL: http://socio.ch/sim/verschiedenes/1910/mahlzeit.htm (02.10.2013).

Sindemann, Katja 2010. *Götterspeisen, Kochbuch der Weltreligionen*. Metroverlag, EU.

Steiner, Dieter 1992. Auf dem Weg zu einer allgemeinen Humanökologie: der kulturelle Beitrag. In Bernhard Glaeser und Parto Teherani-Krönner (Hrsg.) *Humanökologie und Kulturökologie*. Westdeutscher Verlag, Opladen: 191-219.

Teherani-Krönner, Parto 1989. Humanökologisch orientierte Entwicklungsprojekte. In Bernhard Glaeser (Hrsg.) *Humanökologie*. Westdeutscher Verlag, Opladen: 194-208.

Dies. 1992. *Human- und kulturökologischer Ansatz zur Umweltforschung*. Deutscher Universitätsverlag, Wiesbaden.

Dies. 1999. Women in Rural Production, Household and Food Security: An Iranian Perspective. In Uwe Kracht und Manfred Schulz (Hrsg.) *Food Security and Nutrition – The Global Challenge*. Lit Verlag, New York: 189-218.

Dies. 2004. Mahlzeitenpolitik – Neue Wege zur Ernährungssicherung. In DGH Mitteilungen, *GAIA* 13/3: 228-229.

Dies. 2006. Landwirtschaft. In Christina v. Braun und Inge Stephan (Hrsg.) *Gender Studies*. Metzler, Stuttgart, 2 Auflage: 211-224.

Dies. 2008a. Geschlechtergerechtigkeit – Zugangsrechte zu Ressourcen, eine humanökologische Aufgabe. In Karl Bruckmeier und Wolfgang Serbser (Hrsg.) *Ethik und Umweltpolitik*. oekom, München: 237-260.

Dies. 2008b. Chancen zum Überdenken von Agrarpolitiken. Hungerkrise aus feministischer Sicht. In *Hunger und Nahrungsmittelkrise*. Z. 76, Dez. 2008: 86-94.

Dies. 2009. Chancen zum Überdenken von Agrarpolitiken? Hungerkrise aus feministischer Sicht. In Forum Marxistische Erneuerung e.V./IMSF e.V. (Hrsg.) *Zeitschrift Marxistische Erneuerung*, Heft 76, Frankfurt am Main: 86-94.

Dies. 2011. Meals are Ties that Bind. In *Meal Cultures in Europe. Changes and Exchanges*. Grundtvig Workshop, HU Berlin. URL: meal-cultures.wordpress.com: 21-24 (20.10.2013).

Dies. 2013/2014. A human ecological approach to Ester Boserup: Steps towards engendering agriculture and rural development. In Marina Fischer-Kowalski et al. (eds): *Society, Nature and History: The Legacy of Ester Boserup* (forthcoming).

Wahrig, Gerhard 2001. *Deutsches Wörterbuch*. Bertelsmann, Gütersloh.

Weingärtner, Lioba und Claudia Trentermann 2011. *Handbuch Welternährung*. Campus Verlag, Frankfurt a.M.

Welthungerhilfe und IFPRI 2013. Welthungerindex 2013. URL: http://www.welthungerhilfe.de/welthungerindex.html?gclid=CMP2qr-QtboCFcdZ3godxX4AdA#!/c21731/?wc=XXGOFM4000 (20.10.2013).

Wendt, Reinhardt 2004. „Dinner for One" und die versteckte Präsenz des Fremden im Kulinarischen. In Dietmar Rothermund (Hrsg.) *Grenzgänge* Festschrift zu Ehren von Prof. Wilfried Wagner.o.O.: 225-246.

Wittmann, Hannah, Annette A. Desmarais und Nettie Wiebe (eds.) 2010. *Food Sovereignty. Reconnecting food, Nature and Commuity*. Fernwood Publishing, Winnipeg.

Wirz, Albert 1993. *Die Moral auf dem Teller*. Chronos Verlag, Zürich.

Wörteler, Brigitte 2011. Will too Many Cooks Spoil the Broth? In *Meal Cultures in Europe. Changes and Exchanges*. Grundtvig Workshop, HU Berlin. URL: mealcultures.wordpress.com: 25-28 (20.10.2013).

Worldwatch Institute (Hrsg.) in Zusammenarbeit mit der Heinrich-Böll-Stiftung 2011. *Hunger im Überfluss. Neue Strategien gegen Unterernährung und Armut. Zur Lage der Welt 2011*. oekom Verlag. München.

Ziegler, Jean 2010. Bericht an die UN. In *Recht auf angemessene Ernährung*. URL: http://rechtaufnahrung.wordpress.com/recht-auf-nahrung/un-institutionen/ (20.10.2013).

Hungerkatastrophe im 21. Jahrhundert: Bestandsaufnahme und Lösungsansätze

Michel Lanz

E-Mail: michel.lanz@gmx.de

Zusammenfassung. Chronische Unterernährung bedroht heute mehr als eine Milliarde Menschen auf der Welt. Viele Organisationen veröffentlichen zu dieser Thematik Artikel, um die Hungersituation aber auch Handlungsvorschläge zur Lösung der Problematik vorzustellen. Dieser Textbeitrag wertet die Ergebnisse einiger dieser Publikationen aus:

In dem ersten Kapitel *Hunger und Ernährungssicherheit* wird die aktuelle Lage der weltweiten Unterernährung anhand der Veröffentlichung der FAO (Food an Agriculture Organization), des IFPRI (International Food Policy Research Institute) und der Welthungerhilfe dargestellt und mit einem konkreten Fallbeispiel über die Hungerkrise in Malawi von Phalula (2005) ergänzt. Die dramatischen Preissteigerungen in den letzten Jahren und die zukünftige Entwicklung der landwirtschaftlichen Produktion werden in dem nachfolgenden Kapitel *Nahrungsmittelpreiskrise* anhand von Publikationen des IFPRI, Brot für die Welt, der FAO und dem Worldwatch Institut thematisiert.

In Bezug auf die Analyse der Hungerkrise zeigt im Anschluss das Kapitel *Male Bias in Agrarwissenschaften und Agrarpolitik* anhand der Veröffentlichungen von Ester Boserup (1970/82), Teherani-Krönner (2009) und Quisumbing (IFPRI 2008) Ergebnisse aus sozialwissenschaftlichen Untersuchungen von Landwirtschaft und Gesellschaft auf. Die Forderungen der FAO, des IFPRI, der Welthungerhilfe, des Weltagrarberichtes sowie des Humboldt Forum zur Entschärfung der Unterernährung kommen in dem darauf folgenden Kapitel *Lösungsvorschläge der Organisationen* zur Sprache.

Im Kapitel *Diskussion* werden die Ergebnisse der Literaturanalyse im Hinblick auf die aufgestellten Thesen, die landwirtschaftliche Produktion, Bioenergie und Empowerment ausgewertet und im abschließenden Kapitel Schlussfolgerungen vorgestellt.

Schlüsselbegriffe. Hungerkatastrophe. Nahrungsmittelpreiskrise. Entwicklungspolitik. Male Bias. Empowerment. Bioenergie.

Einleitung

Unruhen und Revolten im Zusammenhang mit Hunger und Ernährungssicherheit sind seit einigen Jahren verstärkt in der öffentlichen Berichterstattung. Die Proteste treten vermehrt auf, nachdem durch die Ölpreiskrise, drastische Nahrungsmittelpreissteigerungen und die Finanz-/ Wirtschaftskrise die Anzahl der chronisch Unterernährten auf der Welt stark zugenommen hatte. Im Februar 2011 sind die Nahrungsmittelpreise auf einen bisherigen Rekordstand gestiegen (vgl. FAO 2011). Betroffen ist insbesondere die Bevölkerung in weniger krisenfesten Entwicklungs- und Schwellenländern (vgl. FAO 2009b), sie muss zum Überleben auf Bildung der Kinder, Gesundheitsversorgung sowie ausgewogene Ernährung verzichten.[1] Dadurch wird die Arbeit langer Entwicklungszeit zunichte gemacht (vgl. FAO 2009a: 13, fig.9).[2]

Im World Food Summit wird das Ziel gesetzt, die Anzahl der Hungernden vom Stand 1990-1992 ausgehend bis 2015 auf ca. 410 Millionen zu verringern:

> "The Rome Declaration calls upon us to reduce by half the number of chronically undernourished people on the Earth by the year 2015 (...) If each of us gives his or her best I believe that we can meet and even exceed the target we have set for ourselves"
>
> (Prodi 1996).

Das angestrebte Ziel wird aufgrund der aktuellen Entwicklung nicht zu erreichen sein, im Gegenteil steigt die Anzahl der Hungernden weiter an, was zuletzt am Beispiel Somalia und Südostafrika deutlich wurde.

Thesen

Im ersten Abschnitt des Artikels soll ein Überblick über den derzeitigen Stand der Hungerkatastrophe mit dem Schwerpunkt der Lebensmittelproduktion gegeben werden. Anschließend werden Lösungsansätze verschiedener Organisationen vorgestellt und mit den zuvor gewonnen Erkenntnissen verglichen.

---

[1] „,Brot und Freiheit' stand auf vielen Plakaten der Aufständischen in Kairo und Tunis. Der Hunger von Millionen und die steigenden Lebensmittelpreise gehörten zweifellos zu den Auslösern der beiden Revolutionen." (Alt 2011)

[2] Aus den Erfahrungen der Asienkrise sind das alleine fünf bis acht Jahre.

Welche Lösungen vertreten die verschiedenen Organisation FAO, IFPRI, Welthungerhilfe, WHI, Weltagrarbericht und Humboldt-Forum? Wo stimmen Vorschläge überein und welche Positionen widersprechen sich? Dieser Beitrag soll aufzeigen, dass die Folgen und Gründe des Hungers vielschichtig sind und eines ständigen Diskurses um Lösungen und Weiterentwicklungen bedürfen.

These 1: Globale ökologische und ökonomische Entwicklungen wie Wirtschaftskrisen und der Klimawandel beeinflussen / beeinträchtigen die nationalen und lokalen Ernährungsbedingungen.

These 2: Die Hungerkrise ist nicht nur Symptom einer globalen Nahrungsmittelknappheit, sondern wird auch durch die ökonomische und gesellschaftliche Situation der Bevölkerung und des jeweiligen Landes befördert.

These 3: Lokales Wissen ist für die nachhaltige Verbesserung der Lebenszustände eine wichtige Voraussetzung. Aufgrund der Komplexität der gesellschaftlichen Zusammenhänge müssen Lösungsansätze stets an die jeweiligen Bedingungen angepasst sein. Hierbei ist insbesondere die Partizipation der Betroffenen für neue Perspektiven unabdingbar.

Hungerkrise

Die Hungerkrise: Geschichte und aktuelle Situation

Nach den Angaben der FAO sanken von den 1970er bis in die 1990er Jahren die totale Anzahl und der prozentuale Anteil der Hungernden an der Weltbevölkerung. Seit den 1990er Jahren steigt die totale Anzahl der von Hunger Betroffenen wieder an, das prozentuale Verhältnis sank bis 2004 weiter (von 33% auf unter 20%). Heute kommt es jedoch auch zu einer Erhöhung des Prozentsatzes der Hungernden unter der Gesamtbevölkerung.

Die Anzahl der Hungernden lag 2008 bei 915 Millionen (vgl. FAO 2009b), Schätzungen von der FAO auf Basis der Daten des United States Department of Agriculture Economic Research Service deuten auf einen weiteren starken Anstieg 2009 um ca. 90 Millionen auf über eine Milliarde unterversorgter Menschen in Welt hin (vgl. FAO 2009b). Die Anzahl der Unterernährten nimmt damit nach Angaben der FAO ähnlich dramatische Ausmaße an wie zuvor in den 1970er Jahren.

Betroffen sind vor allem die wenig zahlungskräftigen Länder, die Produktionsausfälle und Preissteigerungen nur schwer kompensieren können und die derzeitige Wirtschaftskrise meist nicht mit zu verant-

worten haben. Nach der FAO, dem kritischen Agrarbericht (vgl. Haerlin, Busse et al. 2009) und der von Phalula im Jahr 2005 festgestellten
Situation in Malawi sind 70% der vom Hunger am meisten betroffenen
Gruppen im ruralen Raum wohnhaft, 70% der Hungernden sind Frau-
en, insbesondere trifft es ländliche, landlose, female headed households.
Zudem ist nach der FAO auch die urbane arme Bevölkerung in den
Slums betroffen. Während die arme städtische Bevölkerung vor allem
unter direkten Einkommensrückgängen durch die Wirtschaftskrise leidet, wirkt sich die Krise auf dem Land auch durch zurückgehende agro-
industrielle Aktivitäten und Migration aus (vgl. FAO 2009b).

Der größte Teil der Menschen, die unter chronischem Hunger leiden, lebt in Asien und dem pazifischen Raum (624 Millionen Menschen) sowie in Afrika südlich der Sahara (265 Millionen Menschen).
Die Überlebensstrategie der Hungernden beschränkt sich aufgrund
mangelnder Reserven und Ressourcen auf die Einschränkung des Nah-
rungsmittelangebotes und die Unterlassung oder Einschränkung von
Bildung und Gesundheitsfürsorge (vgl. WHI 2009).

Wirtschaftliche Einflüsse

Die Finanzkrise und die darauf folgende Weltwirtschaftskrise trafen die
globale Wirtschaft in einem drastischen Ausmaß. Die Auswirkungen der
Finanzkrise verstärkten sich durch die Überlappung mit der Lebensmit-
telpreiskrise und zudem ungewöhnlich hohen Energiepreisen. Durch
Exportsubventionen konkurrenzlos billige Importnahrungsmittel haben
in den letzten Jahrzehnten die Nahrungsmittelproduktion in vielen Nettoimportländern zugunsten des zeitgleichen Anbaus von Cash Crops
zurückgedrängt. Zugleich wurde der Abbau von Subventionen in die
Landwirtschaft in Entwicklungsländern forciert, was ebenfalls zum
Rückgang der bisherigen Produktion geführt hat. Die steigenden Nahrungsmittelpreise überfordern nun die finanziellen Ressourcen vieler
Menschen in diesen Ländern. Das Nahrungsmitteldefizit der *Least De-
veloped Countries* (LDC), insbesondere das der afrikanischen, wird in
den nächsten 10 Jahren um 50% steigen und deren Abhängigkeit von
ausländischen Märkten wird so verstärkt (vgl. FAO 2009a). Schwellen-
länder wie Brasilien und die GUS Staaten entwickeln sich hingegen zu
Nettonahrungsmittelexporteuren (vgl. FAO 2009b).

Bei Ländern mit geringen Import- und Exportraten ist die Nahrungsmittelversorgung in globalen Wirtschaftskrisen stabiler, weil die
Preisbildung mehr vom nationalen Nahrungsmittelmarkt bestimmt wird
(vgl. FAO 2009b). Die Betroffenheit der Länder von globalen Krisen

hängt von deren Handelsdefizit[3] ab, ein hohes Defizit weist hierbei auf eine große Instabilität hin, zudem sind Länder die sich schon zuvor in einer Krise befanden heute besonders anfällig. Als eine Auswirkung der Wirtschaftskrise sank 2009 das globale Handelsvolumen um 5-9% (vgl. FAO 2009b). Durch den Fall der Rohstoffpreise im Gegensatz zu den anhaltend hohen Nahrungsmittelpreisen kommt es zu einem weiteren Anstieg des Handelsdefizits (fallende *Terms of Trade*) in einigen Entwicklungsländern (vgl. FAO 2009b). Anschaulich ist dies z. B. im Kongo: zuletzt fallende Erdölexportpreise führen zur Verringerung der Einkünfte des Landes, während Nahrungsmittelimporte auf einem preislich hohen Niveau bleiben (vgl. WHI 2009). Die aktuelle Hungerkrise deshalb ist nach Angaben der FAO weniger ein Resultat zu geringer globaler Lebensmittelproduktion, sondern bedingt durch eine ungleiche Einkommensverteilung auf der Welt (vgl. FAO 2009b).

Ein durch die globale Wirtschaftskrise bedingter Rückgang an Rücküberweisungen von im Ausland arbeitenden BürgerInnen führt zudem zum Abnehmen des lokalen Haushaltseinkommens in armen Ländern. Auch sinkende ausländische Direktinvestitionen (durch die Auswirkung der Finanzkrise) in die Entwicklungsländer beeinflussen die Agrarwirtschaft und Ernährungslage negativ[4]. Zudem werden insgesamt weniger Kredite nur noch an Kundinnen und Kunden mit hohen finanziellen Sicherheiten vergeben. Frauen ohne Besitz und Landrechte sind dadurch insbesondere benachteiligt und werden effektiv von der wirtschaftlichen Weiterentwicklung ausgegrenzt (vgl. WHI 2009).

Die Agrarwirtschaft wirkt in Krisenzeiten als makroökonomischer Puffer, die Produktion und Anstellung von Arbeitern wird im Gegensatz zu anderen Wirtschaftszweigen verhältnismäßig wenig zurückgefahren. Die Nahrungsmittelnachfrage ist relativ inelastisch und die Produktion ist im Falle von Kleinbauern weniger kapitalintensiv. Landwirtschaft kann so neben der Produktion von Lebensmitteln auch als wirtschaftli-

---

[3] Handelsdefizit: Der Wert der Importe übersteigt den Wert der Exporte von Waren und Dienstleistungen, meist ausgedrückt in US-Dollar.

[4] Die Institutionen für Mikrokredite sind dagegen aufgrund ihrer Einbettung in die relativ stabile Entwicklungshilfe und Sozialprogramme während der Finanzkrise relativ unbeschadet davon gekommen. Ausnahmen gibt es in Ländern, wo aktuell extremer Hunger herrscht, hier treten Kreditausfälle auf, weil Menschen aufgrund der extremen Not für das geliehene Geld Nahrungsmittel kauften und nicht in ihr Geschäft investieren konnten (vgl. FAO 2009b).

cher Stabilisator zur Milderung von Hunger in Krisenzeiten beitragen (vgl. FAO 2009b).

Welthunger-Index

Der Welthunger-Index (WHI) wird vom Internationalen Forschungsinstitut für Ernährungspolitik (IFPRI), der Welthungerhilfe und *Concern Worldwide* veröffentlicht und gibt Auskunft darüber, in welchen Regionen Menschen aktuell unter Hunger leiden. Der Welthungerindex 2009 verwendet Daten der Jahre 2000-2007 auf der Basis von drei Indikatoren: Anteil der Unterernährten in Prozent der Bevölkerung, Anteil der Kinder unter 5 Jahren, die an Gewichtsverlust leiden, und der Sterblichkeitsrate von Kindern unter 5 Jahren.

> „Der Index bewegt sich zwischen dem besten Wert 0 (kein Hunger) und dem schlechtesten Wert 100, wobei keiner dieser Extremwerte tatsächlich erreicht wird. Werte, die weniger als 4,9 betragen, zeigen wenig und Werte zwischen 5,0 und 9,9 mäßigen Hunger an; Werte zwischen 10,0 und 19,9 weisen auf eine ernste Hungersituation hin, Werte zwischen 20,0 und 29,9 signalisieren ein sehr ernstes und Werte von oder über 30,0 ein gravierendes Niveau von Hunger"
>
> (WHI 2009: 8).

Nach dem Welthungerindex sind 29 Länder stark durch Hunger gefährdet. Der Index verbesserte sich seit den 1990er Jahren nur gering, positive Entwicklungen gab es vor allem in Südostasien, Nordafrika und Lateinamerika sowie den karibischen Staaten. Eine weiterhin angespannte Situation existiert in Südasien und im subsaharischen Afrika, wo nur wenige Erfolge bei der Hungerbekämpfung erreicht werden konnten.

Die nach dem WHI am meisten von Hunger betroffenen Länder befinden sich in Afrika südlich der Sahara. Im Kongo gab es z. B. im Zeitraum von 1990 bis 2009 eine Verschlechterung des WHI um 50%, Ghana konnte als einziges Land der Region in diesem Zeitraum eine Verbesserung (um 40%) verzeichnen.

Bei der Publikation des Welthungerindexes wird insbesondere auch der Zusammenhang zwischen mangelnden Frauenrechten und Hunger deutlich gemacht. Nahrungsmittelpreiskrise und Finanzkrise verschärfen den Hunger unter den Ärmsten, insbesondere sind das Frauen und deren Kinder. Für die Regionen Südostasien und südliches Afrika werden unterschiedliche Gründe für Unterernährung von Kindern erwähnt. Während in Südostasien die Gründe bei dem schlechten Ernährungs-, Bildungs- und Sozialstatus der Frauen gesehen werden, werden für das subsaharische Afrika kriegerische Auseinandersetzungen, AIDS/HIV und schlechte Regierungsführung als Hauptgründe genannt.

Gender und Hunger am Beispiel der Ernährungskrise in Malawi 2005

Die Malawische Ernährungskrise mit ihrem Höhepunkt im Jahr 2005 trat vor der oben aufgezeigten Krisenabfolge auf und wurde durch eine Dürre ausgelöst. Weil Frauen dort durch eingeschränkte Eigentumsrechte, Bildungszugang und Gesundheitsversorgung benachteiligt werden, wurden sie am härtesten getroffen. Durch die Ernährungsengpässe waren 2005 4,2 Millionen BürgerInnen auf Lebensmittelhilfen angewiesen, insbesondere waren frauengeführte Haushalte von dieser Unterstützung abhängig. Unter Frauen ist die Analphabetenrate mit 65% sehr hoch (vgl. Phalula 2005, aus National Statistic Office Malawi), so dass ökonomische Aktivitäten oder eine Anstellung in Kurzarbeitsstellen schwer möglich sind.

Die staatlich kontrollierte aber nur sehr ineffektiv funktionierende Essensvermarktung erfolgt über die *Agricultural Development and Marketing Corporation* (ADMARC). Frauen verbringen oft ganze Nächte vor dem Markt um eine Ration Mais (25kg) einkaufen zu können. Während des Wartens können die Betroffenen oft keinen anderen Beschäftigungen nachgehen und sind zudem nachts Gefahren durch Übergriffe ausgesetzt.

Um den Hunger zu mildern, werden normalerweise nicht als Nahrungsmittel genutzte Pflanzen und Insekten wie Wildknollen, Wurzeln, Blätter, Termiten und Bambussamen gegessen. Bei der Wasserversorgung ist die Bevölkerung Risiken wie verseuchtem Wasser und Krokodilangriffen ausgesetzt.

Durch die Hungersnot werden Frauen zudem zunehmend in die Prostitution gezwungen und setzen sich so dem Risiko von Gewalt und HIV-Infektionen aus. Durch einen massenhaften Übergang zur Prostitution sind die Einnahmen der Sexarbeiterinnen stark gesunken. Da ungeschützter Sex verhältnismäßig besser bezahlt ist, sind sie durch die prekäre Situation zudem gezwungen diesen anzubieten. Durch die Hungerkrise werden auch vermehrt Zwangsheiraten von Mädchen und jungen Frauen in Austausch mit Essen durchgeführt. Diese müssen dann zumeist die Schule verlassen und werden einem HIV-Infektionsrisiko ausgesetzt (vgl. Phalula 2005)

Bis zu der Dürrekatastrophe wurde in Malawi bevorzugt Regenfeldbau betrieben, als Konsequenz aus den Nahrungsmittelengpässen wird nun der Bewässerungsfeldbau forciert. Die dafür notwendigen und von der Regierung gepriesenen Techniken wie der *treadle pump*, welche mit Muskelkraft angetrieben werden, könnten aber für Frauen mit Ernährungsproblemen zu anstrengend im Betrieb sein. Aufgrund der Tatsache, dass Frauen von den Nahrungsengpässen am stärksten betroffen sind, wird die bevorzugte Essensvergabe an diese gefordert (vgl. Phalula 2005).

Nahrungsmittelpreiskrise

Aktuelle Lebensmittelpreisentwicklung

Seit 2000 bis Mitte 2008 und erneut ab 2009 gibt es nach Angaben der FAO eine signifikant steigende Preisentwicklung der meisten Lebensmittel auf dem Weltmarkt. Im Juni 2008 waren der Organisation zufolge diese Preise auf ihrem bisherigen Höchststand angelangt, sie waren 214% höher als der langjährige Durchschnitt und 139% höher als die Preise im Jahr 2000 (!). Im Mai 2009 haben sich die Preise nach einem leichten Rückgang auf hohem Niveau stabilisiert. Sie waren immer noch 152% höher als der langjährige Durchschnitt und 78% höher als das Preisniveau vom Jahr 2000. Seit Mitte 2009 steigen die Preise jedoch wieder stark an und haben inzwischen (Stand Februar 2011) den bisherigen Höchstpunkt von Mitte 2008 überschritten (vgl. FAO 2011).

Klimaauswirkung auf Produktionszweige

Das Internationale Forschungsinstitut für Ernährungspolitik (IFPRI) hat in seiner Publikation aktuelle Forschungserkenntnisse der Klimaforschung mit Ertragsschätzungen der globalen Landwirtschaft kombiniert und so die Auswirkung der klimatischen Erwärmung auf die Welternährungssicherheit herausgestellt (vgl. IFPRI 2009).

Die Klimaveränderung hat in vielen Regionen negative Auswirkungen auf die Agrarproduktion und zudem auf das menschliche Wohlergehen und die ohnehin bedrohte Nahrungsmittelsicherheit. Der bewässerte Weizen- und Reisanbau ist durch den Klimawandel am stärksten betroffen; besonders in Südasien und Teilen Afrikas und Südamerikas treten Ertragseinbußen auf. Zudem nimmt der Wasserverbrauch durch größere Transpiration der Kulturen zu, so dass bewässerte Kulturen durch ihre Abhängigkeit von (oft erschöpflichen) Wasserquellen zusätzlich gefährdet sind.

In einigen Regionen der Welt, insbesondere Russland und China sowie Kanada und Nordeuropa kann es zu einer Verbesserung der landwirtschaftlichen Produktivität kommen, weil dort der Temperaturan-
stieg zu besseren Wachstumsbedingungen führt. Im südlichen Afrika
und Südasien kommt es durch die Klimaveränderung zu den höchsten
Produktionsrückgängen im Vergleich zu den ansonsten erwarteten Er-
trägen. Die erwarteten Ernterückgänge bei Grundnahrungsmitteln sind
in Entwicklungsländern besonders signifikant (vgl. IFPRI 2009).

Zukünftige Preisentwicklung von Nahrungsmitteln

IFPRI und FAO erwarten in den nächsten Jahrzehnten weiterhin hohe
und steigende Nahrungsmittelpreise. Auch ohne die Klimaauswirkung
wird durch erhöhte Nachfrage und höhere Produktionskosten ein Preis-
anstieg der wichtigsten Kulturarten erwartet: Der Weltmarktpreis für
Reis soll von 2008/2009 bis 2050 um 62%, der Preis für Mais um 63%,
der Preis für Soja um 72% und der Weizenpreis um 39% steigen. Bei
Hinzunahme des meist ertragsmindernden Effektes der Klimaveränderung kommt es zu einer zusätzlichen Preiserhöhung. Der Preis für Reis
soll so bis 2050 insgesamt um 113,3 % bis 121,2%, für Mais um 148%
bis 153,3%, für Soja um 91,6 % bis 96,4% und für Weizen sogar um
170,6 % bis 194,4 % steigen (vgl. IFPRI 2009).

Tabelle 1.2: Preisentwicklung Hauptagrarpflanzen unter Bezug der klimatischen Auswirkungen. Die variierenden Preisprojektionen inklusive der Klimaveränderung kommen durch die unterschiedlichen Klimamodelle zustande

Kulturart	Preisanstieg bis 2050 ohne Klimaauswir-kung	Preisanstieg bis 2050 inklusive Kli-maauswirkung	Klimaauswirkung auf den Preisanstieg bis 2050
Reis	62,00%	113,3% bis 121,2%	51,3% bis 59,2%
Mais	63,00%	148% bis 153,3%	85,0% bis 90,3%
Soja	72,00%	91,6% bis 96,4%	19,6% bis 24,4%
Weizen	39,00%	170,6% bis 194,4%	131,6% bis 155,4%

Quelle: eigene Darstellung aus IFPRI 2009

Hauptgründe für die steigenden Nahrungsmittelpreise sind nach Ansicht der FAO neben dem Klimawandel steigende Ausgaben für Dünger, Pflanzenschutzmittel, Transport und Lagerung. Zudem besteht das Problem, dass es durch den Bioenergieanbau eine Verbindung zwischen dem Energiemarkt und dem Lebensmittelmarkt gibt. Da der Markt für Energie größer ist als der Markt für Getreide wird durch die steigende und höhere Rentabilität des Energiepflanzenanbaus der Grundnahrungsmittel verdrängt. Dies hat steigende Nahrungsmittelpreise zur Auswirkung, bis zu dem Punkt wo der Lebensmittelanbau wieder so rentabel ist wie der Bioenergieanbau, die Preise werden so diktiert vom Energiemarkt (vgl. FAO 2009b).

Des Weiteren treiben eine positive Bevölkerungsentwicklung und sinkendes Wachstum der globalen Flächenproduktivität (1999-2008: Wachstum 2% pro Jahr, Vorhersage: 2009 bis 2018: 1,7% Wachstum pro Jahr) die Preisentwicklung an. In den Industrieländern wird im Zeitraum von 2000 bis 2018 mit 1,5% pro Jahr ein noch geringeres Wachstum der Produktivität erwartet. In Lateinamerika, Asien und GUS Staaten wird von der FAO das höchste Produktivitätswachstum angenommen (in Lateinamerika wird ein Wachstum um 4,2 % pro Jahr, in Asien um 3 % pro Jahr und in den GUS-Staaten um 3,2 % von 2000 bis 2018 erwartet (vgl. FAO 2009a).

Ein herausragendes Land in der aktuellen Produktionsentwicklung ist Brasilien, dessen Agrarproduktion von 2000 bis 2009 um 50% gestiegen ist und in den nächsten 10 Jahren wieder um 50% wachsen soll. Hier wird auf großen Anbauflächen ehemaliger Regenwaldgebiete genmanipulierter herbizid-resistenter Soja angebaut, welcher hauptsächlich für die Verfütterung an Tiere in den Industrieländern produziert wird (vgl. FAO 2009b).

> „Die intensive Sojaproduktion bedroht die Ernährungssicherheit der Kleinbauern und -bäuerinnen, die für den Anbau von ihrem Land verdrängt werden und dann nicht mehr die Möglichkeit haben, sich selbst mit Nahrungsmitteln zu versorgen"
>
> (Brot für die Welt 2004: 2).

Neben dem hohen Grundnahrungsmittelverbrauch der Viehhaltung ist diese auch zu einem hohen Teil für die Klimagasemissionen verantwortlich. Eine neue Studie von Worldwatch geht sogar von einem Anteil von 51% an den gesamten menschlich verursachten Treibhausgasemissionen aus (vgl. Worldwatch 2009).

Die Klimaveränderung bewirkt durch die Ertragsminderung zusätzliche Preisanstiege von Getreide und damit auch höhere Fleischpreise. Höhere Preise bewirken einen Rückgang des Konsums in ärmeren Ländern. Der dadurch bedingte Rückgang des Fleischkonsums ist ein erster Indikator für messbare Wohlfahrtsverluste, welche durch die Klimaauswirkung verursacht sind (vgl. IFPRI 2009: 9). Ohne die Klimaauswirkungen würde der Fleischkonsum bei positiver Einkommensentwicklung auch in ärmeren Ländern zunehmen (vgl. IFPRI 2009).

Nach Ansicht des IFPRI werden steigende Grundnahrungsmittelpreise eine Absenkung der durchschnittlichen Kalorienversorgung bis 2050 bewirken und eine um 20% erhöhte Anzahl von unterernährten Kindern verursachen. Aus diesen Gründen werden ca. 7,1–7,3 Mrd. US-Dollar jährlich zur Kompensation der Auswirkungen der Klimaerwärmung auf die Gesundheit und die Ernährungssicherheit der Menschen, insbesondere von Kindern benötigt (vgl. IFPRI 2009).

Male Bias in den Agrarwissenschaften und Agrarpolitik

Die dänische Agrarwissenschaftlerin Ester Boserup zeigte in ihrer Arbeit *Women's Role in Economic Development* von 1970 (deutsche Ausgabe 1982) auf, dass vor allem Männer in Entwicklungsländern von der Einführung von neuen Technologien durch Erhöhung ihrer Produktivität und ökonomische Position durch den Anbau von Cash Crops profitiert haben. Die Ernährungslandwirtschaft ist aufgrund des geringen direkt messbaren ökonomischen Nutzens an der technologischen Entwicklung vorbei gegangen und wird zudem von dem konkurrierenden Marktfruchtanbau von fruchtbaren Flächen verdrängt. Die Zusammenhänge dieser Erkenntnis haben eine hohe Relevanz für die Hungerkrise von heute. Boserup beschreibt in ihrer Arbeit die Existenz männlicher und weiblicher Systeme der Landbestellung. Während Frauen mit der Anwendung weniger technologischer Fortschritte in Afrika große Teile des Wanderfeldbaus und der Ernährungslandwirtschaft betreiben, haben Männer im Rahmen der Kolonialisierung und Entwicklungshilfe die Kontrolle über *moderne* Produktionsmittel zum Anbau von Cash Crops übernommen. Die dadurch entstandene ökonomische Besserstellung von Männern hat zur Marginalisierung der Rolle von Frauen und deren Ernährungsautonomie beigetragen.

Die von Boserup publizierten Erkenntnisse haben inzwischen auch Beachtung in diversen Organisationen wie der FAO, des IFPRI und der Welthungerhilfe gefunden.

„In den neueren Dokumenten der FAO (...) wird durchaus erkannt und unterstrichen, dass weltweit Frauen allein die Hälfte der Nahrungsmittel produzieren. Der Anteil in den Entwicklungsländern liegt sogar bei 60-

80 %, auch wenn sie nur 10 Prozent der Kredite in der Landwirtschaft
erhalten"
>   (Teherani-Krönner 2008: 87, aus FAO 2008, FIAN 1995).

Agnes Quisumbing, ehemalige Forscherin beim IFPRI in der Abteilung
Food Comsumption and Nutrition weist auf der vom IFPRI organisier-
ten Tagung zum Thema *Helping Women Respond to the Global Food
Crisis* im Jahr 2008 darauf hin, dass Frauen aufgrund mangelnden
Vermögens und Einkommens besonders anfällig für steigende Lebens-
mittelpreise sind.

> „Sie seien zudem betroffen von einer durch das Geschlechterverhältnis
> begründete Anfälligkeit durch gesetzliche Diskriminierung, mangelnder
> Entscheidungsauthorität, höherer Zeitbelastung und Gefahren körperli-
> cher Gewalt"
>   (Quisumbing et al. 2008: 1, frei übersetzt Lanz).

Maßnahmen zur Hungerbekämpfung sollen nach Quisumbing diese
besondere Dimension von Armut berücksichtigen und speziell an den
jeweiligen soziokulturellen Kontext einschließlich der Geschlechterverhältnisse angepasst sein. Zudem sollten diese Maßnahmen einer kritischen Evaluation unterzogen werden, bei der Auswertung der bisherigen Ansätze, welche auf die Bedürfnisse von ländlichen Frauen eingehen sollten, wurde nur wenig Aufmerksamkeit den Auswirkungen auf
das Geschlechterarrangement geschenkt (vgl. Quisumbing et al. 2008).

In den Agrarwissenschaften, der Agrarökonomie und der Agrarpolitik werden diese wichtigen Erkenntnisse immer noch ausgeblendet und
weisen somit einen Male Bias mit „männlich geprägten Bildern/ Vor-
wegannahmen oder Weltanschauungen" (Teherani-Krönner 2008: 88)
auf.

Deutlich stellt Jacobson vom Worldwatch Institute (Washington) in
der Arbeit *Gender Bias: Roadblock to Sustainable Development* den
Male Bias in den konventionellen ökonomischen Theorien heraus:

- „Wirtschaftliches Wachstum ist geschlechtsneutral, bei ökonomi-
  schem Wachstum profitieren Männer und Frauen in gleicher Weise."
- „Das traditionelle, westliche Haushaltsmodell, in dem Vater, Mutter
  und Kinder gemeinsame Interessen verfolgen und ein einheitliches
  Ziel anstreben, sei auf alle Gesellschaften übertragbar."
- „Innerhalb eines Haushalts sind Armut und Wohlfahrt unabhängig
  vom Geschlecht in gleicher Weise verteilt."
>   (Teherani-Krönner 2009: 88, nach Jacobson 1992)

Wie im folgenden Kapitel beschrieben, verlassen sich viele Organisationen und Ökonomen auf Basis dieser ökonomischen Grundannahmen auf die Forderung der Produktionserhöhung durch die Einführung und Finanzierung neuer Technologien.

Lösungsansätze der Institutionen

Die Konzepte zur Lösung der Hungerkatastrophe unterscheiden sich abhängig von der publizierenden Organisation und Abteilung. Teils stehen die Lösungsansätze im Gegensatz zu zuvor oder parallel veröffentlichten Erkenntnissen (z. B.: FAO, IFPRI). In diesem Kapitel sollen verschiedene Lösungskonzepte des IFPRI, der FAO, der Welthungerhilfe, dem Humboldt Forum und des Weltagrarberichtes vorgestellt werden.

International Food Policy Research Institute (IFPRI)

Das IFPRI fordert in der Publikation zu den Auswirkungen des Klimawandels auf die Welternährung die konzentrierte Arbeit an einem Konzept zur Entwicklungshilfepolitik und Hilfsprogrammen in allen Entwicklungsländern (vgl. IFPRI 2009).

Da genauere Klimaauswirkungen auf Regionen unbekannt sind, müssen Maßnahmen breiter gefächert sein und zur landwirtschaftlichen Anpassung an den Klimawandel anregen. Analog zur Grünen Revolution kann eine höhere Produktionsrate mit mehr Jobangeboten und niedrigeren Lebensmittelpreisen die Weltarmut bekämpfen. Dafür soll die ländliche Infrastruktur (Straßen und Bewässerungssysteme) in Regionen mit ausreichendem Wasservorrat ausgebaut werden.

Die Investitionen zur Förderung der landwirtschaftlichen Produktivität und der entsprechenden Technologien sollen erhöht werden um im Jahr 2050 in der Lage zu sein 9 Milliarden Menschen ernähren zu können. Biotechnologien können zur Anpassung an Hitze- und Trockenstress sowie Resistenzen beitragen. Es wird erwartet, dass die Wiederaufnahme von Laborforschung in Kooperation mit lokalen Bäuerinnen und Bauern und Vernetzung auf nationaler und internationaler Ebene die Nahrungsmittelproduktion steigern wird. Die Weiterbildung dieses Personenkreises im Bereich trockenheitsresistenter Agrarpflanzen in verbesserten Anbausystemen soll zudem eine Anpassung an den Klimawandel ermöglichen. Um konkretere Aussagen über die lokalen Auswirkungen des Klimawandels treffen zu können fordert das IFPRI eine Vertiefung der Klimaforschung.

Als Maßnahme gegen den landwirtschaftlichen Anteil an der Klimaerwärmung schlägt das IFPRI die Verringerung der Methanemissionen
mit verbesserter Viehzucht und Bodenbearbeitung vor. Bei den Klima-
verhandlungen soll die Anpassung der globalen Landwirtschaft an die
Klimaauswirkungen zur Schlüsselagenda werden. Mit verbesserter Nahrungsmittelversorgung können sich arme Bevölkerungsschichten an die
Klimaauswirkung anpassen. Jede Aktivität zur Anpassung der Landwirtschaft an den Klimawandel soll die Nahrungsmittelsicherheit verbessern
können.

Nationale Pläne zur Lebensmittelerzeugung und der Unterstützung
zur Anpassung der Landwirtschaft an den Klimawandel sollen in den
ländlichen Raum weitergetragen werden. Dazu werden weltweit jährlich zusätzliche Investitionen von 7 Milliarden US-Dollar in rurale Infrastruktur gefordert.

Food and Agriculture Organization (FAO)

Die FAO fordert in ihrer Publikation *The state of food and agriculture*
folgende Maßnahmen gegen Nahrungsengpässe (vgl. FAO 2009a):

Eine Produktionssteigerung durch Subvention von Produktionsmitteln und Ressourcen wie Dünger, Pflanzenschutzmittel, Wasser, Technik und Ackerflächen soll Anreize zum Produzieren bewirken. Besonders effektiv funktioniert diese Förderung auf abgeschlossenen Märkten, da ansonsten das Produktionswachstum in den Weltmarkt übergeht
und es keine lokalen oder nationalen Preisabsenkungen gibt. Bei der
Konsumentenpolitik soll eine Unterstützung des Konsums verwirklicht
werden. Hierzu schlägt die FAO Steuerabsenkungen, direkte Preisab-
senkung von Lebensmitteln, Lohnerhöhung, die Verteilung von Nahrungsmitteln und die Stärkung der Sozialprogramme vor. Eine direkte
Essensversorgung kann Bedürftige besser als Geld erreichen, hierbei
werden Beispiele wie *Food for Work* und *School Feeding* Programme
genannt.

Eine verbesserte Vorratshaltung kann zur nationalen Preiskontrolle
bei Nahrungsmittelengpässen und bei Marktsättigung mit Nahrungsmitteln beitragen. Die FAO weist hierbei darauf hin, dass diese Maßnahmen auch lokale Preise in negativer Weise destabilisieren könnten. Die
Vorratsaufstockung hat in den letzten Jahren einen weiteren Anstieg der
Weltmarktpreise und Destabilisierung der internationalen Märkte bewirkt. Dies hat zur Herabsetzung der Effektivität von anderen Maßnahmen zur Sicherung der Ernährung geführt und teils sogar eine kont-
raproduktive Wirkung gehabt.

Weitere Forderungen der FAO sind:
- eine private und öffentliche Investitionen in den Agrarsektor zur Produktionssteigerung
- ein verbesserter Zugang von Bäuerinnen und Bauern zu Ressourcen und verbesserte Politik auf lokaler, nationaler und internationaler Ebene auf Basis des Prinzips *Recht auf Nahrung*
- der Schutz von heimischen Märkten vor internationalen Krisen
- die Stärkung des internationalen Handels
- Förderung der Agrarwirtschaft als Quelle für Entwicklung und Hungerbekämpfung (vgl. FAO 2009a: 122)

In der Publikation *The state of food insecurity in the world* der FAO werden folgende Forderungen gestellt (vgl. FAO 2009b):
Moderne Technologien (Qualitätssaatgut, Düngemittel, Fütterungs- und Ackertechnik) sollen auch für Kleinbäuerinnen verfügbar werden um Nahrungsmittelproduktion zu steigern und die Nahrungsmittelpreise zu senken. Investitionen in Wissenschaft und Technologien sollen die Nahrungsmittelproduktion verbessern. Um die Krisenbeständigkeit und Produktion zu unterstützen müssen Entwicklungshilfe, Wirtschaftsinstrumente und Politikinstrumente zur Lösung der Probleme angewandt werden. Komparative Erzeugungsvorteile von Nahrungsmitteln durch gut geeignete Klima und Bodenbedingungen sollten immer genutzt werden und falls nötig in die Produktion dieser Güter investiert werden. Die Agrarwirtschaft ist der Schlüsselfaktor für die Entwicklungsländer um Lebensmittelsicherheit und Entwicklung voran zu treiben. Für die Weiterentwicklung der Landwirtschaft bedarf es nach Ansicht der FAO eine Kombination privater und öffentlicher Investitionen (Farmen werden privat finanziert, Straßen baut das Land), die können so einen Beitrag zur ländlichen Entwicklung leisten.

Der Ausbau der sozialen Sicherung wird in Krisenzeiten als besonders wichtig angesehen. Hierbei werden *self targeting social programs* vorgeschlagen um Bedürftige in Krisensituationen auch wirklich zu erreichen. Ein Beispiel hierfür wäre der in Indien bestehende staatlich gesicherte Mindestlohn für Tagelöhner. Ein Risikomanagement soll gefördert werden indem vorhersehbaren Krisen vorausschauend entgegengewirkt wird. Hierzu gehören auch Systeme von Sozialprogrammen welche anstatt einzelner Programme eine höhere Effektivität haben. Investitionen in die Ausbildung und kleine Unternehmen von BürgerInnen sollen zudem langfristig Investitionen aus der Bevölkerung heraus ermöglichen.

Welthungerhilfe

Die Welthungerhilfe vertritt die Position, dass neben der unmittelbaren Hilfe bei Hungerkatastrophen die Kernursachen des Hungers bekämpft werden müssen um eine Ernährungssicherheit zu erreichen. Nahrungsmittelverteilungen können nur ein erster Baustein eines Konzeptes zur dauerhaften Ernährungssicherung sein, da sie vor allem die Symptome lindern, aber nicht die strukturellen Ursachen des Hungers angehen. Wenn Nahrungsmittelhilfen getätigt werden, wird gefordert die Produkte auf den lokalen Märkten der betroffenen Regionen aufzukaufen um zeitlich auch eine Stärkung der Bauern zu erreichen.

> „Auf die Nothilfe folgt Wiederaufbau, an die sich langfristige Entwicklungsförderung anschließt"
>
> (Welthungerhilfe 2008: 3).

Dabei sollen Wirtschaft, Zivilgesellschaft, BürgerInnen und Politik gemeinsam die Verantwortung tragen. Höhere Preise sollen Kleinbauern langfristig die Chance bieten mehr Einkommen zu erwirtschaften, wenn ihnen genügend Land und Ressourcen günstig zur Verfügung stehen.

Die Welthungerhilfe fordert wie weitere Organisationen (FAO, IFPRI, Humboldt Forum, ...) mehr Investitionen in die Landwirtschaft zur Produktionssteigerung und um die ländliche Entwicklung voran zu treiben. Weil 2/3 der Hungernden auf dem Land leben, ist für die Welthungerhilfe im Gegensatz zu anderen Organisationen besonders die Förderung der Ernährungslandwirtschaft zur Lösung der Ernährungskrise wichtig, welche aufgrund günstiger Importpreise jahrzehntelang vernachlässigt wurde. 20–30 % der aktuellen Entwicklungshilfegelder sind hier zusätzlich nötig um diese Investitionen zu tätigen.[5]

> „Hunger ist kein Problem der Verteilung der Nahrung sondern Folge der ungleichen Verteilung der Einkommen"
>
> (Schneider 10/2008: 5).

Die Entwicklung der ländlichen Räume ist erforderlich, um diese wieder attraktiver und produktiver zu machen. Dazu fordert die Welthungerhilfe von Industrieländern sowie Entwicklungsländern, die Landwirtschaft auf dem Land auszubauen, Frauen und Männer in bäuerlichen Organisationen zu fördern, in die ländliche Infrastruktur zu investieren, Zugang zu Land und Produktionsmitteln zu ermöglichen sowie eine Weiterentwicklung der Verarbeitung und des Transportwesens. Mit

---

[5] Die weltweiten Entwicklungshilfezahlungen betrugen 2009 rund 120 Milliarden Euro (vgl. Oxfam 2011).

diesen Maßnahmen erhofft sich die Welthungerhilfe eine stärkere Produktion von Nahrungsmitteln, die Schaffung von neuen Arbeitsplätzen in der Landwirtschaft und Einkommensmöglichkeiten.

Es wird explizit darauf hingewiesen, dass die Entwicklungshilfe und die Agrarpolitik noch immer die Schlüsselrolle der Frau in der Landwirtschaft unterschätzen. Je nach Region machen Frauen bis zu 80 % der Arbeit in der Landwirtschaft, sind aber oft aufgrund von gesellschaftlichen Normen und falscher Politik strukturell diskriminiert. 70% der Hungernden auf der Welt sind Frauen, so dass hier besonders eine gezielte Förderung nötig sei, beispielsweise wird der verbesserte Zugang zu Kleinkrediten und zu Produktionsmitteln genannt.

Die Forschung für bessere Ernten in Entwicklungsländern bedarf einer höheren Förderung, dabei soll Wert auf eine an Kleinbauern angepasste umweltverträgliche und sozial gerechte Steigerung der Produktion gelegt werden (kleinbäuerliche und ökologische Anbaumethoden). Möglichst soll die Forschung in den Entwicklungsländern selbst stattfinden, so dass lokale Akteure und Lösungen einbezogen werden können. Die Forschung muss indigenes und lokales Wissen einbeziehen und nicht auf Monokulturen abzielen, weil diese vor allem Großbauern und den Industrieländern den Nutzen bringt. Die Technologie der Gentechnik wird in diesem Kontext als nicht zielführend eingeschätzt.

Bildung und Gesundheit werden von der Welthungerhilfe als wichtige Grundsteine für die Entwicklung angesehen. Derzeit gehen 90 Millionen Kinder nicht zur Schule und insgesamt gibt es 875 Millionen Analphabeten auf der Welt (vgl. Schneider 10/2008 aus UNICEF 2008). Bildung soll nach Ansicht der Welthungerhilfe für alle zugänglich sein, dafür muss die Kinderarbeit abgeschafft werden und die ökonomischen und sozialen Hürden des Schulbesuches vermindert werden welche zumeist die weibliche Bevölkerung ausschließen.

> „Bildungschancen zu verbessern ist einer der wirkungsvollsten Wege, Hunger zu bekämpfen, denn das Ausmaß von Unterernährung nimmt proportional mit der Fähigkeit ab, lesen und schreiben zu können"
> (Welthungerhilfe 2005: 15).

Neben Bildung soll nach Ansicht der Welthungerhilfe auch die Gesundheit gesichert sein. Eine Milliarde Menschen haben keinen Zugang zu sauberem Trinkwasser und 2,6 Milliarden leben ohne sanitäre Einrichtungen. Es gibt in Entwicklungsländern zu wenig Ärztinnen, Ärzte und Infrastruktur, um eine funktionierende Gesundheitsfürsorge für alle zu gewährleisten. Insbesondere betrifft das die zunehmende Zahl an HIV-Infizierten, deren Erkrankung zusätzlich die Ernährungsprobleme verschärft.

Die Welthungerhilfe fordert faire Handelsbedingungen für die Entwicklungsländer, dabei sollen die Importrestriktionen der EU und weiterer Industrieländer aufgehoben werden und Exportsubventionen für Agrarprodukte abgeschafft werden, um die heimische Produktion in Entwicklungsländern konkurrenzfähiger zu machen. In armen Ländern kann es auch notwendig sein die lokale Produktion zu schützen, um die Landwirtschaft für den Weltmarkt „rüsten zu können" (Schneider 10/2008: 8).

Soziale Sicherungssysteme müssen nach Ansicht der Welthungerhilfe aufgebaut werden, um Bedürftige im Krisenfall abzusichern. Dazu könnten sich Mikro-Versicherungen oder die Einführung von Grundsicherungssystemen eignen. Beschäftigungsprogramme wie *food for work* oder *cash for work* sollen armen Menschen helfen, sich längerfristig aus der Armutsfalle zu befreien.

Der Verbrauch landwirtschaftlicher Nutzfläche für den Anbau von Biokraftstoffen, die für Industrieländer bestimmt sind, muss nach Ansicht der Welthungerhilfe verhindert werden. In Entwicklungsländern, wo fossile Kraftstoffe oft nur schwer ihren Weg in die abgelegenen Regionen finden, ist hingegen der Anbau von Biokraftstoffen sinnvoll zur Deckung des lokalen Energiebedarfs (insbesondere der Landwirtschaft, Kühlung und Wasserversorgung).

Damit sich die Landwirtschaft ohne Subventionen tragen kann, sollen sich die VerbraucherInnen in Industrieländern auf höhere Nahrungsmittelpreise einstellen und somit einen solidarischen Beitrag zur Friedenssicherung leisten. Die Unterstützung von *Fairem Handel* mit Mindestpreisen und Aufschlägen bietet die Möglichkeit für Konsumenten einen solidarischen Beitrag zur Verbesserung der Hungersituation zu leisten.

Ein weiterer wichtiger Punkt für die Welthungerhilfe ist, dass die Zivilgesellschaft (insbesondere NGOs) die Entwicklung mittragen soll, weil diese effektiver dafür sorgen kann, dass sich die Landbevölkerung organisiert und die Interessen gegenüber der Regierungen vertreten werden. In abgelegenen ländlichen Räumen können so auch die Aufgaben der Regierungen übernommen werden.

Der Weltagrarbericht und seine Vorschläge für eine Landwirtschaft von morgen

2003 wurde von der Weltbank und den Vereinten Nationen ein internationaler Prozess initiiert, in dem ein Agrarbericht verfasst werden sollte, der mit vollem Namen *International Assessment of Agricultural*

Knowledge, Science and Technology for Development (IAASTD) genannt wird.

Der Bericht wurde von Robert T. Watson begleitet, der auch die bedeutsamen Reports zum Abbau der Ozonschicht und den Weltklimarat mit initiiert hat. Angelehnt an die Arbeitsweise des Weltklimarates arbeiten an dem Agrarbericht Betroffene aus der Zivilgesellschaft (Kleinbauern, Verbraucher, NGOs, Firmen) sowie Regierungsmitarbeiter mit, um so

> „Informationen, Instrumente und Modelle unterschiedlicher Wissens-Paradigmen einschließlich lokalen und traditionellen Wissens zu nutzen und zu integrieren"
>
> (Haerlin et. al. 2009: 2).

Der Ansatz war nicht, zuerst Probleme zu suchen wo die heutigen Technologien anwendbar wären, sondern zunächst die Identifikation der bestehenden Probleme und -hintergründe und anschließend die Fragestellung, wie diese nachhaltig gelöst werden könnten. Durch diese Arbeitsweise fällt die Bewertung von Technologien wie der Gentechnik negativ aus, was unter anderem auch zum Abbruch der Mitarbeit von Saatgutkonzernen vor der Veröffentlichung geführt hat.

Die zentrale Botschaft des Weltagrarberichtes ist: „Weiter wie bisher ist keine Option" (Haerlin et al. 2009: 2). Stattdessen soll eine Kombination und Vielfalt kleiner lokaler und größerer überregionaler Lösungsansätze angegangen werden. Der Weltagrarbericht verdeutlicht die widersprüchliche Situation der Unterernährung, es wird weltweit über ein Drittel mehr an Nahrungsmitteln produziert als für eine ausgewogene Ernährung aller Erdenbürger notwendig wäre. Trotzdem hungert heute jeder sechste Mensch, 70% davon leben auf dem Land, wo eigentlich die nötige Nahrung produziert wird oder werden könnte.

Unterernährung ist dem Bericht zufolge in den Entwicklungsländern vor allem abhängig davon inwiefern eine regionale Selbstversorgung gelingt. Fehlender Zugang zu Land und Ressourcen, Krankheiten, Diskriminierung sowie fehlende Bildung werden hier als die wichtigsten Hindernisse genannt:

„Der Hunger auf der Welt ist also ein ländliches Problem und kann nachhaltig nur vor Ort überwunden werden"

(Haerlin et al. 2009: 3).

Die Förderung von Kleinbauern und vor allem der Frauen in der Landwirtschaft müsste im Zentrum der Bemühungen um ökologisch wie sozial nachhaltige Entwicklung des ländlichen Raumes stehen. High-Tech-Lösungen seien zu diesem Zwecke weit weniger bedeutsam als die tatsächliche Verfügbarkeit vorhandenen Wissens vor Ort (vgl. Haerlin et al. 2009: 71).

Nach Haerlin gehen aus dem Weltagrarbericht folgende Forderungen hervor: Um den Nahrungsengpässen direkt zu begegnen, müssen Exportsubventionen, Importe von Agrartreibstoffen und Futtermitteln sofort gestoppt werden. Die Agrarforschung und -lehre bedarf einer Ausrichtung auf die Kleinbauern, zweifelhafte Forschungsunternehmen, welche die Abhängigkeiten der Landwirtschaft von der Industrie verstärken, sollten hingegen keine öffentliche Förderung mehr bekommen. Um die Nahrungsmittelautonomie zu erhalten, muss zudem die Patentierung von Tieren, Pflanzen und DNA verboten werden.

Er fordert zudem, dass die deutsche Bundesregierung den IAASTD Bericht zur „(...)Grundlage ihrer agrar- und entwicklungspolitischen Entscheidungen machen und sich aktiv für die Umsetzung seiner Handlungsempfehlungen(...)" einsetzen sollte (Haerlin et al. 2009: 72).

Während Unterernährung vor allem im subsaharischen Afrika, in Teilen Südamerikas sowie in Asien auftritt, ist Überernährung auf der nördlichen Hemisphäre ein großes Krankheitsrisiko von ebenfalls etwa einer Milliarde Menschen. Wie im Falle der Unterernährung liegen auch dort Gründe in der Verarmung der Vielfalt landwirtschaftlicher Produkte und damit verminderter Ernährungsvielfalt durch verstärkten Anbau von auf Ertrag gezüchteten, in Monokulturen hergestellten Grundnahrungsmitteln. Unterernährung soll Menschen anfällig für viele Infektionskrankheiten durch Bakterien, Viren und Pilzen machen. Überernährung steigert das Risiko für chronische Erkrankungen wie Diabetes, Bluthochdruck, Schlaganfälle und einige Krebsarten.

Zusammengefasst fordert der Weltagrarbericht von der Agrarpolitik die Grundprinzipien Multifunktionalität[6], Klimaverträglichkeit und Ernährungs-Souveränität (vgl. Haerlin et al. 2009).

---

[6] Mit Multifunktionalität ist die Einbeziehung sämtlicher Zusammenhänge und sozialen Aspekte der Nahrungsmittelerzeugung gemeint.

Food First: Sustainable World Food Security (Humboldt Forum for Food and Agriculture)

Das Humboldt Forum ist ein Zusammenschluss von Akteuren aus der Wissenschaft, Zivilgesellschaft und Industrie mit dem Ziel wissenschaftlich basierter Ratschläge für die Zukunft globaler Ernährung und Landwirtschaft (vgl. von Witzke 2009: 2). Ihre zentrale These ist, dass die Weltgesellschaft durch den „Megatrend" der „Umkehr der landwirtschaftlichen Tretmühle" mit steigenden Lebensmittelpreisen und Lebensmittelknappheit in ihrer Ernährungssicherheit bedroht ist und dass diesem mit Produktionssteigerungen entgegengewirkt werden muss.

In ihrem Thesenpapier werden Forderungen an das G8 Treffen 2009 in Treviso, Italien gestellt. Es wird die Gründung eines internationalen "Agricultural Monitoring Board" gefordert (von Witzke 2009: 4), wo die Länder des G 20 sowie die 5 am wenigsten entwickelten Länder teilnehmen sollen, um die Welternährungssicherheit und nachhaltiges landwirtschaftliches Wachstum zu fördern. Agrarforschung soll wieder auf der globalen politischen Agenda ihren Platz finden, um die Nahrungsmittelproduktion in der Zukunft steigern zu können. Insbesondere die Reduktion der Vor- und Nachernteverluste soll dabei erreicht werden. Neue Technologien zur Produktion von Bioenergie sollen weiterentwickelt werden. Für die Entwicklungsländer werden massive Investitionen in die Landwirtschaft gefordert, um industrielle produktionssteigernde Technologien (Pflanzenschutzmittel, Biotechnologie, Bioenergietechnologien, Dünger) diesen Ländern zugänglich zu machen.

Um die Investitionen möglich zu machen wird gefordert, dass die Länder des G8 Treffens jeweils jährlich 500 Millionen US-Dollar in die Forschung und ländliche Entwicklung der Entwicklungsländer investieren.

Das Forum nimmt die Position ein, dass die Nahrungsmittelproduktion und die landwirtschaftliche Produktion von Bioenergie koexistieren können. Als Grund hierfür wird genannt, dass ohnehin bereits auf landwirtschaftlichen Flächen *non-food* Kulturen wie Baumwolle und Gummi kultiviert werden und dass Bäuerinnen und Bauern bei steigenden Energiepreisen mit der selbst erzeugten Bioenergie unabhängiger werden. *Food First* ist das Schlagwort des Thesenpapiers, es bezieht sich neben der Investition in Technologien, Landwirtschaft und Infrastruktur auf die Bevorzugung der landwirtschaftlichen Landnutzung gegenüber der Ausbeutung anderer Ressourcen. Die Anwendung der genannten Forderungen wird von dem Forum als ein Modell nachhaltiger Landwirtschaft genannt.

Diskussion

Im Folgenden werden die Ergebnisse der Recherche anhand der aufgestellten Thesen und den Lösungsvorschlägen der Organisationen diskutiert.

Global ist lokal

Nahrungsmittelpreissteigerungen auf dem Weltmarkt und die Weltwirtschaftskrise haben insbesondere in armen Nettoimportländern wie Somalia oder Äthiopien in den letzten Jahren die Hungersituation enorm verschärft. Aufgrund des Klimawandels werden zudem enorme Preissteigerungen in den nächsten Jahrzehnten erwartet. Diese Entwicklung bestätigt die These, dass globale ökologische und ökonomische Entwicklungen die nationalen und lokalen Ernährungsbedingungen beeinträchtigen. Ein weiteres Beispiel hierfür ist der zunehmende Anbau von Bioenergiepflanzen:

Das Humboldt Forum stellt die These auf, dass eine Koexistenz von Bioenergie- und Nahrungsmittelproduktion im Rahmen ihrer Maxime *Food First* möglich sei. Allein der Fakt, dass der Weltenergiemarkt weitaus größer ist als der Nahrungsmittelmarkt und dass sich somit die Nahrungsmittelpreise durch einen freien Wettbewerb des Anbaus an den Energiepreisen orientieren werden und es heute schon tun (vgl. FAO 2009b), beweist das Gegenteil. Aber auch einer der Mitverfasser der Publikation des Humboldt Forums zeigt in einem Artikel von 2008 die Dramatik der ungehinderten Bioenergieproduktion:

> „Die Zunahme des Faktoreinsatzes für die Bioenergieproduktion verringert unter sonst gleichen Bedingungen die Produktion von Nahrungsgütern. Dies muss natürlich den ohnehin zu erwartenden Trend zu steigenden Preisen für Nahrungsgüter noch verstärken – mit der Folge, dass Mangelernährung und Nahrungsunsicherheit zu noch größeren Problemen anwachsen werden"
>
> (von Witzke 2008: 15).

Angesichts der zunehmenden Verknappung an nicht erneuerbaren Energien und damit verbundenen Preissteigerungen von Energie ist die These, dass eine Koexistenz von Bioenergie und Lebensmittelproduktion möglich sei, nicht nur falsch sondern eine tragische Position, deren weitere Verwirklichung Millionen von Menschen in den Hungertod treiben kann. Nicht zuletzt aufgrund des Male Bias und der ökonomischen Annahmen des Humboldt Forums ist die Nachhaltigkeit der geforderten Maßnahmen zweifelhaft. Die Forderungen zementieren so die weitere wirtschaftliche Abhängigkeit der von Hunger betroffenen Länder durch Technologien, Saatgut und Kapital, zu Ungunsten der lokalen Kleinbäuerinnnen und Kleinbauern.

Überproduktion & Unterernährung

Die an sich unzweifelhafte Lösung von Unterernährung durch eine bessere Lebensmittelversorgung bleibt bisweilen bei der pauschalen Forderung nach Produktionssteigerungen. Die Analyse der Hungersituation zeigt aber, übereinstimmend mit der zweiten These, dass die Hungerkrise nicht nur Symptom einer globalen Nahrungsmittelknappheit ist, sondern auch durch die ökonomische und gesellschaftliche Situation der Bevölkerung und des jeweiligen Landes befördert ist.

Die Vorschläge der Klimafolgenforschung der IFPRI, die Ernährungskrise analog der Grünen Revolution mit Technologien und Geld zu lösen, sind in ihrer Nachhaltigkeit in Frage zu stellen, denn diese Politik hat zumindest im Rahmen der Grünen Revolution gezeigt, dass sie angesichts der aktuellen Situation langfristig das Ausmaß der Unterernährung nicht verringern oder das Problem gar lösen kann. Zudem hat die intensive industrielle Landwirtschaft einen großen Anteil an den Klimaemissionen der Landwirtschaft (vgl. Haerlein et. al 2009).[7] Andere Abteilungen der IFPRI zeigen hier deutlich differenziertere, aber in der Klimaabteilung weitestgehend unberücksichtigte Positionen auf. Produktionserhöhungen alleine wirken wenig zielführend, denn die heutige Ernährungskrise ist durch soziale und gesamtgesellschaftliche Faktoren und weniger durch die weltweit verfügbaren Nahrungsmittel bedingt. Es bedarf aus diesem Grund auch einer umwälzenden Veränderung der heutigen Gesellschaft und Wirtschaft und nicht primär einer Produktionssteigerung (vgl. Quisumbing et al. 2008).

> „Die Erfahrung der letzten Jahrzehnte hat deutlich gezeigt, dass niedrige Agrarpreise nicht dazu führen, dass Hunger und Armut zurückgehen. Ganz im Gegenteil: Durch die niedrigen Agrarpreise mussten viele Produzenten ihre Betriebe aufgeben"
>
> (Chemnitz 2009: 96).

Es droht eine Wiederholung der Geschichte der *Grünen Revolution*: durch den forcierten Anbau von Cash Crops wurde in vielen Ländern die Ernährungslandwirtschaft verdrängt, was viel zu der heutigen Kri-

---

[7] „Die höchsten Treibhausgas-Emissionen sind generell mit den intensiven Bewirtschaftungssystemen verbunden" (Haerlein et al. 2009: 2).

senanfälligkeit der Entwicklungsländer beigetragen hat. Die eigentlichen Garanten der Ernährungssicherheit, die Kleinbauern, in Entwicklungsländern zumeist Frauen, wurden hierbei marginalisiert (vgl. Boserup 1970/1982).

Für die Verschlechterung des Status von Frauen in den landwirtschaftlichen Bereichen der Entwicklungsländer sind weitgehend europäische Siedler, Kolonialverwalter und technische Berater verantwortlich. Eben sie vernachlässigten bei ihrer Hilfe zur Einführung der modernen kommerziellen Landwirtschaft in Übersee die weibliche Arbeitskraft und förderten die männliche Arbeitsproduktivität (vgl. Boserup 1970/1982: 49).

Angesichts der bisherigen Erfahrungen führt die Alleinstellung des Modells *weiter wie bisher* zu einer nachhaltigen Verschärfung der Krise.

Lokal ist global

Die abschließende These dieses Artikels bietet eine neue Perspektive durch Einbeziehung von lokalem Wissen, Empowerment und angepasste Lösungsansätze durch Partizipation der Betroffenen.

Bei der Weitergabe von Technologien und Wissen wird bisher wenig auf die Ermächtigung der Notleidenden eingegangen und vor allem dem Profitinteresse der Technologie liefernden Unternehmen und Staaten Dienst geleistet. Dass diese Politik (Produktionssteigerung durch Technologien) nicht nachhaltig die Patentlösung für die Unterernährung sein kann, zeigt die heutige Krise besonders eindrucksvoll.

Die Förderung der Kleinbäuerinnen und Kleinbauern und der Ausbau von sozialen Programmen ist den Erkenntnissen der Welthungerhilfe und des Weltagrarberichtes entsprechend ein guter Weg zu dem Ziel der Ernährungssicherheit. Hierbei sollte sichergestellt werden, dass die Hilfestellung auch auf die Bedürfnisse der AdressatInnen ausgerichtet ist und diese tatsächlich erreicht werden.

Zudem soll entsprechend der FAO beachtet werden, dass die Hungerkatastrophe auch durch die ungleiche Verteilung der Einkommen bedingt ist. Die ungleiche Einkommensverteilung ist ein Resultat der ökonomischen Verhältnisse und Machtstrukturen und lässt sich nicht allein durch Technologien oder Sozialprogramme nachhaltig ausgleichen.

> „Ein zentraler Aspekt beim Kampf gegen den Hunger ist die Gleichberechtigung von Mann und Frau"

(WHI 2009: 5).

Der Weltagrarbericht, der Bericht des Welthungerindex, die Welthungerhilfe und bestimmte Abteilungen der FAO und IFPRI befürworten die Förderung der Bildungschancen, die Vielfalt der landwirtschaftlichen Produktion, Ernährungsautonomie und (Land-)Rechte für Frauen. Dies sind nachhaltige, weil an die jeweiligen Bedürfnisse und Situationen der betroffenen Menschen angepasste Lösungen, die aber oft konträr zu dem Konzept *eine Lösung für alle Probleme* steht.

Schlussfolgerung

Die aktuelle verschärfte Hungerkrise ist unter anderem ein Resultat des Kolonialismus, der profitmaximierenden Wirtschaftsweise im Kapitalismus und der auf unmittelbare Machterhaltung und wirtschaftlichen Einfluss ausgerichteten Politik. Der Male Bias der neoliberalen Wirtschaftswissenschaften und Machteliten vieler Länder verhindern bisher, dass Zusammenhänge mehr bedacht werden und die tiefer gehenden gesellschaftlichen Gründe der Krise effektiv angegangen werden.

Aufgrund der Erfahrung, dass kleinbäuerliche Strukturen mit ihrer wenig kostenintensiven und flexiblen Wirtschaftsweise wenig beeinflusst von Wirtschaftskrisen sind, sollten diese primär gefördert werden. Mikrokredite und Förderungen können sicherstellen, dass Frauen und andere in den jeweiligen Ländern marginalisierte Bevölkerungsgruppen Zugang zu allen Ressourcen haben. Der soziokulturelle Kontext in den jeweiligen Ländern muss verstärkt Beachtung finden in der Entwicklungs- und Agrarpolitik, um die richtigen AdressatInnen adäquat anzusprechen. Dies ist insbesondere schon bei der Problemidentifikation notwendig, alle Lösungsansätze sollten dementsprechend die Kenntnis der sozialen und kulturellen Gegebenheiten voraussetzen. Entsprechend dem eigentlichen Sinn der Maxime *food first* müssen hier beispielsweise exklusive Landrechte für die Menschen, die Flächen für ihre Ernährungsautonomie nutzen, eingeführt werden.

Vielfältige, an die Region angepasste Kulturarten und -sorten könnten zusätzlich effektiv eine Börsenspekulation auf den globalen Märkten verhindern und schaffen so eine gewisse Unabhängigkeit von den Weltmarktpreisen. Jegliche Versuche der Wirtschaft Patente auf das Leben und Lebensmittel anzuwenden müssen unterbunden werden, um nachhaltig die Grundlagen der Ernährungssouveränität zu garantieren. Hierbei sollte, dem Weltagrarbericht und der Welthungerhilfe folgend, auch auf die Anwendung der Grünen Gentechnik verzichtet werden.

Aufgrund der Erkenntnis, dass der Klimawandel die Ernährungssicherheit zusätzlich einschränken wird, müssen effektive und radikale

Maßnahmen gegen die Treibhausgasemissionen in den Industrieländern jetzt angegangen werden. Vor allem bedeutet das eine Umstellung der besonders klimaschädlichen industriellen Landwirtschaft, insbesondere Tierhaltung, hin zu einer ökologischen und ressourcenschonenden Wirtschaftsweise. Hierbei muss beachtet werden, dass die bisherigen Verursacher Verantwortung für die negativen Externalitäten ihres Wirtschaftens übernehmen.

Um eine Nahrungsmittelknappheit auf der Angebotsseite zu verhindern, könnten Bildungsprogramme zur Reduzierung des Fleischkonsums in industriellen Ländern forciert werden und so mehr Grundnahrungsmittel für Menschen verfügbar machen. Die Ergebnisse des Weltagrarberichtes zeigen nicht zuletzt, dass Gleichberechtigung, freie Bildung und Gesundheitsfürsorge für alle Menschen auf der Erde die Grundlage für eine nachhaltige Entwicklung sind und dementsprechend verwirklicht werden müssen.

Literatur

Alt, Franz 2011. *Ägypten und Tunesien: Die ersten Klima-Revolutionen.* Readers Edition. URL: http://www.readers-edition.de/2011/02/13/aegypten-und-tunesien-die-ersten-klimarevolutionen (20.02.2011).

Boserup, Ester (Hrsg.) 1982. *Die ökonomische Rolle der Frau in Afrika, Asien, Lateinamerika.* edition cordeliers, Stuttgart (Orig.: 1970).

FAO 2011. FAO Food Price Index. FAO. URL: http://www.fao.org/worldfoodsituation/foodpricesindex/en (22.02.2011).

Ghanem, Hafez (ed.); Kostas, Stamoulis et al. (FAO 2009 a). *The State Of Food And Agriculture.* FAO. URL: http://www.fao.org/docrep/012/i0680e/i0680e00.htm (02.03.2010).

Ghanem, Hafez (ed.) et al. (FAO 2009 b). *State of Food Insecurity in the World.* URL: http://www.fao.org/docrep/012/i0876e/i0876e00.htm (02.03.2010).

Goodland, Robert und Jeff Anhang 2009. *Lifestock and climate Change.* Worldwatch. URL: http://www.worldwatch.org/node/6294 (04.09.2011).

Haerlin, Benedikt, Tanja Busse et al. 2009. *Wege aus der Hungerkrise. Die Erkenntnisse des Weltagrarberichtes und seine Vorschläge für eine Landwirtschaft von morgen.* GLS Zukunftsstiftung Landwirtschaft. Stiftung Eine Welt Eine Zukunft, Hamburg.

Haerlin, Benedikt und Christine Chemnitz 2009. *Die chronische Krise der Landwirtschaft, Kritischer Agrarbericht 2009.* URL: http://www.kritischer-agrarbericht.de/index.php?id=280 (13.04.2010).

IFPRI 2009. *Climate Change – Impact On Agriculture And Cost Of Adaptation.* IFPRI,Waschington DC. URL: http://www.ifpri.org/publication/climate-change-impactagriculture-and-costs-adaptation (02.03.2010).

Jacobson, Jodi (ed.) 1992. *Gender Bias: Roadblock to Sustainable Development*. Worldwatch Institute, Washington D.C.

Kürschner-Pelkmann, Frank und Benedikt Rydzek 2004. Niemand isst für sich allein. In *Kampagnenblätter 3*. Soja. Brot für die Welt. URL: http://www.brot-fuer-die-welt.de/downloads/niemand-isst-fuersich-allein/Soja_pdf.pdf (02.03.2010).

Oxfam 2011. URL: http://www.oxfam.de/informieren/entwicklungsfinanzierung (15.02.2011).

Phalula, Irene (ed.) 2005. Malawi food crisis hits women hardest. Afrikafiles 2005. URL: http://www.africafiles.org/article.asp?ID=10378&ThisURL=./gender.asp&URLName=Gender (10.01.2010).

Prodi, H.E. Romano 1996. URL: http://www.fao.org/wfs/index_en.htm (13.04.2010).

Quisumbing, Agnes, Ruth Meinzen-Dick and Lucy Basset 10/2008. *IFPRI Policy Brief 7: Helping Women Respond to the global Food Price Crisis*. IFPRI, Washington DC. URL: http://www.ifpri.org/sites/default/files/pubs/pubs/bp/bp007.pdf (02.04.2010).

Schneider, Rafaël (Hrsg.) 10/2008. Standpunkt 02/2008. *Kampf gegen den Hunger wird auf dem Land entschieden*. Deutsche Welthungerhilfe e.V. URL: http://www.welthungerhilfe.de/fileadmin/media/pdf/Standpunkt/Laendliche_Entwicklung_Standpunkt_2_2008.pdf (15.02.2010).

Stern, Nicolas (ed.) 2007. *The Economics of Climate Change*. Cambridge University Press, Cambridge.

Teherani-Krönner, Parto 2009. Chancen zum Überdenken von Agrarpolitiken? Hungerkrise aus feministischer Sicht. In *Zeitschrift Marxistische Erneuerung*. Forum Marxistische Erneuerung e.V./IMSF e.V. (Hg.), Heft 76, Frankfurt am Main: 86-94.

von Grebmer, Klaus, Bella Nestorova, Agnes Quisumbing et al. (WHI 2009). *Welthunger-Index. Herausforderung Hunger: Wie die Finanzkrise den Hunger verschärft und warum es auf die Frauen ankommt*. Welthungerhilfe/ IFPRI / Concern Worldwide, Bonn; Washington D. C.; Dublin. URL: http://www.welthungerhilfe.de/whi2009.html (02.03.2010) und http://www.welthungerhilfe.de/fileadmin/media/bilder/WHI/whi2009_schweregrad_karte.jpg (02.03.2010).

von Witzke, Harald 2008. *Weltagrarmärkte: einige zentrale Änderungen der Rahmenbedingungen und deren Implikationen für die Landwirtschaft*. Humboldt Universität, Berlin.

Ders. 2009. *Food First: Sustainable World Food Security*. Humboldt Forum for Food and Agriculture, Berlin. URL: http://www.humboldtforum.org (10.02.2010).

Welthungerhilfe 2005. *Hunger. Ausmaß, Verbreitung, Ursachen, Auswege*. Deutsche Welthungerhilfe e.V. URL: http://www.welthungerhilfe.de/uploads/tx_dwhhinfomaterial/hunger.pdf (15.02.2010).

Welthungerhilfe 2008. *Den Hunger beenden – jetzt! Ein Appell zur Überwindung der Welternährungskrise.* Deutsche Welthungerhilfe e.V. URL: http://www.welthungerhilfe.de/fileadmin/media/pdf/Themen/Den_Hunger_beenden._jetzt._25.04.2008.pdf (15.02.2010).

Tragödie der Allmende?

Josephine Hilliges

E-Mail: josephine.hilliges@gmail.com

Zusammenfassung. Laut UN World-Food-Report könnte die heutige Landwirtschaft 12 Milliarden Menschen ernähren, fast doppelt so viele wie derzeit auf der Erde leben. Die FAO schätzt jedoch, dass weltweit 925 Millionen Menschen chronisch unterernährt sind, davon 95% in *Ländern des Südens*. Die Frage der Ernährungssicherheit ist demnach in erster Linie keine Frage von mangelnder landwirtschaftlicher *Entwicklung* und global gesehen zu geringer landwirtschaftlicher Produktivität. Hier wird die These vorgestellt, dass Ernährungsunsicherheit insbesondere ein Verteilungs- und Zugangsproblem ist.

In sogenannten *entwicklungspolitischen* Zusammenhängen wird vor allem auf die Steigerung von landwirtschaftlicher Produktivität gesetzt. Subsistenzwirtschaftliche Kleinstlandwirtschaft wird abgelöst von privatwirtschaftlichem Agrobusiness und monokultureller Massenproduktion. Die dritte Form der Ressourcennutzung neben Privateigentum und Staatseigentum ist das Gemeineigentum, auch Allmende genannt. Der Mikrobiologe und Ökologe Garrett Hardin[1] verfasste 1968 ein Essay mit dem Titel *Die Tragödie der Allmende*, das als Plädoyer gegen Gemeineigentum gelesen wurde und maßgeblich zum Erfolg des Paradigmas der *Allmendetragödie* beitrug. Vor allem die arme Bevölkerung in den *Ländern des Südens*[2] leidet jedoch unter der Zerstörung der Allmenden, der Ort der subsistenzwirtschaftlichen Kleinstlandwirtschaft.

Globalisierungskritische und ökofeministische Perspektiven eröffnen einen ganz anderen Blick auf Umweltzerstörung und Ernährungsunsicherheit. Dabei erfährt die Geschlechterforschung eine besondere Rele-

---

[1] Der US-Amerikaner Garrett James Hardin (1915-2003) war für über 30 Jahre Professor für Humanökologie an der University of California.

[2] Die Bezeichnung *Länder des Südens* wird hier als Alternative zu den paradigmatischen Begriffen *Entwicklungsländer* und *Dritte Welt* verwendet. Auch diese entwicklungspolitisch verortete Bezeichnungspraxis ist jedoch zu problematisieren, da es nicht um geographische Lagen geht, sondern um (post-)koloniale Macht- und Ausbeutungsverhältnisse.

vanz für Allmendepolitik. Bis heute sind es global gesehen vor allem Frauen, die für den Anbau von Nahrungsmitteln zuständig sind. Vom Verlust der Allmenden, des den dörflichen Gemeinschaften zur Verfügung stehenden Landes, sind insbesondere ärmere Frauen betroffen. Darum ist das Sichtbarwerden von Bäuerinnen zentral bei Fragen der Ernährungssicherheit und des Umweltschutzes. Lokalen ExpertInnen[3] muss zugehört und deren Wissensbestände sollten wahrgenommen und einbezogen werden.

Schlüsselwörter. Allmende. Commons. Gemeineigentum. Zugangsrecht. Subsistenz. Ernährungssicherheit. Homo oeconomicus. Feminismus. Umwelt.

Einleitung

Das Bundesministerium für wirtschaftliche Zusammenarbeit und Entwicklung nennt die Steigerung der landwirtschaftlichen Produktivität als zentrales politisches Ziel der deutschen Entwicklungszusammenarbeit zur Armutsbekämpfung. Die reine Selbstversorgung soll *überwunden* werden (vgl. BMZ 2011). *Entwicklung* und *Wachstum* lauten die handlungsleitenden Maximen.

Andere Stimmen äußern Kritik an diesem vorherrschenden Produktions- und Konsummodell. Eine Vielfalt von AkteurInnen sucht überall auf der Welt nach Alternativen zum Wachstumszwang. In einer Pressemitteilung der internationalen Bäuerinnen- und Bauernbewegung *La Via Campesina* heißt es beispielsweise:

> "For us, genuine agrarian reform means that agricultural land be distributed to landless and small-scale farmers (…)"
>
> (La Via Campesina 2010).

Hier wird nicht Wachstum, sondern der Zugang zu Land als Grundvoraussetzung für Ernährungssicherheit betrachtet. Aus dieser Perspektive ist das zunehmende *Land Grabbing* durch private Investoren und Regierungen eine der Ursachen von Ernährungsunsicherheit, -abhängigkeit und Ressourcenübernutzung.

---

[3] Mit dem sogenannten *gender gap* soll sichtbar werden, dass es mehr als zwei geschlechtliche Realitäten gibt. Wenn das Menschenbild des *homo oeconomicus* gemeint ist, wird kein *gender gap* gesetzt. Damit wird verdeutlicht, dass die *Allmendetragödie* geschlechterblind ist.

Die wichtigsten Orte für nicht profit- und wachstumsorientierte Subsistenz- und Kleinstlandwirtschaft sind die Allmenden, das als Gemeineigentum verfasste Land. Diese gemeinschaftliche Nutzungsform ist eine dritte Form der Ressourcenverfassung, neben Staatseigentum und Privateigentum. Sie hat bisher jedoch viel Kritik erfahren. Allmenden wurden vielfach als Ursache von Umweltproblemen und damit verbundenen Ernährungsunsicherheiten begriffen. Wie entstand diese kritische Sicht auf Gemeineigentum?

1968 verfasste der US-amerikanische Mikrobiologe und Ökologe Garrett Hardin ein Essay mit dem Titel *The Tragedy of the Commons* bzw. in der deutschen Übersetzung *Die Tragödie der Allmende* (Lohmann 1970). Dieses Essay popularisierte maßgeblich die Idee, Allmenden müssten in einer Tragödie enden, sofern es um uneingeschränkten Zugang zu den Ressourcen geht. Die offene Verfasstheit von Gemeineigentum und der natürliche Eigennutz des Menschen führen dazu, dass dieser seine Umwelt nutzt, bis sie zerstört ist. Die Popularität der *Tragedy of the Commons* ist auch in den hiesigen Sozialwissenschaften nicht zu übersehen. Bei der Durchsicht sozialwissenschaftlicher Literatur finden sich zahlreiche Verweise auf Hardins Paradigma.[4] Obwohl Hardin nicht der Einzige und gewiss auch nicht der Erste war, der zum Thema der anthropogenen Nutzung von Gemeingütern schrieb, erhielt sein Essay eine enorme Bedeutung und entwickelte sich so zum Paradigma.

Das Thema *Allmenden* begleitete mich durch meine Kindheit und Jugend. Ich verlebte diese Zeit in der gemeinnützigen Obstbausiedlung *Eden*, einer Genossenschaft vor den Toren Berlins, in der sich Menschen zusammen fanden, um ein Stück Land gemeinschaftlich zu nutzen. Gegründet 1893 ist *Eden* ein Kind der lebensreformerischen Weltanschauung und Bewegung. Der Gedanke, dass durch eine gemeinsame Ressourcennutzung Lebensqualität und Wohlstand erzeugt werden kann, ist mir durch meine Zeit in *Eden* sehr vertraut.

Aus dieser Erfahrung setze ich mich in der vorliegenden Arbeit mit der *Tragedy of the Commons* auseinander und werde dabei insbesondere feministische Kritik einbeziehen. Meine zentrale Fragestellung lautet: Welche potentiellen Auswirkungen hat Hardins Modell? Und darüber hinaus: Welche Folgen hat die Abschaffung der Allmende für eine lokale subsistenzwirtschaftende Bevölkerung, deren Ernährungssicherheit und die Umwelt? Welche Perspektiven und Existenzweisen schließt

---

[4] Verweise auf die *Allmendetragödie* finden sich u. a. bei Frey/Bohnet 1996: 292, Brand/Reusswig 2001: 662, Huber 2001: 343, Diekmann/Preisendörfer 2001: 77 und McCay/Jentoft 1996: 272.

Hardin aus? Welche alternativen Analysemethoden für gemeinschaftliche Ressourcennutzung existieren?

Hier wird das Argument verfolgt, dass die eigentliche *Tragedy of the Commons* in deren Auflösung besteht und nicht in deren Bestehen (wie Hardin postuliert). Als Gegengewicht zum Paradigma der *Tragedy of the Commons* wird ein alternatives Paradigma der *Victory of the Commons*[5] formuliert. Auf konkrete Beispiele lokaler Allmenden wird verzichtet, da dies den Umfang dieser Arbeit überschreiten würde.

Zu Beginn werden einige zentrale Begriffe zur Annäherung an die Fragestellung diskutiert: Was sind Allmenden, *commons*, Gemeingüter, Gemeineigentum? Anschließend geht es um die Stellung des Themas in den Sozialwissenschaften. Darauf aufbauend kann das Essay von Garrett Hardin mit zwei zentralen Prämissen genauer beleuchtet werden. Erstens die Zugangsoffenheit von Gemeingütern für beliebig viele NutzerInnen und zweitens das Menschenbild des *homo oeconomicus* (Umwelthandeln als rationale Kosten-Nutzen-Abwägung), dessen ideengeschichtlicher Hintergrund dargestellt wird. Mittels feministischer Literatur kann dann das Paradigma der *Allmendetragödie* einer alternativen Perspektive gegenübergestellt und so deren Auslassungen aufgezeigt werden. Das Menschenbild des *homo oeconomicus* erschwert es, Subsistenzwirtschaft als gute Möglichkeit der Ressourcennutzung zu sehen. Hier wird gezeigt, dass lokales Wissen, vor allem von Gemeineigentum nutzenden Frauen, im Modell der *Allmendetragödie* unsichtbar bleibt. Die zentrale Frage ist: Was denkt Hardin nicht mit und welche realen Konsequenzen haben diese Auslassungen?

Allmenden, Commons, Gemeingüter?
Begriffsbestimmungen

Im Kanon der sozialwissenschaftlichen Literatur werden die Begriffe Allmende, *commons*, Gemeingüter und Gemeineigentum meist synonym gebraucht. Meines Erachtens basiert die Schlussfolgerung, dass eine Übernutzung von natürlichen Ressourcen vorprogrammiert sei, unter anderem auf solchen Ungenauigkeiten. Deshalb möchte ich mich zunächst mit dem unterschiedlichen Begriffsgebrauch beschäftigen.

---

[5]   In Anlehnung an Hardins „*The Tragedy of the Commons*" habe ich die „*Victory of the Commons*" entwickelt, um damit auf alternative, allmendebefürwortende Literaturen zu verweisen.

Garrett Hardins berühmtes Essay *The Tragedy of the Commons* wurde als *Die Tragödie der Allmende* übersetzt. Doch was ist eine Allmende und trägt dieses Wort die gleiche Bedeutung wie das englische Wort *commons*? Sind Gemeingüter auch immer Allmenden?

Die Begriffsgeschichte der Gemeingüter beginnt vor ca. 1500 Jahren im spätrömischen Rechtscodex des Kaisers Justinian (vgl. Helfrich et al. 2009: 8). Nach dessen Typologie der rechtsnormierten Eigentumsformen sind Gemeingüter (*res communes*) „Naturgüter, die gemeinsames Eigentum aller Menschen sind" (Helfrich et al. 2009: 9). Sie bezeichnen alle natürlichen Ressourcen dieser Erde. Der englische Begriff *commons* ist abgeleitet aus diesem lateinischen Begriff und wird in der oben formulierten Definition verwendet (vgl. Helfrich et al. 2009: 4).

Von den *res communes* werden die *res privatae* (Privateigentum), die *res publicae* (Staatseigentum) und die *res nullius* (ohne Eigentümer_in) als Eigentumsformen unterschieden (vgl. Helfrich et al. 2009: 8f.). Es ist etwas verwirrend, dass in dieser Aufzählung von Eigentumsformen *res communes* als Gemein*güter* übersetzt werden. Gemein*güter* befinden sich nicht automatisch im Gemein*eigentum*, d. h. sie sind nicht in jedem Fall von einer Gruppe von Menschen selbstverwaltet. Sie können in staatlicher oder privater Hand oder auch selbstverwaltet sein. Um auf diese dritte Form des Eigentums zu verweisen, verwende ich den Begriff *res communes* deshalb im Sinne von Gemeineigentum.

Im Unterschied zu den Begriffen *commons* und Gemeingut beschreibt das Wort Allmende[6] die Selbstverwaltung eines Gemeingutes durch eine lokale Gemeinschaft. Die Allmendeforscherin Elinor Ostrom spricht in diesem Falle von einer *Allmendenressource*. Dabei unterscheidet sie zwischen dem Ressourcensystem und „dem von ihm erzeugten Fluss von Ressourceneinheiten" (Ostrom 1999: 38). Wer Ressourceneinheiten aus einem Ressourcensystem entnimmt, wird in Ostroms Definition *Aneigner* genannt. Damit sind aber nicht ausschließlich Personen mit einem Rechtsanspruch auf bestimmte Ressourceneinheiten ge-

---

[6] Kluges Etymologisches Wörterbuch verweist auf das althochdeutsche (ala-) gimeinida, welches sich höchstwahrscheinlich aus dem germanischen ala und dem altsächsischen gimentho zum mittelhochdeutschen al(ge)meinde entwickelte und durch das römische communes in seiner Rechtswesenheit beeinflusst wurde. Gabriele von Olberg hebt in ihrer Abhandlung über Rechtsbegriffe in den Leges Barbarorum die Abgrenzungen hervor all dessen, was der Gemeinde ist: „Feste Ackergrenzen und sekundäre Teilungen widerlegen also die auf Cäsar und Tacitus fußenden Auffassungen, die Germanen hätten kein Privateigentum an Grund und Boden besessen" (von Olberg 1991: 141).

meint (vgl. Ostrom 1999: 39). Ortsansässige können die Allmende, welche Teil der Gemeindeflur ist, gemeinsam nutzen, ohne sie zu eignen. Sogenannte Gemeingüterökonomien sind zulassungsbeschränkt (auf Ortsansässige) und werden in gemeinschaftlichen Strukturen organisiert. Allmenden sind also keine *res nullius*, wie oft fälschlicherweise angenommen wird.

In folgender Tabelle seien die in dieser Arbeit verwendeten Begriffe zur Vereinfachung noch einmal grafisch dargestellt.

Tabelle 1: Eigentumsformen natürlicher Ressourcen (eigene Darstellung)

Natürliche Ressourcen – Gemeingüter – *commons*				
Eigentums-form	Allmende	Privatei-gentum	Staatsei-gentum	*Niemands* Eigentum
Römischer Rechtscodex	res commu-nes	res priva-tae	res publi-cae	res nullius
Weitere Be-zeichnungen	commons, common-property-regime	Privates Gut	Öffentli-ches Gut	Eigentum aller, open-access
Beispiel	Gemeinde-wald	Privat-wald	Staatlicher Wald	Luft
Zugangsoffen-heit/ Nicht-ausschließbar-keit von Nut-zerInnen	Nein (Bewirt-schaftung von Ortsan-sässigen)	Nein	Ja (i.d.R.)	Ja

Hardins Modell *The Tragedy of the Commons* – Eine feministische Kritik

Im Folgenden geht es um eine kritische Betrachtung von Garrett Hardins Essay *The Tragedy of the Commons*. Um Fehlinterpretationen zu vermeiden und Gedankengänge transparenter zu machen, folgt ein längeres Zitat der Kernaussagen von Hardin:

> "Picture a pasture open to all. It is to be expected that each herdsman will try to keep as many cattle as possible on the commons. (...) As a rational being, each herdsman seeks to maximize his gain. Explicitly or implicitly he asks: 'What is the utility to me of adding one or more animal to the herd?' This utility has one negative and one positive component.
>
> 1. The positive component is a function of the increment of one animal. Since the herdsman receives all the proceeds from the sale of the additional animal, the positive utility is nearly + 1.
> 2. The negative component is a function of the additional overgrazing created by one animal. Since, however, the effects of overgrazing are shared by all the herdsmen, the negative utility any particular decision making herdsman is only a fraction of -1.
>
> Adding together the component partial utilities, the rational herdsman concludes that the only sensible course for him to pursue is to add another animal to his herd. And another, and another ... But this is the conclusion reached by each and every rational herdsman sharing a commons. Therein is the tragedy. Each man is locked into a system that compels him to increase his herd without limit – in a world that is limited. (...) Freedom in a commons brings ruin to all"
>
> (Hardin 1968: 1244).

Hardins Kernthese (1968: 1244) "Freedom in a commons brings ruin to all", basiert im Wesentlichen auf folgenden Annahmen:

- Gemeineigentum ist frei zugänglich;
- egoistische NutzerInnen ohne sozial-ökologisches Bewusstsein und Verhalten;
- es besteht vollständige Information über das Gemeingut.[7]

Es kommt in diesem Sinne also zur Übernutzung, wenn das Naturgut frei zugänglich ist, weil autonome NutzerInnen im Eigeninteresse handeln. Durch rationale Kosten-Nutzen-Abwägung lohnt es sich immer mehr, die Allmende zu übernutzen. Im Fokus der Betrachtung liegt das Scheitern der Allmende. Ein Gelingen wird per se ausgeschlossen.

---

[7] Dieser Punkt unterstreicht insbesondere die Modellhaftigkeit der *Allmendetragödie*, soll aber in dieser Arbeit nicht weiter betrachtet werden.

Im Folgenden werden die Kernprämissen der *Allmendetragödie* Zugangsoffenheit und eigennutzmaximierendes Handeln der NutzerInnen näher betrachtet und diskutiert.

Die Verfassung der Allmende – Zugangsoffenheit

Hardins erste Prämisse ist, dass Allmenden frei zugänglich sind. "Picture a pasture open to all" (Hardin 1968: 1244). Seine Auffassung entspricht jener Definition, welche in den Wirtschaftswissenschaften angewendet wird. Dort wird das Problem unter der Sparte öffentliches Gut behandelt, welche sich durch Zugangsoffenheit auszeichnet (vgl. Frey, Bohnet 1996: 293). Entsprechend werden mit Hardin Umweltprobleme auch als Probleme öffentlicher Güter charakterisiert. Wie bereits beschrieben, handelt es sich definitorisch jedoch bei dem von Hardin beschriebenen Fall um die Eigentumsform *res nullius*. Mensch könnte sein Modell deshalb auch *Tragödie der zugangsoffenen Gemeingüter* nennen. Hardins Beispiel einer Weide wurde jedoch derart verallgemeinert, dass Umweltprobleme nun oftmals als Problem der Allmende bzw. des Gemeineigentums an sich behandelt werden.[8] Es herrscht also oftmals ein fehlerhaftes Verständnis darüber vor, was eine Allmende überhaupt ist.

Elinor Ostrom (1999) zeigt empirisch, dass die Verfassung der Allmende keineswegs von Zugangsoffenheit und damit einhergehend Regellosigkeit gekennzeichnet ist.[9] Das heißt die NutzerInnenanzahl ist beschränkt und das Gemeingut selbst ist ebenfalls lokal begrenzt. Damit widerspricht sie der ersten Grundannahme des Hardinschen Allmendemodells.

Das Paradigma des *rationalen Akteurs* – der *homo oeconomicus*

"As a rational being, each herdsman seeks to maximize his gain" (Hardin 1968: 1244). Im Folgenden möchte ich auf diese zweite Prämisse Hardins, die Rationalität der *Nutzer*, genauer eingehen. Er argumen-

---

[8]   In sozialwissenschaftlichen Werken zum Thema Umwelt werden Umweltprobleme mit Allmenden in Verbindung gebracht. Beispielhaft ist dies in folgenden Werken zu sehen: Diekmann, Preisendörfer 2001: 77; Diekmann, Jaeger 1996: 20; Huber 2001: 343; Brand, Reusswig 2001: 661.

[9]   Eine Zusammenfassung der Kennzeichen eines langfristig stabilen Gemeineigentums ist von Ostrom erarbeitet worden (vgl. Ostrom 1999: 117ff.).

tiert, dass der Mensch die Gemeingüter übernutzt, weil es *rational* ist, dies zu tun, wenn eine natürliche Ressource zugangsoffen ist.[10]

Dafür wird auf die feministische Kritik in Bezug auf naturwissenschaftliches Denkens, wie durch die Soziologin Eva Engelhardt erarbeitet, verwiesen (vgl. Engelhardt 1994: 19f.):

- Trennung zwischen Subjekt (Forscher) und Objekt (Natur, Menschen)
- Hierarchisierung: der Mensch ist der Natur klar übergeordnet
- dualistische Weltsicht / Konstruktion komplementärer Gegenüberstellungen: Subjekt vs. Objekt, Mann vs. Frau, Verstand vs. Gefühl, rational vs. irrational.

Anhand dieser Postulate ergeben sich zwei Untersuchungsebenen: zum einen die inhaltliche Ebene der *Allmendetragödie* und zum anderen Hardins Selbstverständnis als Wissenschaftler.

In der *Tragedy of the Commons* wird auf beiden genannten Ebenen eine Trennung zwischen Subjekt und Objekt vollzogen. Auf der Ebene des Selbstverständnisses existiert nur *der Forscher*, welcher als Subjekt allein Wissen produziert. NutzerInnen von Allmenden werden nicht befragt und kommen nicht zu Wort. Der Subjektstatus wird ihnen verwehrt und ein Dialog wird von vornherein ausgeschlossen. Auch auf der inhaltlichen Ebene wird auf eine ganz bestimmte Weise zwischen Subjekt und Objekt getrennt. *Der Hirte* wird dabei als das Subjekt gesetzt.

---

[10] Er gehört damit zur Rational-Choice-Theorie. Die Eigennutzmaximierung der Wahlhandlung richtet sich hier an dem größten eigenen Nutzen und an den geringsten eigenen Kosten aus. Der eigene kurzfristige Gewinn steht im Mittelpunkt des Handelns. Nach einer Kosten-Nutzen-Abwägung kommt *der Hirte* in Hardins Modell zu dem Schluss die Herde immer weiter zu vergrößern (vgl. Huber 2001: 343ff.). Im Modell haben *die Nutzer* keine soziale oder ökologische Orientierung. Der Schutz der Weide oder das Wohl der anderen HirtInnen werden als alternative Handlungsziele nicht in Betracht gezogen. Es wird ein Mensch entworfen der nach ausschließlich ökonomischen Interessen denkt, handelt und entscheidet. Welcher Rationalitätsbegriff steckt also hinter dem homo oeconomicus und damit hinter der „Tragedy of the Commons"? In deutschen Wörterbüchern wird *Ratio* mit Vernunft gleichgesetzt. Auf Adam Smith, einen der Begründer des vorherrschenden ökonomischen Systems, wird das so genannte Eigennutzpostulat zurückgeführt. Rational ist Handeln demnach, wenn es dem eigenen Nutzen dient. Im 19. Jahrhundert griff die neoklassische Wirtschaftstheorie dieses Menschenbild des Egoismus von Smith auf und wandte es auf Menschen als wirtschaftende Subjekte an. Ideengeschichtlich steht die *Allmendetragödie* damit in einer ökonomischen Tradition.

Er ist *der rational Handelnde*, also in der Lage autonom und unabhängig abzuwägen und Entscheidungen zu treffen. In Abgrenzung dazu werden in diesem Konzept andere NutzerInnen und die Natur implizit als passive Objekte gedacht. Insbesondere die Möglichkeit einer Rückwirkung der Natur in Folge menschlicher Eingriffe wird nicht mitgedacht.

Damit wird im Modell ein *Akteur* konstruiert, für den die Natur

> „entseelte Materie [ist], die in sich selbst keine spirituelle Bedeutung mehr hat" und in dem der Mensch sich „selbst als überlegenes Subjekt [sieht], das sich durch seine rationale Kraft des Denkens über die entseelte Materie erhebt"
>
> (Engelhardt 1994: 20).

Es wird mit einem Menschenbild gearbeitet, das die Annahme der menschlichen Überlegenheit über die Natur voraussetzt. Aus diesem hierarchischen Verständnis resultieren selbstverständliche Eingriffe in die Natur, welche bis zur vollständigen Zerstörung von Lebensräumen führen können.

Das zum Paradigma des *rationalen Akteurs* gehörende Menschenbild des *homo oeconomicus* integriert folgende menschliche Verhaltensannahmen: „egoistisch, nutzenmaximierend, rational, autonom, d. h. unabhängig von anderen und objektiv" (Maier 1993: 558). In Hardins Verwendung des *homo oeconomicus* zeigt sich seine androzentrische Perspektive. FeministInnen kritisieren den *homo oeconomicus* als Stereotyp des *männlichen Bürgers*.[11] NutzerInnen mit je anderen Nutzungskonzepten werden als Objekte unsichtbar gemacht. Vor allem Frauen und menschliche Eigenschaften, die als weiblich gedacht werden, wurden im Modell per se nicht mitgedacht und erscheinen als nicht existent. Laut Linda Lucas

> "[f]eminist critique (...) points out that the tragedy metaphor is flawed in assuming only one type of human behavior: which is self-interest & engaged only in competition"
>
> (Lucas 1999: 323).

Eine Grundlage feministischer Kritik ist die Beobachtung der sogenannten geschlechtsspezifischen Arbeitsteilung. Bis heute wird in Europa als traditionelle oder klassische Rollenverteilung eine spezifische Aufteilung von Tätigkeiten nach dem Geschlecht bezeichnet. Frauen werden nach dieser Einteilung der unentlohnten Versorgungsarbeit zugeordnet und Männer der entlohnten Erwerbsarbeit. Am Beginn dieser Aufteilung

---

[11] Siehe hierzu u.a. Ortner 2006; Maier 1993.

stand die europäische Aufklärung. Karin Hausen (1976: 166) hat dies anhand von Lexikoneinträgen herausgearbeitet: „Als immer wiederkehrende zentrale Merkmale werden beim Manne die Aktivität und Rationalität, bei der Frau Passivität und Emotionalität hervorgehoben." Begründet wurde diese Arbeitsteilung also mit psychischen und physischen Eigenschaften. Maier (1993: 26) nennt dies „ideologischen Kitt", der den Zusammenhalt der Gesellschaft in einer Umbruchphase während der Industrialisierung gewährleisten sollte. Diese geschlechtsspezifische Arbeitsteilung wirkt bis heute. Sie wird durch geschlechtsspezifische Sozialisation weiter gegeben.

Die Vorstellung von Geschlechtscharakteren im 18./19. Jahrhundert hat Hausen (1976) überblicksartig dargestellt:

Tabelle 2: Geschlechtscharaktere (Hausen 1976: 166).

Mann	**Frau**
Bestimmung für	
Außen	
Weite	Nähe
Öffentliches Leben	Häusliches Lebendiges
Aktivität	*Passivität*
Energie, Kraft, Willenskraft	Schwäche, Ergebung, Hingebung
Festigkeit	Wankelmut
Tapferkeit, Kühnheit	Bescheidenheit
Tun	*Sein*
selbstständig	Abhängig
strebend, zielgerichtet, wirksam	betriebsam, emsig
erwerbend	bewahrend
gebend	empfangend
Durchsetzungsvermögen	selbstverleugnend, Anpassung
Gewalt	Liebe, Güte
Antagonismus	Sympathie

Rationalität	*Emotionalität*
Geist	Gefühl, Gemüt
Vernunft	Empfindung
Verstand	Empfänglichkeit
Denken	Rezeptivität
Wissen	Religiosität
Abstrahieren, Urteilen	Verstehen
Tugend	*Tugenden*
	Schamhaftigkeit, Keuschheit
	Schicklichkeit
	Liebenswürdigkeit
	Taktgefühl
Würde	Verschönerungsgabe
	Anmut, Schönheit

Bei der Betrachtung der *Allmendetragödie* wird klar, dass hier ausschließlich männliche Geschlechtscharaktere gedacht werden. Das Handeln von Hardins *Hirten* kann eindeutig den männlichen Zuschreibungen zugeordnet werden. Ihr Handeln findet im öffentlichen Raum statt. Der *Hirte* ist *erwerbend*, kann also nicht subsistenzwirtschaftend sein. Auch die Eigenschaft *Kraft* wird dem männlichen Geschlechtscharakter zugeschrieben. Landwirtschaftliche Tätigkeiten werden aus europäischer Perspektive demnach *männlich* gedacht.

Es lässt sich konstatieren, dass der *weibliche Geschlechtscharakter* im Modell des *homo oeconomicus* nicht repräsentiert wird. Durch die Verwendung dieses Menschenbildes bleibt auch die Hirtin oder Landwirtin im Modell der Tragödie unsichtbar. Die Unsichtbarkeit der Lebensrealitäten von Bäuerinnen ist ein sehr weitreichendes Phänomen. So berichtet auch die Forscherin zu ruralen Geschlechterverhältnissen Parto Teherani-Krönner (vgl. 2006: 211f.) über die Unsichtbarmachung der Bäuerinnen in weiten Teilen der agrarwissenschaftlichen Literatur. Durch die Prämisse des männlich konzipierten *homo oeconomicus* in Modellen werden vergeschlechtlichte Gesellschaftsstrukturen verleugnet und reproduziert.

Ein Kennzeichen eurozentrischen Denkens ist die Universalisierung von Bedeutungen. Die Idee, dass nicht-europäische Gemein- und Gesellschaften anderen Logiken folgen, wird darin nicht berücksichtigt. Auch Hardins Modell hat vor allem durch die Verwendung von Zahlen

und durch seine Prognose der *unausweichlichen Tragödie* einen univer-
sellen Gültigkeitsanspruch.

Im Sinne feministischer Ökonomiekritik wirft Friederike Maier die
grundsätzliche Frage auf,

> „(...) ob die ökonomische Analyse menschlichen Verhaltens mit diesen
> Grundannahmen nicht völlig in die Irre geht, ob die ökonomische Theo-
> rie nicht grundsätzlich ausgehen muss von Kategorien wie Abhängigkeit,
> Interdependenz des Handelns, Macht, Interessen, Tradition und Nor-
> men. Die Asymmetrie der Macht der Geschlechter und die Setzung des
> Männlichen als Norm bezeichnet die feministische Forschung als patri-
> archale Struktur der Gesellschaft"
>
> (Maier 1993: 558).

Wie kann in Modellen behauptet werden, der Mensch handle rational,
wo Rationalität ganz unterschiedlich definiert werden kann. Lässt sich
tatsächlich universalisieren, was Rationalität ist oder ist sie nicht vielmehr abhängig von Sozialisationen und gesellschaftlichen Kontexten?
Wie kann in Modellen angenommen werden, Menschen handelten ausschließlich individuell, obwohl sie doch in Gemeinschaften und Gruppen leben?

Die Geschlechterforscherin Christine Bauhardt (2009: 404) meint
beispielsweise, bei der Thematisierung von Umweltproblemen sei es
wichtig darauf zu achten, ob dies mit einem „lokale Verhältnisse abstra-
hierenden Blick" stattfindet oder ob Analysen und „Lösungen auf Basis
lokaler Problem- und Wissenskonstellationen" vorgenommen werden.
Die Verortung der Wissensproduktion ist somit entscheidend, um Aussagen über die Allmenden zu verstehen und zu überprüfen.

Die feministische Naturwissenschaftshistorikerin und Biologin Donna Haraway setzt dem klassischen Objektivitätsverständnis, dem offenbar auch Hardin folgt, einen feministischen Objektivitätsbegriff entgegen. Wahrheit, Wissen und Wissenschaft sind nach Haraway (vgl.
1995: 75) nicht neutral, sondern geprägt von den Ansichten eines spezifischen Denk-Kollektivs und durchzogen von sozialen und biografischen
Dimensionen. Verallgemeinernde und universalisierende Fehlanalysen
der Funktionsweisen von Allmenden aus außenstehenden, aber hegemonialen Perspektiven, wie Hardins, sehe ich deshalb kritisch. An dessen Sicht lässt sich kritisieren, dass erstens außer Acht gelassen wird,
dass Wissen nicht objektiv ist, sondern situiert; und zweitens lokale ExpertInnen keine Stimme bekommen und daher fraglich ist, inwiefern
dieses Wissen überhaupt adäquat und problemlösend sein kann. In der
Kritik steht deshalb, was als wissenschaftliches Wissen gilt.

So macht die feministische Agrarwissenschaftlerin Bina Agarwal auf die Folgen einer Wissenshierarchie aufmerksam, bei welcher traditionelles, indigenes Wissen als *minderwertig* angesehen wird. Gemeint ist jenes Wissen, dass von der lokalen Bevölkerung durch ein Interagieren mit der Natur erworben wurde:

> „(...) Menschen, die dieses (traditionelle) Wissen in ihrem täglichen Leben anwenden – Bauern und Waldbewohner und vor allem Frauen dieser Gemeinschaften werden meist in den Institutionen ausgeschlossen"
>
> (Agarwal 1998: 262)

Agarwal kritisiert damit die Privilegierung von westlichem akademischem Wissen gegenüber abgewertetem Lebenswissen subsistenzwirtschaftender Menschen. Im Modell der *Allmendetragödie* zeigt sich dieses Prinzip darin, dass lokales Wissen ignoriert wird (vgl. Shiva 1989: 78).

Auf der Suche nach einem alternativen Blickwinkel

Allmendeprobleme im Hardinschen Sinne sind Übernutzungsprobleme aufgrund der Hierarchisierung individueller Bedürfnisse, wie es der *homo oeconomicus* vorgibt. Dieser Blickwinkel erkennt ein Versagen der Gemeinschaft als Ursache von Umweltproblemen. Die *Tragödie der Allmende* kann in diesem Sinne als das Produkt der Zerstörung der Gemeinschaft durch externe Eingriffe verstanden werden.

Wenn Theorie die Gestalt des Problems beeinflusst und diese wiederum die Fragestellung für die empirische Suche (vgl. Ostrom 1999: 59), dann kann an dieser Stelle eine entgegengesetzte Herangehensweise zur *Tragödie der Allmende* vorgeschlagen werden. Ein positiver Blick auf Allmenden ergibt folgende Fragestellung: Warum schützt diese gemeinschaftliche Ressourcennutzung die Umwelt und fördert die Ernährungssicherheit?

Natürlich funktionieren Allmenden nicht immer. Ein *Victory of the Commons*, wie ich das Alternativparadigma in Anlehnung an Hardins Modell nennen möchte, ist selbstverständlich nicht zu verallgemeinern, doch erscheint hier eine Fokusverschiebung als notwendig.

Zunächst fällt auf, dass das Menschenbild des *homo oeconomicus*, durch diese neue positive Sichtweise als Erklärung des Problems nicht in das Blickfeld gerückt wird. Da von FeministInnen die „Grundannahmen und Charakterisierungen des ökonomisch handelnden Subjektes" kritisiert werden (Ortner 2006: 25f.), erscheint es nur logisch, dass von ihnen die spezifische Gestalt des Problems anders definiert wird. Teherani-Krönner fasst dies für den ländlich agrarischen Raum wie folgt zusammen. Es ist aufschlussreich,

> „(...) Fragen der Existenzsicherung, der Bevölkerungsentwicklung, der Beziehungen zur Umwelt, der wirtschaftlichen und politischen Herrschaftsverhältnisse (sowohl) lokal als auch international zu behandeln. Geschlechteranalysen können ferner dazu beitragen, Asymmetrien und Machtstrukturen, aber auch Potentiale und Handlungsspielräume für Prozesse des sozialen Wandels zu erkennen"
>
> (Teherani-Krönner 2006: 211).

Die Fokusverschiebung vom *homo oeconomicus* hin zu einer geschlechter- und herrschaftsanalytischen Perspektive lässt beispielsweise Potentiale der in der Allmende agierenden AkteurInnen erkennen und beleuchtet kritisch koloniale Kontinuitäten.

Sichtbarwerden von kolonialer Kontinuität

Das Paradigma der *Allmendetragödie* beantwortet die Frage, ob die Übernutzung natürlicher Ressourcen vorprogrammiert ist, mit *Ja*. Hardin empfiehlt (vgl. 1968: 1245) deshalb eine Einfriedung der Allmende am besten durch Privatisierung.

Land Grabbing gefährdet die Ernährungssicherheit vieler Menschen. Durch riesige Landverkäufe wurden und werden unzählige Menschen ihrer Existenzgrundlagen beraubt. In Afrika, Asien und Lateinamerika wurden allein von 2006 bis 2009 geschätzte 50 Millionen Hektar privatisiert, indem sie an Investoren aus dem Ausland verkauft oder für Jahrzehnte verpachtet wurden (vgl. Bahn 2010). Durch diese Geschäfte verlieren viele Menschen den für ihre Ernährungsgrundlage wichtigen Zugang zu Land und Wasser. Oft werden Bäuerinnen und Bauern gewaltsam vertrieben und auf deren Boden Nahrungsmittel für den Export oder Energiepflanzen angebaut (vgl. Bahn 2010).

Die Geschlechter- und Umweltforscherin Vathsala Aithal (1999: 1ff.) legt dar, dass der nicht auf der westlichen Weltanschauung beruhende „Indian way of life" über Jahrtausende ein respektvolles und auf Anpassung und Einheit basierendes Naturverhältnis beinhaltete, woraus zutiefst umweltschonende Praxen resultierten. Erst der britische Kolonialismus brachte die Vorstellung, die Natur sei ein Konsumgut. Dieser neue Geist zerstörte die Allmenden und brachte ein Land mit riesigen Monokulturen, Staudämmen und industriellen Anlagen hervor, in dem fast 40% Armut herrschen und der Waldbestand auf die Hälfte reduziert wurde (vgl. Aithal 1999: 4). Die britische Kolonialmacht begann mit der Enteignung des Gemeineigentums, heute wird dies durch neokoloniale und multinationale Unternehmen fortgesetzt (vgl. Aithal 2004: 34ff.).

Die Abschaffung von Gemeineigentum stellt sich vor dem Hintergrund der europäischen kolonialen Expansion demnach als Enteignungs- und Ausbeutungspraxis der europäischen KolonisatorInnen dar. Es eröffnen sich somit auch Fragen an Hardins Auseinandersetzung mit Allmenden in Bezug auf koloniale Legitimierungsstrategien und postkoloniale Verantwortlichkeiten in den Sozialwissenschaften.

Die Entwicklungs- und Modernisierungsansätze, welche bis in die 1980er Jahre verfolgt wurden, stellten sich als kontraproduktiv heraus. Infolge des kolonialen Ansatzes von entwicklungspolitischen Wissensgemeinschaften wurden Projekte an der lokalen Bevölkerung vorbei geplant. Teherani-Krönner stellt diesen Prozess genauer dar:

> „Innovationen und Projekte (...) wurden von außen und oben herangetragen, mit dem Ergebnis einer Spaltung innerhalb der Sozialstruktur, der Beförderung gesellschaftlicher Heterogenität und nicht zuletzt ökologisch verheerenden Folgen"
>
> (Teherani-Krönner 1989: 195).

Auch Shiva beschreibt die Dominanz westlicher AkteurInnen und die verheerenden sozialen und ökologischen Folgen. Bereits der Kolonialismus in Indien war ein zerstörerischer Eingriff. Heutige kommerzielle Eingriffe stehen in dieser Tradition.

> „Als die Engländer kolonisierten, kolonisierten sie als erstes [Indiens] (...) Wälder. Da sie vom Reichtum dieser Wälder und dem umfassenden Wissen der Einheimischen über die schonende Bewirtschaftung von Wäldern keine Ahnung hatten, setzten sie die bestehenden öffentlichen Rechte außer Kraft, missachteten lokale Bedürfnisse und vorhandenes Wissen, und machten aus dieser lebenswichtigen Grundlage eine Nutzholzzeche. Die vom Wald abhängige Subsistenzwirtschaft der Frauen wurde durch die Handelswirtschaft des britischen Kolonialismus ersetzt (...). Obwohl man immer wieder hören kann, die einheimische Bevölkerung sei schuld an der Entwaldung, waren es doch viel häufiger kommerzielle Zwänge, die dazu führten, daß Wälder im großen Stil zerstört wurden"
>
> (Shiva 1989: 74).

Nicht nur FeministInnen warnen vor fortschreitender Kommerzialisierung und Privatisierung aller Ressourcen und Lebensbereiche. Die sich ausweitende westlich-industrielle Produktionsweise geht einher mit Umweltproblemen, wie auf der UN-Konferenz für Umwelt und Entwicklung bereits 1992 in Rio festgehalten wurde (vgl. Engelhardt 1994: 16). Vor allem subsistenzwirtschaftende Menschen und unter diesen besonders Frauen sind von den Nachteilen dieser *Modernisierung* betroffen, da sie am stärksten von den Allmenden abhängig sind (vgl. Aithal 2004: 37ff.). Aithal (vgl. 2004: 38f.) zählt für Indien folgende sozial-ökologische Nachteile auf:

- Mangel an Wasser, Brennmaterial und Waldprodukten
- Erschwerte Beschaffung von Trinkwasser
- Gesundheitsschäden durch verschmutzte Gewässer
- Verlust der Lebensgrundlagen durch erhöhtes Fischsterben in den Gewässern
- Verluste von Menschenleben und Zerstörung der Lebensgrundlage durch die sich jährlich verschlimmernde Überflutung nach den Monsunregen
- Vertreibung der Anwohner durch Staudammprojekte und Verlust ihrer Lebensgrundlagen bin hin zu Genozid.

In feministischen Arbeiten wird immer wieder über Rückforderung von Nutzungsrechten durch lokale NutzerInnen berichtet oder für diese Forderung plädiert (vgl. bspw. Aithal 2004: 52 und Agarwal 1998: 281). Im *Manifestos on the future of food and seed* fasst Shiva zusammen, was aus der Perspektive der *Allmendetragödie* unbeachtet bleibt:

> "The growing push toward industrialization and globalization of the world´s agriculture and food supply imperils the future of humanity and the natural world. Successful forms of community-based local agriculture have fed much of the world of millennia, while conserving ecological integrity (…). But these practices are rapidly replaced by corporate-controlled, technology-based, monocultural, export oriented systems"
>
> (Shiva 2006: 45f.).

Aus diesem Blickwinkel rücken die Verteidigung und die Wiederaneignung der Allmenden als überlebenswichtig für Natur und Menschen in den Mittelpunkt.

Existenzsicherung durch Subsistenz

„Wichtig für die Sicherung der Lebensgrundlagen in den Ländern des Südens ist die agrarische Subsistenzproduktion" (Teherani-Krönner 2006: 212). Lokale Allmenden haben vor allem in *Ländern des Südens* einen zentralen Stellenwert für die Existenzsicherung, denn das Gemeindeland ist der zentrale Ort für Subsistenzwirtschaft.

Insbesondere ÖkofeministInnen ist die Förderung dieser Wirtschaftsform ein zentrales Anliegen. Subsistenz ist aus ökofeministischer Perspektive eine Strategie, wirtschaftliche Unabhängigkeit zurück zu gewinnen, Hunger und Armut zu bekämpfen sowie eine schonende, öko-

logische und nicht auf Profit- und Eigennutzmaximierung fokussierte
Ressourcennutzung zu betreiben. Dementsprechend definieren Veronika Bennholdt-Thomsen und Maria Mies (1997: 94) Subsistenzwirtschaft als eine „moralische Ökonomie, in der Teilhabe an Naturgütern
zur Existenzsicherung ein Grundrecht ist." Claudia von Werlhof (1993)
beschreibt am Beispiel Venezuelas, welche Folgen Strukturanpassungs-
programme zur landwirtschaftlichen Industrialisierung der 1970er Jahre
für die ländliche Bevölkerung hatten.

> [Sie] „hatten ihre Subsistenz auch schon verloren bis auf die kläglichen
> Reste, die immer gerade zum Überleben reichten. Sie hatten das Pro-
> gramm der Industrialisierung der Landwirtschaft über sich ergehen las-
> sen müssen (...) und haben dann irgendwann festgestellt, daß das in je-
> der Hinsicht kontraproduktiv war. Denn sie waren durch diese Maß-
> nahmen noch schlechter gestellt als vorher, hatten sogar noch weniger
> Geld mit ihren großen Traktoren verdient – die waren immer größer als
> die Hütten, in denen sie wohnten. Da haben viele beschlossen, daß sie
> damit aufhören. Sie sind ausgestiegen. Die Maschinen haben sie zurück-
> gegeben, Kredite wollten sie keine mehr haben, und das Land haben sie
> besetzt, um sich damit selber zu versorgen. Und zwar haben sie das Ge-
> meindeland, die frühere Allmende, besetzt"
>
> (v. Werlhof 1993).

Die feministische Kritik bezieht sich vor allem auf die Nutzungsweise
der Natur in der kapitalistischen Ökonomie, bezeichnet diese als zerstörerisch und führt sie auf eine mit der Industrialisierung und europäischen Aufklärung veränderte Sicht auf Natur zurück (vgl. Keßler 2002:
27ff.). Sie verurteilt die privatwirtschaftliche Ausbeutung der Natur von
natürlichen ebenso wie menschlichen Ressourcen:

> „Die Naturressourcen werden als freies Gut angesehen und genauso
> räuberisch genutzt wie die Schaffung von Leben durch die Frauen"
>   (Bennholdt-Thomsen und Mies, zitiert nach Keßler 2002: 29).

Sichtbarwerden von Bäuerinnen

Durch die subsistenzwirtschaftliche Ausrichtung von Gemeingütern rücken gerade die Bäuerinnen wieder näher an weiblich konnotierte Existenzweisen heran.[12] Gerade durch den Subsistenzansatz werden Frauen
innerhalb des allmende-positiven Blicks als Lebensmittelproduzentinnen

---

[12] Ich möchte mich von Essentialismen distanzieren. Natürlich gehören hier
auch *Männer* dazu, die ebenfalls subsistenzwirtschaftend denkbar sind.

sichtbar. Subsistenzwirtschaft stellt nämlich keine klassische Erwerbsarbeit dar, da sie nicht monetär entlohnt wird.

Die wissenschaftliche Betrachtung der Geschlechterverhältnisse innerhalb des Themas Allmende halte ich für zentral. Die Sozialwissenschaft wird von einem Allmendemodell dominiert, welches durch das westlich-bürgerliche Geschlechterverhältnis bestimmt ist. Dieses Modell verdeckt die Rolle der Frau in der Landwirtschaft.

Teherani-Krönner (vgl. 2006: 212) kritisiert, dass in hegemonialen politischen Diskursen nicht anerkannt wird, dass vor allem Frauen weltweit bis in die Gegenwart für die Sicherung der Lebensgrundlagen zuständig sind. Sie beobachtet jedoch seit den letzten 20 bis 30 Jahren einen Prozess der Sichtbarwerdung der Bäuerinnen. Dies sei maßgeblich auf eine sich langsam formierende rurale Frauenforschung zurückzuführen. Die bisherige Unsichtbarkeit der Bäuerin ist nach Teherani-Krönner vor allem durch ein „eurozentrisches Geschlechterkonstrukt" (2006: 212) geprägt, in dem Frauen nicht als Bäuerinnen sondern nur als Helferinnen der Familie ohne eigenes Wissen über die Natur gesehen werden. Gudrun Lachenmann zeigt am Beispiel gut gemeinter europäischer Entwicklungsprojekte in Senegal, dass „Frauen (...) in Bezug auf verbesserte Ressourcenschutzmaßnahmen nur für verbesserte Herde, nicht auf Ackerbau und Viehhaltung bezogene Maßnahmen (...) angesprochen" (Lachenmann 2001: 258) werden. Von Geschlechterforscherinnen wird vor allem die Übertragung der westlichen geschlechtsspezifischen Arbeitsteilung auf außereuropäische Gesellschaften kritisiert.

FeministInnen unterstreichen die Bedeutung lokalen weiblichen Wissens für die Überlebenssicherung (vgl. u.a. Shiva 1989: 78f., Agarwal 1998: 260ff. und Aithal 2004: 43). Shiva (vgl. 1989: 79) berichtet, wie rurale Frauen in Indien untereinander jenes Wissen, das zur Bewirtschaftung und Erhaltung lebensnotwendigen Gemeineigentums notwendig ist, weitergeben und tradieren. Nach Agarwal (vgl. 1998: 271) ist dieses Erfahrungswissen der Frauen während Dürren und Hungersnöten überlebenswichtig. Dennoch hat

> „ganz allgemein über die Jahre hinweg eine systematische Entwertung und Verdrängung des indigenen Wissens von der Artenvielfalt, von den natürlichen Prozessen und den nachhaltigen Formen der Wechselwirkung zwischen Mensch und Natur stattgefunden"
>
> (Agarwal 1998: 262).

Lokale Netzwerke und Gemeinschaften werden so zerstört und jahrelange Erfahrungen gehen verloren.

Sichtbarwerden von lokalem Wissen

In einer Wissenshierarchie wird entsprechend indigenes Wissen von der wissenschaftlichen Wissensproduktion ausgeschlossen, weil es in kolonialer Kontinuität als minderwertig erachtet wird (vgl. Agarwal 1998: 262). Diese Sicht erinnert an den entwicklungspolitischen Umgang mit Wissen insbesondere bis in die 1980er Jahre. Keßler (vgl. 2002: 52) bestätigt, dass Umweltprobleme in der entwicklungspolitischen Debatte im Sinne der *Allmendetragödie* interpretiert wurden.

Gesellschafts- und Gemeinschaftsformen in *Ländern des Südens* wurden als defizitär eingestuft (vgl. Teherani-Krönner 1989: 194).

> „Fremde sozio-kulturelle Elemente anderer Völker wurden in theoretischen Ansätzen, insbesondere unter dem Gesichtspunkt ihrer Dysfunktionalität, als Hemmungsmomente und Restriktionen aufgefaßt, die einer Entwicklung zu ‚Modernität' und ‚Fortschritt' im Wege stehen. Entwicklungs- und Modernisierungsansätze, tief in den klassischen soziologischen Theorien verwurzelt, lieferten dabei ihren Beitrag zur ‚reinen Weste des weißen Mannes'"
>
> (Teherani-Krönner 1989: 194).

Auch heute bleibt indigenes Wissen bedroht. Das Wissen der Frauen wird „nunmehr durch Expertenwissen und Patentrechte auf Saatgut verdrängt" (Teherani-Krönner 2006: 220).

Problematisch ist Wissen somit, wenn es derart universalisiert wird, dass es zur unhinterfragten *Wahrheit* wird. Das Modell der *Allmendetragödie* stellt genau diese Problematik dar. Dieses Wissen entstand nicht in Zusammenarbeit mit lokalen Bevölkerungen und übersieht die enorme Bedeutung von Frauen als Bäuerinnen und Wissensträgerinnen im Kontext von Gemeineigentum in *Ländern des Südens*. Damit ist dieses Modell geschlechtsblind, eurozentristisch und erweist sich im Übergang auf Existenzformen in *Ländern des Südens* als hegemonial und gewaltvoll. Es übersieht, dass Menschen nicht isoliert handeln und setzt die individuelle Profitmaximierung als Handlungsziel voraus. Zur Diskussion steht deshalb, was in welchem Kontext als wissenschaftliches Wissen geltend gemacht wird.

Fazit

Wie erwähnt, fußt die *Tragedy of the Commons* ideengeschichtlich in der europäischen Aufklärung. Das Essay basiert auf einem ökonomischen Modell, welches auf dem in dieser Epoche entwickelten naturwissenschaftlichen Denken beruht und in dessen Zentrum der *homo oeconomicus* steht. Das Paradigma der *Allmendetragödie* ist universalisierend, komplexitätsreduzierend, eurozentristisch und geschlechtsblind. Entsprechend bezieht es lokale, allmende-nutzende Bevölkerungen nicht mit ein.

Eine Sichtweise der *Victory of the Commons* gibt den Blick frei auf die Bedeutung von Gemeinschaft, Netzwerken, Erfahrungswissen und dessen Weitergabe von Generation zu Generation und damit auf die soziale und lokale Einbettung von Individuen und deren spiritueller Verbindung zur Natur. Gemeindeland wird als zentral für die Ernährungssicherheit und als ökologisch wertvoll betrachtet.[13]

Aus ökofeministischer Perspektive wird Ernährungssicherheit und nachhaltige Landnutzung durch eine subsistenzwirtschaftliche, kleinbäuerliche Nutzung lokaler Gemeinschaften erzeugt. Der Verlust von Zugangsrechten zu überlebenswichtigen Gemeingütern durch Verstaatlichung oder Privatisierung (*Land Grabbing*) erzeugt dagegen Armut und Hunger. Eine industrielle Ressourcennutzung, die auf den Anbau von *Cash Crops*[14] und Export orientiert ist, in der Nahrungsmittel zu Agro-Sprit verarbeitet werden oder oftmals für die lokale Bevölkerung unerschwinglich sind, wirkt sich negativ auf die *Ernährungssicherheit* in den Ländern des Südens aus. Doch diese Nutzung hat die Subsistenzwirtschaft auf Allmenden global gesehen zu größten Teilen abgelöst.

---

[13] Genauer erklärt sich dies vor allem durch die kritische Betrachtung eines herrschenden Glaubenssatzes zur Produktivität von industrieller, monokultureller Nahrungsmittelproduktion und lokaler, biodiverser Landwirtschaft, deren wichtigster Ort die Allmenden sind. Es lässt sich ein Missverständnis bei der Ertragsmessung erkennen. Üblicherweise wird der Ertrag *je* Pflanzenart pro Flächeneinheit gemessen, wodurch Monokulturen im Vergleich zur Nutzung durch lokale Bevölkerungen besser abschneiden. Betrachtet mensch allerdings die Gesamtproduktion *verschiedener* Pflanzenarten pro Flächeneinheit zeigt sich, dass eine lokale, indigene Landnutzung höhere Erträge zu verzeichnen hat, da sie biodiverser ist und ohne Giftstoffe zur Schädlingsbekämpfung auskommt (vgl. Shiva 2003: 88ff.). Zudem zeigt sich, dass lokale NutzerInnen oft in ihren Eigentumsrechten ignoriert und so ihres Landes beraubt werden. Da es keine Schriftstücke im „traditionellen" Bodenrecht gibt, werden Allmenden oft fälschlicherweise als *res nullius* verstanden und dann zum *Cash Crop* Anbau privatisiert. Lokale NutzerInnen werden so ignoriert und ihre Ernährungssicherheit durch Verdrängung auf schlechteren Boden gefährdet (vgl. Bliss 1996: 170ff.).

[14] *Cash Crop* bezeichnet Erzeugnisse der Tier-, Land- und Forstwirtschaft, die für die Vermarktung hergestellt werden. Der Begriff *Food Crop* steht für Nahrungsmittel, die der Selbstversorgung (Subsistenzwirtschaft) dienen.

Aus ökofeministischer Sicht ist die Zerstörung der Subsistenz die Folge von sozialer Zerrüttung und Auflösung der spirituellen Einheit von Mensch und Natur, in dessen Folge die Natur zu einer Ware wurde. In diesem Sinne wird dringend eine Fokusverschiebung benötigt, weg von kolonialen Ressourcenpolitiken und Modernisierungsparadigmen. AllmendenutzerInnen zuzuhören, anstatt abstrakte Modelle zu bilden, könnte hier Alternativen aufzeigen.

In der indischen Chipko-Frauenbewegung[15] gibt es ein Gedicht:

> „Förster: Was können wir vom Wald erwarten?
> Harz, Baumholz und Gewinne!
> Frauen (Chor): Was können wir vom Wald erwarten?
> Boden, Wasser und gute Luft zum Atmen.
> Boden, Wasser und gute Luft zum Atmen,
> Bewahre die Erde und alles, was sie erhält"
>
> (dt. Punnamparambil 1990: 145).

Die Gegenüberstellung des Waldes als Ware und des Waldes als lebendiges Ökosystem und Lebensgrundlage zeigt deutlich die Verschiedenheit der Perspektiven. Es ist an der Zeit, die Natur nicht mehr als entseelte Ware zu betrachten, sondern als ein aktives, lebendiges System, mit dem mensch haushalten kann, statt kapitalorientiert zu wirtschaften.

Literatur

Agarwal, Bina 1998. Geschlechterfragen und Umwelt: Anregungen aus Indien. In Klingebiel, Ruth und Shalini Randeria (Hrsg.) *Globalisierung aus Frauensicht. Bilanzen und Visionen*. Dietz, Bonn: 239-291.

Aithal, Vathsala 1999. *Ökologie als gelebte Praxis: Das Beispiel Indien*. URL: http://www.gsfev.de/pdf/Oekologie_als_gelebte_Praxis.pdf (10.08.2011).

Dies. 2004. *Von den Subalternen lernen? Frauen in Indien im Kampf um Wasser und soziale Transformation*. Ulrike Helmer, Königstein / Taunus.

Bahn, Evelyn 2010. *Großflächige Landnahmen. Die Gier nach Land verstärkt den Weltweiten Hunger*. URL: http://www.inkota.de/fileadmin/user_upload/Themen_Kampagnen/Ernaehrung_und_Landwirtschaft/Land_Grabbing/INKOTA-Basistext_Land_Grabbing.pdf (10.08.2011).

Bauhardt, Christine 2009. Ressourcenpolitik und Geschlechtergerechtigkeit. Probleme lokaler und globaler Governance am Beispiel Wasser. In *PROKLA – Zeitschrift für kritische Sozialwissenschaft*, Jg. 39, Heft 156: 391-405.

---

[15] Die Chipko-Bewegung ist eine vor allem von Frauen getragene Bewegung gegen kommerzielle Entwaldung in der indischen Region Uttarakhand.

Bennholdt-Thomson, Veronika und Maria Mies 1997. *Eine Kuh für Hillary. Die Subsistenzperspektive.* Frauenoffensive, München.

Bliss, Frank 1996. *FrauenBäume. Wie Frauen in der Dritten Welt eine lebenswichtige ressource nutzen.* Horlemann Verlag, Bonn.

Brand, Karl-Werner und Fritz Reusswig 2007. Umwelt. In Hans Joas (Hrsg.) *Lehrbuch der Soziologie.* 3.Auflage, Campus, Frankfurt a.M. / New York: 653-672.

Bundesministerium für wirtschaftliche Zusammenarbeit und Entwicklung 2011. *Ernährungssicherung – ein Schwerpunkt der deutschen Entwicklungspolitik.* URL: http://www.bmz.de/de/was_wir_machen/themen/ernaehrung/hunger/deutsches_engagement/index.html (10.08.2011).

Diekmann, Andreas und Carlo C. Jaeger (Hrsg.) 1996. Aufgaben und Perspektiven der Umweltsoziologie. In Diekmann, Andreas und Carlo C. Jaeger (Hrsg.) Umweltsoziologie. In *Kölner Zeitschrift für Soziologie und Sozialpsychologie,* Sonderheft 36: 11-27.

Diekmann, Andreas und Peter Preisendörfer 2001. *Umweltsoziologie – Eine Einführung.* Rowohlt, Reinbek.

Engelhardt, Eva 1994. Sind Frauen die besseren Naturschützerinnen? In Judith Buchen et al. (Hrsg.). *Das Umweltproblem ist nicht geschlechtsneutral. Feministische Perspektiven.* Kleine, Bielefeld: 16-34.

Frey, Bruno S. und Iris Bohnet 1996. Tragik der Allmende. Einsicht, Perversion und Überwindung. In *Kölner Zeitschrift für Soziologie und Sozialpsychologie,* Sonderheft 36: 292-307.

Haraway, Donna 1995. *Die Neuerfindung der Natur: Primaten, Cyborgs und Frauen.* Campus, Frankfurt a.M.

Hardin, Garrett 1968. The Tragedy of the Commons. In *Science* 162: 1243-48.

Ders. 1970. Die Tragödie der Allmende. In Michael Lohmann (Hrsg.). *Gefährdete Zukunft – Prognosen angloamerikanischer Wissenschaftler.* Carl Hanser, Passau: 30-48.

Hausen, Karin 1976. Die Polarisierung der ‚Geschlechtercharaktere'. Eine Spiegelung der Dissoziation von Erwerbs- und Familienleben. In Sabine Hark (Hrsg.) 2001. *Diskontinuitäten: Feministische Theorie.* Leske+Budrich, Opladen: 162-185.

Helfrich, Silke, Rainer Kuhlen, Wolfgang Sachs, Christian Siefkes 2009. *Gemeingüter – Wohlstand durch Teilen.* Heinrich-Böll-Stiftung, Berlin.

Hilliges, Josephine 2010. *Tragödie der Allmende? Garrett Hardins Modell und feministische Kritik.* Humboldt-Universität zu Berlin (Unveröffentlichte Bachelor-Abschlussarbeit).

Huber, Joseph 2001. *Allgemeine Umweltsoziologie.* Westdeutscher Verlag, Wiesbaden.

Keßler, Christl 2002. *Is there a woman behind every big tree? Soziale Organisation von Gemeindewald in Nordthailand. Eine Dorfstudie.* IKO, Frankfurt a.M./London.

Kluge, Friedrich 2002. Artikel zu Allmende. In *Etymologisches Wörterbuch der deutschen Sprache.* De Gruyter, Berlin.

La Via Campesina 2010. *Landgrabbing causes hunger! Let small-scale farmers feed the world!* (Pressemitteilung). URL: http://viacampesina.org/en/index.php?option=com_content&view=article&id=955:land-grabbing-causes-hunger-let-small-scale-farmers-feed-the-world&catid=21:food-sovereignty-and-trade&Itemid=38 (10.08.2011).

Lachenmann, Gudrun 1998. Strukturanpassung aus Frauensicht: Entwicklungskonzepte und Transformationsprozesse. In Ruth Klingebiel und Shalini Randeria (Hrsg.). *Globalisierung aus Frauensicht. Bilanzen und Visionen.* Dietz, Bonn: 294-320.

Lucas, Linda E. 1999. Environmental and Natural Resource Economics. In Janice Peterson and Margret Lewis (eds.). *The Elgar Companion to Feminist Economics.* MPG Books Ltd, Bodmin: 323-327.

Maier, Friederike 1993. Homo Oeconomicus – zur geschlechtsspezifischen Konstruktion der Wirtschaftswissenschaften. In *PROKLA. Zeitschrift für kritische Sozialwissenschaft,* Jg. 23, Heft 4: 551-71.

McCay, Bonnie und Svein Jentoft 1996. Unvertrautes Gelände: Gemeineigentum unter der sozialwissenschaftlichen Lupe. In *Kölner Zeitschrift für Soziologie und Sozialpsychologie,* Sonderheft 36: 272-91.

Olberg, Gabriele von 1991. *Die Bezeichnungen für soziale Stände, Schichten und Gruppen in den Leges barbarorum.* De Gruyter, Berlin.

Ortner, Rosemarie 2006. *Der Homo Oeconomicus als Subjekt feministischer Bildung? Subjekt- und Ökonomiekritik in feministischen Bildungstheorien.* Papy Rossa, Köln.

Ostrom, Elinor 1999. *Verfassung der Allmende: jenseits von Staat und Markt.* Mohr Siebeck, Tübingen.

Punnamparambil, José 1990. *Umarme den Baum. Indische Ansichten zu Ökologie und Fortschritt.* Horlemann, Bad Honnef.

Shiva, Vandana 1989. *Das Geschlecht des Lebens. Frauen, Ökologie und Dritte Welt.* Rotbuch, Berlin.

Dies. 2006. *Manifestos on the future of food and seed.* South End Press, Cambridge.

Teherani-Krönner, Parto 1989. Humanökologisch orientierte Entwicklungsprojekt. In Bernhard Glaeser (Hrsg.): *Humanökologie: Grundlagen präventiver Umweltpolitik.* Westdeutscher Verlag, Opladen: 194-208.

Dies. 2003. Globalisierung und Armut. In Claudia von Werlhof, Veronika Bennholdt-Thomsen und Nicholas Faraclas (Hrsg): *Subsistenz und Widerstand. Alternativen zur Globalisierung.* Promedia, Wien: 87-96.

Dies. 2006. Agrarwissenschaft. In Christina von Braun und Inge Stephane (Hrsg.). *Gender Studien: Eine Einführung.* J.B. Metzler, Stuttgart/Weimar:: 211-224.

Werlhof, Claudia von 1993. *Leben ist unwirtschaftlich. Subsistenz – Abschied vom ökonomischen Kalkül.* URL: http://www.dnr.de/publikationen/drb/archiv/subsist.html. (15.03.2010).

Leidenschaft für indigenes Gemüse

Interview mit Prof. Mary Oyiela Abukutsa-Onyango[1]

Interviewerin: Parto Teherani-Krönner (PTK)[2]

[1]   E-Mail: mabukutsa@yahoo.com

[2]   E-Mail: parto.teherani-kroenner@agrar.hu-berlin.de

Zusammenfassung. Seit Beginn der 90er Jahre setzt sich Prof. Abukutsa für den Erhalt, die Anwendung und die weitere Entwicklung des Wissens über afrikanische indigene Gemüse ein. Gemüsesorten, die traditionell in Kenia und anderen afrikanischen Ländern angebaut und zubereitet wurden, erfuhren in der Zeit der Kolonialisierung einen Bedeutungswandel. Sie galten zunehmend als Unkräuter oder als Arme-Leute-Essen. Noch ist das spezifische lokale Wissen um den Nährwert und die medizinischen Wirkungen, die Anbauweisen und die Kultur dieser traditionellen Pflanzen vor allem bei älteren Bäuerinnen und Landfrauen vorhanden. In einer Reihe von Forschungsprojekten setzt Prof. Abukutsa sich daher seit vielen Jahren dafür ein, diese Kenntnisse zu sichern, zu bewahren und sie entlang der gesamten Wertschöpfungskette wieder zugänglich zu machen – als einen Beitrag zu einer besseren Ernährung in Afrika.

Schlüsselwörter. Indigene Gemüse. Landwirtschaft. Subsistenz. Ernährung. Gesundheit. lokales Wissen.

Forschung

PTK: Prof. Abukutsa, Sie sind die herausragende Expertin im Bereich der indigenen[1] Gemüsesorten in Kenia. Welchen Anteil haben Frauen an der Produktion und Verarbeitung dieses Gemüses? Was wollen Sie weiterentwickeln?

---

[1]   Der Begriff wird vom Angelsächsischen übernommen, da die Übersetzung mit *einheimisch*, *alt* bzw. *traditionell* uns nicht adäquat erscheint.

Mary Abukutsa: Vor allem Frauen betätigen sich auf lokaler Ebene im Anbau von Gemüse. Etwa 80% dieser Feldfrüchte werden von ihnen aufgezogen und geerntet. Sie werden nur in geringem Umfang weiter verarbeitet. Einige Frauen trocknen diese Gemüse, bevor sie zubereitet und verzehrt werden.

Männer kommen meist erst dann ins Spiel, wenn ökonomische Aspekte hinzukommen und wenn Einkommen erzielt werden kann. Der größte Teil des Anbaus ist für den häuslichen Verzehr und nur wenig wird auf den lokalen Märkten verkauft. Es handelt sich also vor allem um Subsistenzwirtschaft. Einige Produzierende – vor allem Frauen – wurde dadurch jedoch ermutigt, die Pflanzen auch für den Markt anzubauen als *commercial crops*.

Wir wollen den bäuerlichen Produzentinnen und Produzenten Zugänge zum Markt ermöglichen. Dadurch werden die indigenen Gemüse zu Handelswaren. Wir haben unsere Untersuchungen in verschiedenen Gebieten durchgeführt: so zum Beispiel in Kakamega, Vihiga, Busia, Kisumu, Siaya, Kisii.

PTK: Wer hat Ihre Aktivitäten gefördert?

Mary Abukutsa: Die Aktivitäten wurden von verschiedenen Zuwendungsgebern unterstüzt. Es waren bisher etwa 20 multidisziplinäre und multiinstitutionelle Projekte. Zu den Förderern gehörten SIDA–SAREC[2], die Europäische Kommission, das National Council of Science and Technology, die Universität von Maseno[3] und die Jomo Kenyatta Universität[4]. Seit 1991/1992 erhielten wir Förderung für Projekte in diesem Bereich. Ein Projekt zu Afrikanischen Blattgemüsen wurde von SIDA–SAREC durch IPGRI[5] gefördert.

In den Jahren 2006-2008 nahm ich an dem EU-geförderten Projekt INDIGENOVEG (Maseno University 2006) teil, in dem sieben afrikanische Länder und fünf europäische Institutionen kooperierten. An dem Projekt zur Produktion und zum Handel mit afrikanischen indigenen

---

[2]   SIDA – Swedish International Development Cooperation Agency; SAREC – Swedish Agency for Research Cooperation's Support

[3]   Maseno University (Maseno/Kenia)

[4]   Jomo Kenyatta University of Agriculture and Technology (JKUAT) (Juja/Kenia)

[5]   International Plant Genetic Resources Institute (IPGRI)

Gemüsen beteiligten sich vierzehn Städte in Kenia, Tansania, Uganda, Südafrika, Senegal, Benin und der Elfenbeinküste.

Ein weiteres Projekt der Universität von Maseno wurde im Jahr 2004 mit Unterstützung von IFS[6] durchgeführt. Es war ein multidisziplinäres Forschungsvorhaben.

Da indigene Fruchtsorten vernachlässigt worden waren, galt es, die Gründe hierfür zu finden und die gesamte Wertschöpfungskette ins Auge zu fassen. Wir mussten die tatsächlichen Akteure einbeziehen – vom Acker bis zur Tafel. Wir mussten die angewandten Techniken betrachten. Das war nur möglich durch einen ganzheitlichen Zugang in multidisziplinären Teams.

PTK: Sie folgen also dem gesamten Prozess von der Aufzucht über die Produktion und Verarbeitung bis zum Verzehr?

Mary Abukutsa: Ja, das ist richtig. Unser Zugang in diesen Projekten war partizipatorisch – von den Fragestellungen über die Durchführung der Studien, die Entwicklung der Produktion, die angewandten Verfahren und den Vertrieb, die Ausbildung, Verarbeitung und Produktentwicklung, das Marketing, die Entwicklung von Rezepten bis zum Verzehr.

Mittlerweile beteiligen sich die Studenten an verschiedenen Forschungsaktivitäten, sogar an der Entwicklung von Rezepten und der Erprobung dieser Gerichte, Konservierung, Nährwert- sowie ökonomischen Analysen.

Zubereitung

PTK: Wie gehen sie dabei vor?

Mary Abukutsa: Einige von ihnen bieten verschiedene vegetarische Gerichte in Schulen an, auch an der Universität oder in den Gemeinden. Sie führen sensorische Tests durch, um die Vorlieben unterschiedlicher Gruppen zu bestimmen.

PTK: Gibt es ein solches Angebot auch an Ihrer Universität?

---

[6] IFS (International Foundation for Science)

Mary Abukutsa: Ja, die Studierenden befassen sich mit der Zubereitung und dem Erproben verschiedener Arten von Gemüsen. Es wurden auch Masterarbeiten über diese Untersuchungen verfasst.

Die Studierenden brachten auch Kostproben zu Schulen in der Umgebung und konnten so Erkenntnisse darüber gewinnen, wie diese Mahlzeiten angenommen wurden.

PTK: Ich habe gehört, dass junge Leute diese Gemüsesorten nicht mögen?

Mary Abukutsa: Unsere Ergebnisse zeigen, dass jüngere Menschen eher die süßen als die bitteren Sorten mögen. Ferner konnten wir feststellen, dass ältere Menschen in den Dörfern Gemüse mit bitteren Geschmacksnoten bevorzugen. Von den älteren Frauen kann man sagen, dass sie es geradezu lieben. Die hohe Wertschätzung kommt auch daher, dass diese Pflanzen für sie einen medizinischen Wert haben. Sie sprachen mit uns über diese Themen, die Teil ihres überlieferten lokalen Wissens sind. Diese indigenen Pflanzen wurden und werden – wegen des Nährstoffgehaltes und der medizinischen Wirksamkeit – immer noch empfohlen für schwangere Frauen, stillende Mütter und für Jungen nach der Beschneidung.

Das Spinnen-Gemüse (*spider plant*) ist ein gutes Beispiel für eine Pflanze, die uns Eisen liefert. Die lokale Bevölkerung hat ihre eigenen Kriterien, mit denen sie die verschiedenen Gemüsesorten bewertet. Mittlerweile können wir mit wissenschaftlichen Erkenntnissen argumentieren, die Grundlage hierfür war jedoch das lokale Wissen.

PTK: Vielleicht können wir hier von implizitem oder Alltags-Wissen sprechen.

Mary Abukutsa: Sie haben immer gute Gründe, etwas so zu tun wie sie es getan haben, weil sie beim Kochen auf ihre Erfahrungen zurückgreifen können. Sie dünsten die Gemüse mit sehr wenig Wasser; sie bedecken sie mit Bananenblättern; sie werfen nichts weg.

PTK: Wie wurden die Gemüse traditionell zubereitet?

Mary Abukutsa: In den traditionellen Anbaugebieten finden wir ganz spezifische Kenntnisse. So wird zum Beispiel im Westen Kenias ein traditionelles Salz für die Zubereitung indigener Gemüse verwendet, das *lye* genannt wird. Dieses Salz macht die Speise besonders schmackhaft und bewirkt eine angenehme Konsistenz. Das Salz wird aus speziellen Pflanzen extrahiert (Bohnen, Sisal, etc.) Dazu werden die getrockneten Blätter verbrannt, die Asche gefiltert und abgegossen, so dass eine klare Flüssigkeit entsteht. Dieses so genannte *lye* verwenden die Frauen beim Kochen von Gemüse.

Es war interessant für uns, dass die Verwendung dieses Salzes das Gemüse milder schmecken lässt und den Geschmack sogar verstärkt. Jetzt haben wir herausgefunden, dass durch diese Art der Zubereitung die Qualität der Speise insgesamt verbessert wird. Der Mineralstoffgehalt und der Eisengehalt sind höher bei der Verwendung dieses traditionellen Salzes. Das sind insgesamt sehr positive Aspekte.

PTK: Welche Regeln werden beim Kochen angewandt?

Mary Abukutsa: Häufig befolgte Kochregeln sind: Verwende traditionelles Salz, kombiniere verschiedene Gemüse (kräftige und zarte oder bittere und milde), koche das Ganze mit etwas Wasser und füge traditionell zubereitete Erdnussbutter, Sesampaste oder Ghee hinzu. Gare das Gemüse für 15-45 Minuten je nach Gemüse.

Durch die Kombination verschiedener Gemüse wird z. B. bitterer Geschmack gemildert oder neutralisiert. Durch unsere wissenschaftliche Betrachtung konnten wir auch weitere positive Effekte feststellen: einen höheren Gehalt an Nährstoffen sowie eine höhere Konzentration von Vitaminen.

PTK: Wer verfügt noch über solches Wissen?

Mary Abukutsa: Wir bekamen all diese Informationen und die Hinweise zu verschiedenen Zubereitungsarten von Frauen. Dabei waren es besonders die älteren Frauen, die in den ländlichen Gebieten über die weitaus besten Kenntnisse hierüber verfügen – besonders im Westen Kenias.

Dieses Wissen wurde von Generation zu Generation weitergegeben, aber es geht jetzt mehr und mehr verloren. Im Rahmen unserer Forschung haben wir Interviews geführt und haben dieses Wissen dokumentiert, um es auch weiterhin nutzen zu können.

PTK: Wie wurde das Saatgut vermehrt und kultiviert?

Mary Abukutsa: Wir sprachen mit denjenigen – vor allem Frauen – die in diese Aufgaben eingebunden waren. Wir baten sie, uns die Gründe zu nennen, warum sie diese oder jene Pflanze bevorzugen.

Wir fragten die Bäuerinnen, warum sie diese Pflanze wählen oder warum sie eine Mischkultur anlegen. Sie sagten uns, dass sie eine Vielfalt von Früchten haben möchten und unterschiedliche Geschmacksrichtungen ebenso wie verschiedene Formen der Aufzucht. Denn Pflanzen werden zu unterschiedlichen Zeiten reif. Weiter erklärten sie uns, dass beim Anbau von Mais und unterschiedlichen Gemüsesorten über längere Zeit geerntet werden kann. So können sie über einen längeren Zeitraum oder ständig von ihren Ernteerträgen Essen zubereiten.

PTK: Sie organisieren also ihren Anbau so, dass sie auch unter widrigen Umweltbedingungen einen Ertrag haben? Können wir das eine kluge und Risiken vermeidende Strategie nennen?

Mary Abukutsa: Alles was sie tun ist vernünftig. Wir sind es, die verstehen müssen, warum sie die Dinge so tun, wie sie sie tun. Traditionell war das Handeln der Bäuerinnen und Bauern darauf ausgerichtet, Risiken zu minimieren.

PTK: Ihre Wahrnehmung und ihre Ansichten sind rational und vernunftgeleitet; das heißt wir müssen zuhören, wenn sie mit uns darüber sprechen.

Koloniale und vorkoloniale Geschichte

PTK: Was können Sie uns sagen über die Geschichte dieser indigenen Gemüsesorten?

Mary Abukutsa: Lange vor der Kolonialisierung war dieses Gemüse sehr verbreitet in den Dörfern und Haushalten. Es wurde kultiviert oder gesammelt – teilweise in kleinem Umfang – und es wurden Vorräte angelegt. Die Menschen hatten die starken Wirkungen dieser Pflanzen beobachtet. Die Pflanzen wuchsen manchmal auf unbebautem Land oder in verlassenen Gehöften und wurden von Landfrauen gesammelt.

Während der Kolonialzeit änderten sie die Bedingungen und neue Pflanzen wurden eingeführt. Es wurde die Meinung verbreitet, die traditionell angebauten Gemüse seien überholt, von geringer Qualität und nicht gut genug für Europäer.

Die Menschen in Kenia waren es gewöhnt, indigene Gemüse zu essen, aber nun begannen sie, Kohl anzubauen und zu verzehren und anderes neu eingeführtes Saatgut – sogenannte exotische Gemüse[7].

Die traditionellen Gemüsesorten wurden dann als Unkraut bezeichnet oder als Arme-Leute-Essen. Sie wurden nicht beachtet und begannen zu verschwinden. Nur unter der älteren Landbevölkerung setzten einige die Gewohnheit fort, das Gemüse anzubauen und dadurch die Diversität zu bewahren.

PTK: Warum haben viele Menschen das eigene Gemüse aufgegeben?

Mary Abukutsa: Wenn du ein Musungu sein willst, musst du essen wie ein Musungu.

Gehirnwäsche und negative Betrachtungsweisen entwickelten sich. Man schaute darauf herab. Es gab keine Samen und keine Information darüber, wie die Pflanzen angebaut und zubereitet werden.

PTK: Als Musungu werden die europäischen Fremden in Ostafrika bezeichnet – und nicht nur dort. In Uganda fand ich einmal ein T-Shirt mit der Aufschrift *My name is not Musungu*.

Mary Abukutsa: Während der Kolonialzeit wurden die indigenen Gemüsearten gering geschätzt und sogar als Unkraut deklariert. Als ich zur Schule ging, wurden Amaranth und *Pig Weed* kaum zur Kenntnis genommen. Man ging davon aus, es sei gerade einmal gut genug für Schweine. Was damals *Spider Weed* hieß, wird jetzt *Spider Plant* genannt. Bis in die 80er Jahre wurde über diese Pflanzen nicht gesprochen. Sie wurden offiziell als Unkräuter deklariert.

Persönliche Geschichte

PTK: Wie haben sie mit ihren Forschungen begonnen?

Mary Abukutsa: An der Jomo Kenyatta Universität bildete ich 1991 eine Arbeitsgruppe zu afrikanischen indigenen Gemüsen und wir führten einige vorbereitende Arbeiten durch. Als ich 1992 ein Promotions-

---

[7] Treffenderweise werden in Kenia Kohl, Tomaten Karotten, Spinat und andere im Verlauf der Kolonialisierung eingeführte Sorten als *exotische Gemüse* bezeichnet.

Stipendium für Großbritannien erhielt, ging ich davon aus, diese Studien dort fortsetzen zu können.

Ich reichte dann ein Forschungsvorhaben zu indigenen Gemüsesorten ein, das jedoch abgelehnt wurde. Dem Thema wurde keine Bedeutung beigemessen mit der Begründung, über Unkraut könne ich nicht promovieren. Es wurde mir dann vorgeschlagen, meine Promotionsarbeit über Zwiebeln zu schreiben und ich willigte ein.

Nach Abschluss meiner Arbeit kehrte ich nach Kenia zurück. Nun setzte ich mein Wissen ein, um weiter über indigene Gemüse zu arbeiten, lud zu Seminaren ein und initiierte Kampagnen.

Im Dezember 1995 begann ich meine Arbeit an der Universität von Maseno und ich initiierte dort 1996 eine Arbeitsgruppe zur nachhaltigen Produktion und zum Verzehr von afrikanischen indigenen Gemüsen.

PTK: Warum haben Sie Sich für das indigene Gemüse interessiert?

Mary Abukutsa: Möglicherweise gibt es auch einen persönlichen Hintergrund für meine Leidenschaft für das indigene Gemüse. Meine Mutter bereitete es für mich zu und erzählte mir die Geschichten dazu. Sie sagte: Mary, du warst allergisch gegen tierische Produkte. Es war meine Mutter, die für mich diese regionalen Gemüse zubereitete. Dadurch habe ich überlebt. Ich habe sie von früh auf gegessen und esse bis heute nur selten tierische Nahrungsmittel.

Da ich durch diese Nahrungsmittel überlebt hatte, wollte ich sie bewahren. Ich hoffe, dass sie nicht verloren gehen, dass ihre verborgenen Potentiale entdeckt werden und dass sie lokal und international bekannt werden.

Ich erlebte die Probleme der Armut und des Nahrungsmangels als ich aufwuchs. Und ich glaube daran, dass diese Gemüsesorten – wenn sie bekannt gemacht werden und stärkere Verbreitung finden – zur Ernährung beitragen können und dass sie den ärmsten Menschen helfen können, ihren Lebensunterhalt zu verdienen.

PTK: War das der Grund für die Wahl ihrer Studienfächer – Landwirtschaft und Gartenbau?

Mary Abukutsa: Mein Vater war Grundschullehrer und er hätte es gerne gesehen, wenn ich Medizin studiert hätte. Ich entschied mich jedoch für Pflanzen und studierte Landwirtschaft.

Meine verstorbene Mutter war eine Subsistenzbäuerin. Als Kind sah ich sie kämpfen, um Essen für uns auf den Tisch zu bringen. Ich glaubte daran, dass ich durch ein Studium der Landwirtschaft Wege und Technologien finden könnte, um Kleinbauern und speziell auch Kleinbäuerinnen zu helfen.

Niemand sprach zu der Zeit über indigene Gemüse. Ich hatte eine Vision, weil meine Mutter mir davon erzählt hatte. Dieses Gemüse hat sie in unserem Garten angebaut. Mein Wissen gründet auf dem Wissen meiner Mutter. Sie sprach über die hohe Qualität dieser Pflanzen und ich vertraue darauf. Alles basiert auf dem, was sie mir nahe gebracht hat.

Verbreitung

PTK: Mittlerweile finden diese Gemüsesorten mehr Akzeptanz und werden auch vermarktet. Sie bezeichnen sie jedoch nicht als *Cash Crops* sondern als *Market Crop*. Was ist der Grund dafür?

Mary Abukutsa: Von *Cash Crops* erwarten wir, dass sie Geld einbringen. In Kenia bedeutet es viel Geld – mit großen Farmen und Exportorientierung wie beim Kaffee. Bei Gemüse handelt es sich um eine andere Art des Anbaus. Wir sprechen von *Market Crop*.

PTK: Wo ist die Ursprungsregion für dieses indigene Gemüse?

Mary Abukutsa: Afrikanische indigene Gemüse wurde traditionell im Westen Kenias und in den Küstenregionen angebaut und konsumiert. Inzwischen – seit sie bekannter gemacht wurden – werden sie in vielen Teilen des Landes und in städtischen Zentren verzehrt. Die größten Veränderungen gibt es in den vergangenen Jahren in den Gebieten rund um Nairobi.

PTK: Wer waren die wichtigsten Akteure in diesem Prozess, um wieder Interesse für die indigenen Gemüse zu wecken?

Mary Abukutsa: Seit 1991 haben wir mit Versammlungen und Workshops begonnen. Auch organisierten wir einen Stakeholder-Workshop an der Maseno Universität. Personen von KARI sowie Landwirte nahmen teil. Bäuerinnen waren auch eingeladen, aber es waren eher die Männer, die unserer Einladung folgten. Dennoch waren wir eine gemischte Gruppe, da wir auch Händlerinnen und Händler angesprochen hatten. Unsere Frage war, warum dieses Gemüse nicht zum Verkauf angeboten wurde. Sie antworteten uns, es sei nicht in ausreichender Menge verfügbar.

PTK: Wie ist es Ihnen gelungen, Anerkennung und Unterstützung für Ihre Arbeit und Ihre Leidenschaft für diese indigenen Gemüse zu erlangen?

Mary Abukutsa: Es war nicht einfach, aber unsere Bemühungen trugen Früchte. Ich erfuhr Unterstützung von verschiedenen Fachrichtungen: aus den Sozialwissenschaft ebenso wie von Kolleginnen und Kollegen aus der Botanik und der Landwirtschaft. Wir hatten eine Farm und konnten indigene Gemüse auf dem Universitätsgelände anbauen. Sie und Studierende kamen und konnten sehen, was wir taten.

Dann organisierten wir 1996 einen Workshop mit unterschiedlichen Gruppen: bäuerliche Vereinigungen, NGOs, Gruppen aus den Gemeinwesen – wobei sich vor allem Frauen aktiv beteiligten.

Wir unterstützten auf jede uns mögliche Weise den Anbau, die Verarbeitung und den Konsum der traditionellen Gemüsesorten in allen Stadien der Wertschöpfungskette. Die Frauen sagten uns, dass sie diese Früchte angebaut hatten, aber nicht wussten, dass sie so gut sind.

PTK: Warum wussten sie nicht über die hohe Qualität bescheid?

Mary Abukutsa: Es war wie eine Gehirnwäsche. Sie glaubten, dass Kohl besser sei, weil man ihnen gesagt hatte, dass diese exotischen Pflanzen einen hohen Wert hätten.

Ich selbst esse kein Fleisch, ich ernähre mich vegetarisch. Als sie sahen, dass ich – eine Professorin – diese einheimischen Gemüsesorten esse, fingen sie an nachzudenken und zu glauben, dass doch etwas Gutes an der Sache sein müsse. Positiv war sicher auch der Anbau auf den Universitätsfarmen. Sie kamen und schauten alles an und die Universitätsverwaltung sowie die Regierung unterstützen diese Aktivitäten.

PTK: Wie haben Sie mehr Akzeptanz bei den Männern erreicht, die es vorziehen, Fleisch zu essen?

Mary Abukutsa: Männer haben generell eine negative Einstellung gegenüber Gemüse und Früchten – sie sind Frauen und Kindern vorbehalten. Wenn wir aber medizinische Aspekte einbeziehen, sehen wir, dass viele Menschen – auch Jugendliche und Männer – allmählich bewusster mit ihrer Gesundheit umgehen. Sie wissen mittlerweile, dass der Verzehr von Gemüsen – und speziell unserer traditionellen Sorten – verschiedene positive Effekte hat und den Körper stärkt in Bezug auf Diabetes, Herzkrankheiten, Bluthochdruck, Krebserkrankungen oder HIV. Um die Öffentlichkeit darüber zu informieren, organisierten wir eine Kampagne.

PTK: Eine Kampagne? Für eine Kampagne wird eine Menge Geld benötigt.

Mary Abukutsa: Wir begannen mit einer kleinen Aktion, eher mit einer strategischen Kampagne. Wir hatten Kontakt zum Gesundheitsministerium und darüber entstanden Verbindungen zu kenianischen Krankenhäusern. Die Zusammenarbeit mit Ms Mutemi, einer Wissenschaftlerin des Kenyatta National Hospital, seit 2003 half uns sehr bei der Umsetzung unserer Empfehlungen.
Wir wissen, dass diese Gemüsesorten sehr gesundheitsfördernd sind. Zunächst haben wir empfohlen, dass die Leute exotisches Gemüse: Kohl, Tomaten Karotten, Spinat, Zwiebeln essen sollen. Dann fragten wir uns: Warum haben wir nicht unser eigenes indigenes Gemüse gefördert? Also haben wir uns darauf konzentriert für das eigene Gemüse zu werben. Dies verfolgen wir mittlerweile in multidisziplinären Teams.

PTK: Danke, Prof. Abukutsa, für diese aufschlussreichen Informationen zur Geschichte des indigenen Gemüses in Kenia.
Nun möchte ich eine Hypothese formulieren – verbunden mit einer Sorge: Werden die Frauen, die die indigenen Gemüse und das zum Anbau und zur Zubereitung notwendige Wissen – über Jahrzehnte und Jahrhunderte – bewahrt haben, möglicherweise marginalisiert, wenn diese Feldfrüchte eine Handelsware werden?

Mary Abukutsa: Das ist eine wichtige Frage. Die Frauen sind die wahren Hüterinnen des indigenen Wissens und der indigenen Pflanzen und ich wünsche mir, dass sie, die die Diversität über so lange Zeit bewahrt haben, in der Zukunft nicht marginalisiert werden. Daher sollten wir gleichzeitig mit dem zunehmenden Wissen über die indigenen Gemüse Strategien entwickeln und verfolgen, um dafür zu sorgen, dass diejenigen, die diese Kenntnisse bewahrt haben, bei zunehmender Kommerzialisierung nicht außen vor bleiben.
Die afrikanischen indigenen Pflanzen sind hochwertige Produkte mit hervorragendem Nährwert und unerkannten gesundheitsfördernden

Eigenschaften. Sie haben das Potential, Problemen ressourcenschwacher Bäuerinnen und Bauern zu begegnen und die Lebensverhältnisse in Afrika zum Besseren zu wenden.

Das Interview wurde am 07.03.2012 in Jija-AICAD an der Jomo Kenyatta University of Agriculture and Technology (JKUAT) geführt.

Literatur

Abukutsa-Onyango, Mary Oyiela 2010a. *African Indigenous Vegetables in Kenya*. Second Inaugural Lecture 30th April 2010.

Abukutsa-Onyango, Mary Oyiela 2010b. *Strategic repositioning of African indigenous vegetables in the Horticulture Sector*. Second RUFORUM Biennial Meeting 20-24 September 2010, Entebbe, Uganda.

Abukutsa-Onyango, Mary Oyiela 2011. *Researching African Indigenous Fruits and Vegetables – Why? Department of Horticulture*, Jomo Kenyatta University of Agriculture & Technology, Nairobi, Kenya. URL: http://knowledge.cta.int/Dossiers/Commodities/Vegetables/Feature-articles/Researching-African-Indigenous-Fruits-and-Vegetables-Why (23.03.2013).

Maseno University, Kenya 2006. *Report on 4th Indigenoveg Meeting on "Seed Management Issues of African Indigenous Vegetables (IVs)"*. 31st October-3rd November 2006. URL: http://portal.geographie.uni-freiburg.de /forschungsprojekte/indigenoveg/Reporting_on_4th_Indigenoveg_Meeting_final_sept_07.pdf (12.06.2013).

Universität Hannover 2002. *SVePiT (Sustainable Vegetable Production in the Tropics)*. Newsletter. URL: http://www.gem.uni-hannover.de/fileadmin/institut/gemuesebau/pdf/SVepit/issue1.pdf (23.03.2012).

Wer bereitet uns die Mahlzeit vor?

Foto Zwischentitel:
„Straßenküche Hanoi"
Parto Teherani-Krönner

Von der schwarzen zur weißen Küche oder die Kunst des richtigen Dosierens

Elisabeth Meyer-Renschhausen

E-Mail: elmeyerr@zedat.fu-berlin.de

Zusammenfassung. Die Küchen der alten Gesellschaften Europas, der ländlichen Gesellschaften waren schwarz. Ihre offenen Herdfeuer führten zu Qualm und Rauch. Das wärmende und stets gefährliche Feuer erinnerte die Menschen ständig an seine Abhängigkeit von den Mächten der Natur. Das Feuer war ein Symbol für die Zweiseitigkeit aller Naturgewalten, die das Leben geben, aber auch nehmen können. Ähnlich wie nach den Vorstellungen der griechischen Antike etwa die *breithüftige Gaia*, diejenige war, die während der schwarzen Nacht, das Leben gibt aber auch wieder nimmt. Die Frau am Herd war – in all ihrer Alltäglichkeit – zugleich eine etwas geheimnisvolle Figur, weil sie mit den sich nie ganz offenbarenden Naturgewalten umzugehen verstand. Bis ins 19. Jahrhundert hinein kannten Kochbücher die Regeln der antiken Säftelehre, konnte eine Hausfrau u. U. mittels ihrer Kochkunst also sowohl heilen als auch vergiften.

Ab den 1920er Jahren verwandelten sich Küchen in der Stadt in enge, zweckrational eingerichtete und in aseptischem Weiß gehaltene Räume, in denen kaum noch Helfer Platz fanden. Die Hausfrau wurde nun von den *Herren in Weiß*, den Experten bevormundet. Die Küchen verloren ihren alten Sinn als ein zentraler Ort des Stoffwechsels des Menschen mit der Natur, damit verschwand sie aus dem Bewusstsein der Menschen. Mit den Küchen verschwand das *Selber-Kochen* sowie die in der Hausgemeinschaft gemeinsam eingenommenen Mahlzeiten. Und – so meine These – in den Küchen und den Rhythmen des häuslichen Lebens verflüchtigte sich auch ein Bewusstsein von dem richtigen Maß der Dinge zueinander, von den Proportionen.

Die Maßlosigkeiten der Agrarindustrie, die mit einem gnadenlosen Chemie- und Maschineneinsatz in der Landwirtschaft die Böden zerstört und schamlos behauptet, so die Welt ernähren zu können. Das führt zu einer Agrarpolitik, die die Menschen entgegen ihrem expliziten Wollen der Menschen, mit Gentechnik füttern will. Diese Einseitigkeiten provozierten die in den letzten Jahren stark gewordene Bewegung

unter der Jugend für eine vegetarische und sogar vegane Ernährungs-
form mittels Lebensmitteln aus der Region. Die Jugend rehabilitiert so
das gemeinsame Kochen und Speisen und zielt auf einen humanen Umgang nicht nur mit den Tieren, sondern zudem auch mit der Natur wie
der Erde überhaupt.

Schlüsselwörter. Küche. Kochkunst. Frauen. Frankfurter Küche. Convenience Food. Maß. Maßlosigkeit. Proportionen. Umwelt. Gesundheit.

Entrée

Bevor man es sieht, riecht man es schon: der typische Holzfeuergeruch.
Vor dem hellen Himmel wirkt das jetzt hinter der Bodendelle auftau-
chende Haus fast schwarz. Es ist aus Holz. Die schweren Balken sind
über die Jahre gealtert. Dahinter bimmelt eine Gruppe mageres Horn-
vieh vor hohen Weißtannen. Nur noch ein paar Meter weiter den steilen Bergweg hoch und wir befinden uns vor der schweren Eingangstür.
Auf unser Klopfen keine Reaktion. Geht man ums Haus herum, hört
man´s drinnen rumoren. Am Hintereingang ist die Tür nur angelehnt,
man geht offenbar einfach hinein und ruft laut *Grüß Gott!, Herein!*
schallt es aus der Küche. Und tatsächlich, hinter der einfachen Holztür
zur Rechten steht die Seniorin des Hauses am gemauerten Herd und
bewacht ihre Töpfe. Die *Häferln* stehen über dem offenen Feuer auf
eisernen Dreifüßen, so dass sie eben nicht direkt in der Flamme stehen.
Ein ätzender Rauch quillt einem entgegen, man beginnt sogleich zu hus-
ten und hastet schnell zur Wand auf die Eckbank. Erst wenn man sitzt,
ist man in Sicherheit. Die Rauchwolke hängt schwarzgrau direkt unter
der Decke. Die Alte rührt ungerührt in ihren Töpfen und wischt sich
nur ab und an die Tränen aus den Augen, denn auch ihr setzt der
Qualm zu. Wir befinden uns in der waldigen Nordsteiermark, südlich
des Murtals. Die Schilderung verdanken wir einem Dichter. Die Alte am
Herd ist die Großmutter Peter Roseggers. Der Herdraum des Kluppe-
neggerhofs in Alpl ist eine Rauchküche so wie sie bis Mitte des 19.
Jahrhundert über weite Teile Europas vorherrschend war. Erst dann
verschwand das offene Feuer unter den eisernen Ringen der ersten
Kochmaschinen. Um 1900 kamen die Gasherde auf. Das offene Herdfeuer schrumpfte zu zarten Flammen, die nicht mehr die Kraft hatten,
ganze Räume schwarz zu färben. Die Küchen wurden weiß. Als die Idee
von der heilsamen Hygiene sich durchgesetzt hatte, wurden sogar die
Küchenmöbel weiß gestrichen. Roseggers Schilderung aus der zweiten
Hälfte des 19. Jahrhunderts veranlasste mit leichter Zeitverzögerung

erst einzelne und später um 1910 ganze Gruppen ethnologisch Interessierter in entlegenen Berggegenden zu wandern, neugierig auf das einfache Leben der Landbevölkerung.

Unter belesenen Städtern existierte seit dem 18. Jahrhundert – zumindest seit Rousseau – ein Bewusstsein darüber, daß mit dem Verschwinden der Lebensweisen der Alten auch eine bestimmte weniger entfremdete Lebensweise verloren ging. Die Idee des *Natürlichen* als dem eigentlich Guten und Angemessenen hat seither zu mehreren Wellen romantischer Zivilisationskritik geführt. Kulturkritiker entdeckten die Landbevölkerung als eine Art guter Wilder, die noch einen besonnenen, nachhaltigen Umgang mit der Natur pflegten (vgl. G. Böhme 1997:103).

Mitte des 19. Jahrhunderts führte die Kulturkritik zum Phänomen wandernder Volkskundler und Ethnologinnen, die überall in Europa keine Mühe und körperlichen Anstrengungen scheuten, um in entlegenen Bergtälern vergessene Lebens- und Wirtschaftsformen aufzuspüren. Der Berliner Arzt und Anthropologe Rudolf Virchow (1821-1902) etwa war begeistert, als er um 1890 in Rastede im nordwestdeutschen Oldenburger Land in einem Bauernhaus noch eine offene Feuerstelle fand, um die sich die Hausgenossen des Abends zum Klönschnack versammelten. Der beißende Rauch erfüllte das ganze Haus mit seinem würzigen Geruch und konservierte die unter dem Dach hängenden Speckschwarten und Schinken.

Der Dichter Peter Rosegger (1843-1918)[1] hat uns die schwarze Küche seines Elternhauses in der Nordsteiermark im Rahmen seiner Volkskunde der Steiermark vorgestellt. Offenbar war die geduldige Großmutter am Herdfeuer eine wichtige Konstante seiner Jugendtage. Sie stand Tag-ein-Tag-aus im Qualm und wischte sich wie wir nun schon wissen, nur manchmal mit ihrer langen Schürze die Tränen ab. Nie ließ sie das vom Priester geweihte Feuer ausgehen. Der Autor erinnert sich an eine Welt, in der die Frau am Herd das Heft in der Hand hielt – zumindest innerhalb des Hauses. Ruhige, immer wiederkehrende Arbeiten bestimmten den Alltag. Die Bauern sahen ihre Existenz in enger Symbiose mit der Natur. Der Wald um ihre Häuser herum war sozusagen noch überall geheimnisvoll belebt und beseelt, erzählt der Dichter, um anschließend zu warnen, ihm nicht alles all zu wortwörtlich zu glauben.

---

[1] Der Familienname lautete auf Roßegger mit einem *ß*, der Autor schrieb sich später jedoch Rosegger mit eincm einfachen *s*.

Angeregt durch die Schriften des *Waldbauernbubs* (Rosegger 1994) entdeckte der erste Universitäts-Volkskundler Österreichs, Viktor Geramb (1884-1958) und parallel zu ihm weitere Forscher und Forscherinnen zahlreiche solcher Rauchküchen und ganze Rauchhäuser in entlegenen Tälern der Steiermark. Sie beschrieben und dokumentierten diese Lebensform systematisch. Gelehrte wie Rudolf Virchow und Viktor von Geramb kamen aus einer städtischen Welt, in der die Feuer bereits unter eisernen Ringen verschwunden waren. Sie erlebten gerade, dass Gasherde die alten gemauerten Herde zu verdrängen begannen. Ihre aufgeklärten Mütter oder Frauen lasen die Schriften wohlmeinender Ärzte und begannen sich Gedanken über Kohlehydrate und Fette zu machen. Viktor Geramb erlebte nach dem I. Weltkrieg zudem, wie die Nachkriegsnot die Küchen in enge Räume verwandelte, in denen kaum noch ein Helfer Platz fand. Aber diese neuen Küchen waren zweckrational eingerichtet. Sie ersparten der erwerbstätigen Hausfrau unnötige Wege. Allerdings machte der Mangel an Raum ständiges Aufräumen notwendig. Dass in der Küche gearbeitet worden war, konnte man bald schon nach dem Essen kaum noch sehen. Mit dem im späten 19. Jahrhundert obligatorisch werdenden Hygienedenken geriet das alte Wissen von der Ambivalenz der Natur auch und vor allem bezüglich des Kochens zunehmend in Vergessenheit.

Mit der gewissermaßen *klinisch korrekten* Küche verblasste die Wertschätzung der häuslichen Küchen. Ohnehin sollten die Frauen der Nachkriegszeit zwecks Bewältigung der Krisen einen vollen außerhäuslichen Arbeitstag absolvieren, obwohl es die entsprechende Anzahl an sozialversicherungspflichtigen Vollzeit-Arbeitsplätzen nicht gab. So kam es, dass die modernen Gesellschaften zunehmend auf das Backen und Brutzeln verzichteten. Das Kochen übernahmen zunehmend die Chemiker der Industrie. Alte Weisheiten wie: *Viele Köche verderben den Brei* wurden verdrängt. Heute werden über 90 Prozent der Lebensmittel in den USA als *convenience food* verkauft, in der Form von *Fertigmenüs* oder Tiefkühlpizzas. Die Außerhausverpflegung nimmt weltweit zu. In den ersten zehn Jahren nach der Wende konnte McDonalds allein in Berlin über 50 Filialen eröffnen.

Vergessen wurde, dass das Konservieren von Lebensmittel immer eine ambivalente Angelegenheit ist. Konserviert wird mithilfe von Gärungsprozessen oder Essig, Salz, Zucker oder starken Gewürzen. Konserviertes, egal ob fetter Rauchspeck, guter Wein, Salzgurken, Salzgebäck oder Zuckerstangen, hartes Körnerbrot oder Sauerkraut verträgt der Mensch daher nur in bestimmten Maßen. Im Übermaß genossen *schlägt es durch*, *schlägt es an*, macht unter Umständen aggressiv, dumpf, dumm, träge oder schläfrig und/oder führt zu Krankheiten aller Art. Eine ausgewogene Ernährung beruht schließlich immer auf einem überlegten Verhältnis von frischen gegenüber konservierten Zutaten und bestimmten einander gut ergänzenden Lebensmitteln.

Wenn die industrielle Fertigung von Lebensmitteln und die industrielle Landwirtschaft dazu führt, eine Unzahl an alle möglichen Konservierungsmitteln (Fett, Salz, Zucker, Essig und/oder Alkohol) und zudem chemische Verbindungen einzusetzen, ist dies auf die Dauer weder dem Menschen noch der Natur zuträglich. Schon heute ist, wie in einem Vortrag der Chef des Landesumweltamtes in Brandenburg, Matthias Freude[2], betonte, die Überdüngung der Äcker das Hauptproblem im Land Brandenburg, was zur Zerstörung der Biodiversität führt. Lebensmittelchemiker wie Claus Leitzmann (1987) oder Udo Pollmer (2013) haben zeigen können, dass die *Überbehandlung* unserer Lebensmittel mit Konservierungsstoffen (neben den herkömmlichen zu viel Geschmacksverstärker und Konservierungs-Chemie), neben einem Zuviel an Ackerdüngern resp. -giften neue Krankheiten wie Allergien und Obesity (extreme Fettsucht) hervorgebracht haben. Diabetes, Fettsucht und Allergien erschweren das Kochen für die Haus- oder Wohngemeinschaft, da jeder auf eine andere Diät setzt. Das Kochen wird zur Qual, das Verblassen von Tischritualen scheint vorprogrammiert. Verschwindet die Mahlzeit? Was ist es eigentlich, was da verloren ging? Gewohnheiten oder ein bestimmtes Bewusstsein, Gerüche oder skills?

Feuer und Rauch

Als abgetrennte Räume existieren Küchen bei der Normalbevölkerung noch nicht sonderlich lange. Nach Siegfried Gideon entstanden im 16. Jahrhundert in den städtischen Häusern Europas abgetrennte Küchenräume. Davor war gewissermaßen das ganze Haus Küche, ein einräumiger Herdraum, in dem man sich im Winter nachts wie tags um das wärmende Feuer scharte. Aber auch die abgetrennten Küchen waren noch fast 200 Jahre lang Wohnküchen, bevor sie nach und nach (und in den Städten zuerst) zu separaten Funktionsräumen wurden.

Im nördlichen Europa lebten die Menschen in den nördlichen Küstenregionen bis ins 19. Jahrhundert hinein in hallenartigen Herdhäusern, im Südosten, dem Balkan in einräumigen, großen Rauchstuben-

---

2 Matthias Freude ist seit Juni 1995 Präsident des Landesamtes für Umwelt, Gesundheit und Verbraucherschutz im Land Brandenburg.

häusern. Im 16. Jahrhundert kamen die großen Öfen von Osteuropa in die städtischen und dann auch ländlichen Häuser Mitteleuropas. Wenn man diesen Ofen nun als Hinterlader von der Küche aus heizte und einen Teil des Raums abtrennte, war damit eine Stube entstanden, die warm war, ohne verraucht zu sein. So auch bei den Eltern des Schriftstellers Peter Roseggers in den Fischbacher Alpen der Nordsteiermark.

Um 1850 bewohnte die Rosegger-Familie ein Einzelgehöft einer Streusiedlung. Innen bestand das große Holzhaus vor allem aus einem geräumigen Stubenraum, in dem nicht nur gegessen, sondern auch geschlafen wurde. Lediglich der Herdraum, die Küche war abgetrennt. In einer Ecke des Wohnraums stand ein quadratischer Esstisch mit dem Herrgottswinkel darüber. Schräg gegenüber befand sich ein großer Kachelofen, der so groß war, dass man ungefähr 20 Brote auf einmal darin backen konnte. Dies war der *Hinterlader*-Ofen, der von der Küche aus beheizt wurde. Er entließ seinen Rauch immer in die Küche, nie in die Stube. Wenn man Brote drin backen wollte, musste man das Feuer mit dem Tannenreisig wieder ausräumen. Der Ofen war übrigens geräumig genug, um dem jungen Rosegger und dem Knecht im Sommer als Versteck zu dienen, wenn sie einmal unerlaubterweise Karten spielen wollten.

Die Küche in diesem Bauernhaus war ebenfalls nicht klein, maß sie ev. um die 16 Quadratmeter. Ihre dunklen Wände verliehen ihr das typische, nahezu schwarze Erscheinungsbild der Rauchküchen, wie sie im ländlichen Europa bis 1850 noch fast überall anzutreffen waren. Auf dem Herd aus Lehm befand sich das offene Feuer. Es wurde nachts zu einem Glut-Häuflein zusammengefegt. Der vom Feuer aufsteigende Rauch suchte sich seinen Weg zur Tür. Hinter der Tür wurde er durch einen Kasten in den Dachboden geleitet, wo die Schinken hingen. Vom Herd aus wurde der große runde Kachelofen in der Stube geheizt.

Schräg dem Herd gegenüber befand sich der Küchentisch. Die heimkommenden Familienmitglieder und Besucher zog es stets zunächst in die rauchige Küche, wo immer jemand war, weil dort die Großmutter am Herd wirtschaftete. Die Bäuerin selbst war im Stall und auf dem Feld eingespannt. Der beißende Qualm war für Städter schier unerträglich. Sie fragten sich verwundert, wie die Frauen das Leben in dieser ätzenden Atmosphäre aushalten konnten. Sobald sie jedoch Platz genommen hatten, verstanden sie: die Rauchwolke schwebte oben im Raum.

Der beißende Rauch erfüllte auch wichtige Aufgaben. Der Qualm imprägnierte die Balken der Holzhäuser gegen Ungeziefer. Menschen und Vieh wurden auf diese Art vor Parasiten bewahrt. Im Rauchabzug hingen im (bereits erkalteten) Rauch die Würste und Schinken. Sie wurden durch den Rauch konserviert und nahmen jenen würzigen Geschmack an, den die modernen Schnell-Räucherverfahren in keiner Weise ersetzen können.

Überhaupt roch das gesamte Bauernhaus eigentümlich würzig nach dem Rauch. So verwundert es auch nicht, dass der Volksbrauch Regeln hatte, nach denen etwa erkranktes Vieh, Schweine oder Kühe durch ein Feuer getrieben werden mussten, um ihnen ihre Krankheiten *auszutreiben*. Ähnlich gab es in den Zeiten der großen Pest Vorschriften, nach denen die Häuser von Erkrankten wie Gesunden auszuräuchern waren, und anschließend mit einem bestimmten Kräutergemisch darunter der stark antiseptisch wirkenden Thymian zu desinfizieren waren. Feuer und Rauch galten als höchst gefährliche, aber auch als stark purifizierend wirkende Kräfte der Natur. Die Zweiseitigkeit der Dinge war sozusagen stets präsent. Daher ist es nicht weiter verwunderlich, dass in der antiken Vier-Elemente-Lehre das Feuer gelegentlich als das wichtigste Element gesehen wird. Bedenkt man die Erkenntnisse der neueren Forschung betreffs krebserregender Anteile in über offenem Feuer gegrillten Lebensmitteln, lässt sich nicht bezweifeln, dass es kaum gesund gewesen sein kann, ständig den Rauch des Herdfeuers einzuatmen oder darin Geräuchertes zu essen. Andererseits wissen wir aus der neueren Krebs-Forschung, dass Holzfeuer deutlich weniger kanzerogen sind als Steinkohlefeuer.

Mikrokosmos und Makrokosmos

Auf einem Stich von Matthäus Merian dem Älteren (1593-1650) aus dem Jahr 1623 ist eine Frau mit gewölbtem Leib vor einem riesigen offenen Feuer zu sehen, neben sich ein Bottich mit Fischen. Hinter ihr befindet sich ein nach außen führender Spülstein, neben dem ein offenes Fenster einen Blick in die Landschaft auf einen Weg oder Fluss bietet. Die Frau steht mit ihrem Blasebalg in der Hand vor der Feuerstelle. Sie hat offenbar soeben das Herdfeuer angefacht, das mit hohen Flammen und imposanten Rauchwolken seine Macht, den Aggregatzustand der Dinge zu ändern, zeigt. Der Stich ist kein Abbild der Realität, die reale Hausfrau jener Zeit hat wohl selten allein in der Küche gestanden. Die spätmittelalterliche Mode, in die bei Merian die Frauenfigur gewandet ist, war damals in Nürnberg bereits schon seit hundert Jahren obsolet. Die Anordnung der Holzscheite neben dem Holzkorb könnte darauf verweisen, dass sie nicht nur für das Feuer, sondern auch für die häusliche Ordnung zuständig war.

Die Hausherrin ist zwischen den Elementargewalten, dem Feuer und dem Wasser, dem Rauch, der hier vielleicht für die Luft steht und der Landschaft im Hintergrund, im Bild so platziert, dass deutlich wird, dass Merian den Menschen als Mikrokosmos dem Makrokosmos gegenüberstellt. Offenbar versteht diese Hausfrau mit Naturgewalten umzugehen, denen sie zugleich auch selbst angehört Der Mensch, repräsentiert durch die weibliche Figur, tritt als abhängig von der Natur in Erscheinung – lodert doch das Feuer zweifellos höher und mächtiger als der es hegende Mensch. Merian geht es mit seiner Bildformulierung also um das Verhältnis von Mensch und Natur, um die überwältigende Macht der Schöpfung selbst. Das Feuer steht für die Gewalt der Natur im Sinne eines kosmischen Denkens, in welchem die Menschen ebenso für den Kosmos verantwortlich sind, wie auf Gedeih und Verderb abhängig.

Ähnlich dachte 100 Jahre vor Merian der Arzt Paracelsus (1493-1547). Er diskutierte die alten Lehren von den vier Säften aus der galenischen Medizin. Und obwohl er die Säftelehre durch die Astrologie zu ersetzen suchte, knüpfte er auch an die Lehren der Antike an. Hinsichtlich der Bedeutung der Nahrung übernimmt er – wie Hartmut Böhme ausführt – letztlich Vorstellungen von Aristoteles. Paracelsus versteht – wie bereits Aristoteles – den Magen als einen Alchemisten.

> „Da Gott selbst ein Alchemist im Großen ist, erhält der Stoffwechsel im Essen, das Scheiden und Verdauen, Verwandeln und Abführen der Stoffe, einen quasi heiligen Status. Die nutritive Transmutation entspricht der Transsubstantiation im Abendmahl. Was in der Eucharistie als initiatorisches Heilereignis gefeiert wird, das verlegt Paracelsus zurück in die Natur als ihr überall herrschendes Prinzip"
>
> (H. Böhme 1997: 25).

Bei Paracelsus wird aus dem Abendmahl sozusagen wieder das Verspeisen von Mutter Erde und / oder der Natur, der man keineswegs unnötig viel entnehmen darf, um es hinterher möglicherweise dann doch nur auf den Müllhaufen zu werfen.

Die Köchin stiftet die Gesellschaft

Merians Köchin verkörpert also einen sozusagen alchemistischen Gedanken. Zumindest erscheint sie hier als eine Art Mediatorin zwischen den Elementen, zwischen der essenden Menschheit und ihrer Natur. Deshalb musste etwa in der Antike jedem Festmahl ein Opfer an die Herdgöttin Hestia vorausgehen. Und deshalb ist die Hochzeitsköchin in dem Dorf Minot in Burgund noch in den 1960er Jahren auch Zeremonienmeisterin der Tischgenossenschaft. Mit ihrem Kochakt stiftet sie die neue Dorfgesellschaft einschließlich der neuen Konstellation von Familienbanden... Auf dem Land hatten sich die alten Vorstellungen trotz Christentum noch über Jahrhunderte gehalten, wie uns mehrere Feldforscher und low-budget-Volkskundlerinnen[3] in Reiseanalen und Berichten seit Beginn des 19. Jahrhunderts überliefern. In dem Bauerndorf Minot in Burgund, das die Pariser Anthropologin Yvonne Verdier von 1968 an acht Jahre lang beforschte, wurde den Körpern und der Natur generell nicht nur eine passive Leidensfähigkeit, sondern vor allem auch eine bestimmende Kraft zugeschrieben. Für die Frauen des Dorfes war klar, dass der Vollmond die Kinder *herauszog* und die Geburt beschleunigte, ebenso wie der Mond das Wachstum auf den Feldern beeinflusste. Der Mond beeinflusste auch die Leibeszustände der Frauen allmonatlich und regelmäßig. Der Leib und besonders der weibliche Leib war daher ein besonderes Medium der menschlichen Beziehungen zum Kosmos (vgl. Kriss-Rettenbeck 1981: 177). Denn diese Mensch-Natur-Beziehung war nichts Einseitiges. Entsprechend den antiken Ideen konnte noch im Minot der 1960er Jahren der weibliche Körper auch seinerseits die Natur beeinflussen. Besonders der menstruierenden Frau wurden unheilvolle Wirkungsmächte zugeschrieben, sie besaß eine fäulniserregende Kraft wie das Gewitter. Und sie bedrohte in Minot alle Lebensmittel, deren Transformationsagens nicht das Feuer war. Vor allem das Pökelfass mit dem in Salz eingelegten Schweinespeck, in Minot das Werk der Männer, war bedroht, aber auch die Mayonnaise drohte umzuschlagen. In diesen Gesellschaften war also die Köchin verantwortlich für den Umgang des Menschen mit Himmel und Erde, war die Kochkunst machtvoll, weil ambivalent. Das lodernde Feuer auf dem offenen Herd ermöglichte die Verwandlung von harten Körnern in süßen Brei und wärmte das Haus, war aber immer auch extrem gefährlich. Pierre Bianconis Großmutter schlief um 1880 im Tessin neben ihrem Herdfeuer ein und verbrannte elendig. Ein unbedachtes, rohes Umgehen mit dem Feuer, den Lebensmitteln, ein abwertender Umgang mit den Koch- und Konservierungskünsten der Frauen und den Feldkünsten der Bauern war kaum möglich. Ein Gefühl für die Naturabhängigkeit, *Kreatürlichkeit* des Menschen, was wir heute mit dem Begriff

---

[3] Eine dieser Forscherinnen *ohne Ausstattung* war Anni Gamerith, die mit ihrer Nahrungsforschung besonders zum Thema Ganzkorn in den 1970er und 1980er Jahren bei den jüngeren Kulturanthropologen viel Anerkennung erhielt (vgl. Gamerith 1988 und Wohlgemuth 1913).

Ökologie zu fassen versuchen, war somit vorbegrifflich wie begrifflich immer vorhanden.

Eine Form des *Bedenkens* der unausweichlichen Ambivalenz im Stoffwechsel zwischen Mensch und Natur geschah in den Alten Gesellschaften durch eine gewisse *Heiligung* der Dinge. Das Herdfeuer war heilig. *Lasst das Herdfeuer nicht ausgehen!* waren die letzten Worte von Peter Roseggers Großmutter, als sie starb. Was mochte sie damit gemeint haben? Sicher ist: Das Feuer wurde in den Fischbacher Alpen damals nur zu Ostern gelöscht und rituell erneuert. Die Männer holten – manchmal über stundenlange Entfernungen – ein vom Pfarrer gesegnetes neues Feuer für das nächste Jahr (vgl. Rosegger 1881).

Die, die täglich mit diesem Feuer umgingen, wie Roseggers Großmutter, erfuhren gewissermaßen eine entsprechende Achtung. Als jene, die mit dem heilig-gefährlichen Herdfeuer umzugehen verstanden, waren die Frauen des Hauses nicht einfach profane Hausfrauen, sondern *Herrinnen* des Hauses, sie hatten die Schlüsselgewalt über Kasten und Keller. Sie waren zudem in bestimmten Zusammenhängen selbst Vertreterinnen der anderen Welt. Wenn während der Zeit der Reformation und Gegenreformation alte, allein stehende und heilkundige Frauen auf dem Lande als Hexen verfolgt wurden, wohl eben deshalb weil sie besonders als alte Frauen die Verkörperung des *traditional knowledge*, Aberglaubens oder – plattdeutsch und deutlich – Biglovens (Nebenglaubens) waren. Die neuen Mächte der aufkommenden Neuzeit, der neue Zentralstaat und eine neue zentralisierte Kirche wollten den alten Weibern keinerlei heimliche Macht mehr lassen. Es kam den Herrschenden daher zupass, wenn Alte, Alleinstehende oder andere Frauen (und manchmal auch Männer) von verstörten Stadtbürgern und verarmten Bauern verfolgt wurden bzw. die weisen Frauen zu den Sündenböcken der Zeit des großen Umbruchs, der *Zeit der Verzweiflung* gemacht wurden. Die Frau am Herd war als Trägerin des *alten Wissens* eine selbständige Macht, so wie die Hestia, die Herdgöttin der Griechen eine jungfräuliche, d. h. ungebundene, von keinem Mann bevormundete Göttin war (vgl. Vernant 1996 und Meyer-Renschhausen 2010).

Wahrscheinlich verschwand, wie die französische Anthropologin Martine Segalen vermutet, die Macht der Frauen in den Bauernhäusern erst, mit dem Verlust des offenen Feuers und dem Verschwinden der Brunnen und der Mühen mit dem Wasser (vgl. Segalen 1990). Seit ihre Gebärfähigkeit, ihr Körper nicht mehr als Symbol einer ambivalenten Macht verstanden wird, musste sie ihre Leibmächtigkeit auch nicht als Köchin täglich gewissermaßen rituell wiederholen. Noch im Atány (nördlich von Budapest in Ungarn) der 1950er Jahre hielt die Frau, besonders wenn sie gut kochte, den Kochlöffel wie ein Zepter in der Hand. Sie hatte im Haus das Sagen bilanziert Edit Fél (1972). Und aus Südfrankreich berichtet Rayna R. Reiter (1975), dass Bäuerinnen ihren Töchtern nicht ohne Not das Kochen überließen. Die Kochkunst erlernte ein junges Mädchen erst, wenn sie *in Dienste* ging in einem anderen Haushalt. Auf dem Deckenfresco von J.M. Kager aus dem Jahr 1622 im goldenen Saal des Rathauses der Stadt Augsburg hält die wohlsituierte Hausfrau als Zeichen ihrer Würde über Küche, Keller und Kasten ein großes Schlüsselbund in der Hand. Die Bildunterschrift: *Omnia et ubique: Alles und Überall* zeigt, dass sie über alles im Hause die Gewalt hat, überall zur Stelle ist und alles überwacht, betont Heide Wunder (1992). Erst wir Heutigen überlassen das Kochen unbedenklich den vielen Köchen der großen Industrie, wie Manuel Schneider (1995) es ausdrückte sogar die Restaurantköche via Reis in Kochbeuteln zu *Beutelschneidern* degradiert.

Göttliche Natur und das Fest als Ritual des mythologischen Anfangs

Gleich dem Feuer waren in der Alten Gesellschaft die Natur insgesamt und die Tiere nicht einfach nur Ressourcen. Die Götterwelt der Antike verweist darauf. Artemis, die jungfräuliche Göttin der Jagd war Hüterin des Waldes und der wilden Tiere. Demeter, die Muttergottheit, war die Herrin des Getreides, ihre Tochter Kore oder Persephone war die Repräsentantin des unterirdischen, winterlichen Zustands des Korns. Antike Vorstellungen hielten sich in Resten im ländlichen Aberglauben. Als gegen Ende des 19. Jahrhunderts die Entzauberung der Welt allem Natürlichen sein Geheimnisvolles und damit auch Bedeutsames raubte, waren Gegenbewegungen wie Vegetarismus, Lebensreform, Naturheilverfahren, Homöopathie oder Theosophie bereits etabliert. Sie erinnerten ihre materialistisch gewordenen Zeitgenossen daran, dass, solange die Natur selbst noch göttlich war, mit den Gaben der Natur nicht ungestraft geaast werden durfte, und dass ein aufgeklärter Umgang mit der Umwelt im Sinne des Tier-, Natur- und Gesundheitsschutzes auch in modernen Zeiten angebracht war und ist.

Das so schwer und kompliziert anzubauende Getreide, *das Korn*, das eine zukunftsträchtige Vorratswirtschaft erlaubte, galt in vielen Religionen und den meisten Ackerbaukulturen als heilig. In den römischen Opferritualen der klassischen Zeit war das Opfer von Gerste wahrscheinlich von den Etruskern und anderen Mittelmeeranrainern übernommen worden. Die römischen Götter zogen im Zweifelfall dem Bratenopfer einfache Grützegerichte vor. Im Zuge der Christianisierung Europas verblassten die antiken Götterscharen zu zwergenartigen Kobolden, die sich in die Märchen und Sagen verkrümelten, um existent bleiben zu können. Als kleine Gnome oder Hausgeister saßen sie im 19. Jahrhundert noch in diversen ländlichen oder zumindest sagenhaften Ecken und Winkeln. Als geschrumpfte Geistergötter, die sich alt geworden wie bei Maxim Gorkis Großmutter hinter dem Ofen wärmten, delektierten sie sich – und keineswegs nur weil vielleicht zahnlos geworden – noch zur Jahreswende viel lieber am süßen Brei als an einem Braten. Bis zur letzten Jahrhundertwende existierte in Skandinavien wie auch in Dänemark ein Brauch, dem zufolge man auf den Bauernhöfen zum Julfest oder zum Jahreswechsel dem Hausgeist, dem Nisse Puck oder wie er jeweils hieß, Getreidegrütze mit Milch und Butter an einen heimlichen Ort, im Stall oder am Hoftor hinzustellen hatte (vgl. Meyer-Renschhausen 1991).

Im Christentum hielten sich Reste des alten Glaubens, die den Frauen die entscheidenden Gesten überließen. In Bayern wird auf den Dörfern teilweise bis heute der Brotlaib angeschnitten, indem die Frau zunächst ein Kreuzeszeichen über ihm macht und es so segnet. Das Brot galt wie das Korn in Ackerbauerkulturen als *heilig* und deshalb durfte noch in den Generationen unserer Mütter und Großmütter niemand Brot einfach wegwerfen. Wenn man es selbst nicht mehr verspeisen konnte, musste zumindest ein Armer oder ein Vieh damit bedacht werden. In einigen Gesellschaften, u. a. bei den Römern der Antike, galt der Brauch, einen kleinen Rest auf dem Teller übrig zu lassen, als Opfer an die immer mit-mahlzeitenden Ahnen oder Götter. Mit derartigen Resten wurde dann auf dem Balkan im 19. Jahrhundert auf dem Lande das Feuer als *heiliges* Herdfeuer *genährt* (vgl. Schneeweis 1961). Der Mensch entkommt der Tatsache nicht, der Natur etwas entnehmen zu müssen, um leben zu können. Jegliches Essen setzt Töten voraus. Nicht nur Tiere, sondern auch Pflanzen wurden bei vielen Völkern als Verwandte oder als Vorfahren des Menschen gesehen. Bei den Maoris in Neuseeland etwa war jeder Essakt ein aggressiver Akt gegenüber der Natur. *Die Toten nähren die Lebenden* sagt das Sprichwort. Beim Ritual der Hauptmahlzeit des Tages erinnerte man sich nicht nur an Gott und die Heiligen, sondern auch an die irdischen Ahnen, die den Heutigen zum Leben verhalfen. Mircea Eliade (1907-1986) zeigt dies u. a. an den Ritualen der sibirischen Schamanenvölker, die sich beim Tier entschuldigen, bevor sie es töten. Die Religionswissenschaften haben uns zeigen können, dass beispielsweise Tabusitten in Polynesien die Menschen davor bewahrten, der Natur zu viel zu entnehmen (vgl. Meyer-Renschhausen 2002a: 121-151).

Das klassische Griechenland war eine Mischkultur, die aus mehreren zuwandernden Stämmen entstanden war. Es hatte von den Nomadenvölkern, die aus dem asiatischen Raum nach Griechenland eingewandert waren, das Tieropfer übernommen. Die wichtigsten Festen im klassischen Griechenland waren trotz der Bedeutung der Staatskulte mit ihren Tieropferritualen die geheimen Thesmorphorien, Opferfeste der Frauen. Nach entsprechenden Vorbildern aus Asien bestand das Fest aus dem Opfern kleiner Schweinchen an die Große Erd- und Fruchtbarkeitgottheit Demeter. Das Schwein war als das fruchtbarste Säugetier mit großer Intelligenz und als geniale Ergänzung einer häuslichen Kreislauflandwirtschaft Attribut und Weihetier der alten Fruchtbarkeitsgöttinnen der vorklassischen Religionen. Das Verbot vom Schweinefleischgenuss im Judentum und im Islam bezog sich historisch wahrscheinlich vor allem und zuallererst auf die Symboltiere der matriarchalen Fruchtbarkeit-Göttinnen Innana, Ischtar, Gaia, Demeter oder Persephone und wie sie sonst in den älteren Religionen Asiens, Ägyptens und später auch Europas geheißen haben mochten. Das exzentrische Fest zu Ehren der Demeter resp. Frucht-Hervorbringenden Erdgöttin, war nach Fastenzeiten samt Kasteiungsritualen ekstatisch überfordernd: eine Schwellen-Phase außerhalb der sozialen Zeit – betont Klaus-Peter Koepping (vgl. Koepping 1997: 1052ff). Ein Ritual, welches, wie Mircea Eliade erklärt, am Anfang jeder religiösen Handlung steht, bzw. sie im Kern ausmacht, und bei dem es eben um die Wiedergeburt durch rituelle Erneuerung geht (vgl. Eliade 1989) Deshalb waren die Männer in den steilen Fischbacher Alpen zu Ostern bereit, stundenlange Ab- und Aufstiege für das Einholen eines neu gesegneten Feuers auf sich zu nehmen. Und deshalb war es Peter Roseggers Großmutter so wichtig, dass es nicht ausgehen möge.

Umweltgeschichte: Die Rationalisierung der Küche

Ab Ende des 18. Jahrhunderts wurde das Feuerholz vor allem in den Städten so knapp, dass Physiker wie Benjamin Thompson (später Graf Rumford, 1753-1814) *Energiesparherde* erdachten, deren wesentliches Prinzip darin bestand, dass das Feuer in einem geschlossenen Raum unter eisernen Platten verschwand. In den Städten entstanden Beratungsstellen für holzsparendes Heizen, in Berlin wurde 1784 eine *Gesellschaft für Holzsparkunst* gegründet (vgl. Benker 1987 und Giedion

1984). Mit dem 19. Jahrhunderts änderte sich der Charakter des Herd-küchenraums daher in den meisten Städten – auf dem Lande vielfach erst sehr viel später – als sich die gemauerten *Kochmaschinen* durchsetzten, jene gemauerten/gekachelten Herde, wie sie in Berliner Altbauwohnungen noch vielfach zu finden sind. Das offene Feuer war nun unter Eisenringen verschwunden. Ein Rauchabzugs- und Schornsteinsystem verhinderte, dass der Qualm die Küche weiterhin schwärzen konnte. Wenig später kamen die eisernen, beweglichen *Sparherde* auf, die grundsätzlich mit einem Ofenrohr in den Schornstein mündeten und weit weniger Holz oder Kohlen für einen einfachen Kochvorgang verbrauchten. Gasherde wurden erst um 1900 allgemein gebräuchlich, Elektroherde in Europa erst nach 1945 erschwinglich.

Aus der Rußküche wurden gemütlich große Wohnküchen. Der bayrische Bauer stellte seine Schlafbank für den Mittagsschlaf gleich neben den Ofen. Die Berliner Mietshäuser des späten 19. Jahrhunderts kennen für arme Familien Einraum-Wohnküchenwohnungen. Als jedoch um 1900 das Wohnküchenphänomen aus hygienischen Gründen bekämpft wurde, trat in Wien der bekannte Architekt und Sozialist Adolf Loos (1870-1933) vehement für Wohnküchen in Arbeiter-Wohnungen ein, um den Kindern nicht unnötige Trennungen von ihren Müttern zuzumuten. Dass die Kinder zum warmen Herd mit seinem flackernden Feuer streben, empfand er als ihr natürliches Recht. Aber dann kam der Gasherd, die Flamme wurde kleiner, sein Backofen ersparte bis in die Mitte des 20. Jahrhunderts oft vom Hunger und mangelhaften Verdienstmöglichkeiten gequälten städtischen Unterschichten-Frauen den Gang in den Fluss (vgl. Andritzky 1992, Scheid 1992 und Stille 1992).

Die als Kochmaschinen gepriesenen Herde mit den eisernen Ringen erleichterten bereits seit Beginn des 19. Jahrhunderts das Kochen auf mehreren Feuern bzw. Platten. Damit wurden die alten, im allmählichen Garverfahren erstellten Suppen (engl. *Stew*=das langsam Gegarte), Grützen und Eintöpfe zum Armeleutegericht und somit tendenziell zum Verschwinden verurteilt. Und zwar, obwohl diese wenig zeitaufwendigen Topfgerichte ein schonendes Kochverfahren darstellen, welches den Lebensmitteln viele ihrer ursprünglichen Nährwerte erhält. Bald stand die *gutbürgerliche* Hausfrau vor ganz neuen Anforderungen an ihre Küchenkünste ohne ein Dienstmädchen ging es nicht mehr. Jedoch war nur in großen reichen Haushalten zudem das Geld für eine Köchin da, die unverheirateten Tanten und Töchter mussten mit anpacken. Denn das aus der höfischen Küche stammende mehrgängige *Menu* wanderte nun über die bürgerliche Restaurantkultur in die Privathaushalte ein und wurde im Verlauf des 19. Jahrhunderts zunehmend verbindlich. Es wurde für die bürgerliche Küche charakteristisch. Es bedeutete für die Hausfrauen und ihre Helferinnen eine ganz neue, so noch nie da gewesene Küchenfron. Die Prunkessen der Gründerzeit kannten vor allem bei den feierlichen Abendeinladungen tausenderlei Gänge und Finessen, die erst einmal erdacht und erstellt werden mussten. Geld kostete das standesgemäße Prunkessen ohnehin. Kein Wunder daher, dass Ende des Jahrhunderts gerade die Frauen der – wie man damals sagte – *gebildeten Mittelschichten* lebensreformerischen Rufen nach einem Zurück zu einer einfacheren Küchenkultur aufgeschlossen gegenüber standen. Besonders zur Hochzeit der Lebensreform-Bewegung kurz vor dem I. Weltkrieg waren die Feministinnen höchst interessiert, eine einfachere und damit meist auch gesündere Küchenkultur gegen die auf das Repräsentative versessene gründerzeitlichen Prunkküche durchzusetzen (vgl. Meyer-Renschhausen 2002a: 41-61). Aber erst die Krise im Zuge des I. Weltkriegs machte dies möglich. Während des Krieges war *Schmalhans* Küchenmeister, der Staat verwandelte das Gold seiner Bürger zu Eisen. Das Bürgertum als *Stand* verschwand. Die bürgerliche Hausfrau musste *Pensionisten* aufnehmen, um genügend Kartoffeln in die Suppe bekommen zu können. Die Phase des Nur-Hausfrauentum, der Hintergrundsarbeit zur Ermöglichung der gründerzeitlichen Kultur, war vorbei (vgl. Bock und Duden 1977).

Die Entzauberung der Kochkunst und das Verschwinden der Mahlzeit

Aber damit war auch der Prozess des Verschwindens von Küche und Mahlzeit angelegt. Indem die Küchen immer heller und weißer wurden, lösten sie sich quasi ins Nichts auf. Der letzte *Frauenraum*, jener zentrale Raum des Intimen und persönlichen Gesprächs, in der nicht nur die schöne Frau Seidemann mit ihren Nachbarn plauderte, war im Begriff zu verschwinden. Ursache war eine unzureichende Stadtplanung. Besonders die ungehemmte Spekulation mit Grund und Boden führte zu einer großen Wohnungsnot in den Städten des 19. Jahrhunderts. Arme Leute drängten sich zu vielen in zu kleinen feuchten, licht- und luftlosen Wohnungen. Das Ergebnis war grassierende Seuche. Folgerichtig wurden die Großstädte daher in der zweiten Hälfte des 19. Jahrhunderts von einer ersten – wenn man so will – *Ökowelle* erfasst. Ihre Protagonisten waren die Erfinder und Vertreter der bald so genannten Hygienebewegung. Die Kommunen, die weitere Choleraepidemien wie jene von 1832 (insbesondere in Nordamerika) und 1892 (besonders schlimm in Hamburg) verhindern wollten, sorgten im Anschluss daran für Kanalisationssysteme und sauberes Trinkwasser aus Wasserleitungen in allen Häusern. Die städtischen *Medicinalinstitute* schrieben Entlüftungen für Küchen vor sowie die Lage der Aborte an Außenwänden vor (in Berlin 1882). Frauenrechtlerinnen und Sozialreformer interessierten sich angesichts ernährungsbedingter Krankheiten für das Haushaltswissen der Frauen. Sie stellten neben zu geringen Löhnen besonders unter den IndustriearbeiterInnen, die eine gesunde Ernährung unmöglich machten, Wissensdefizite unter den Hausfrauen fest. Bei der Migration in die Stadt war das alte Wissen nicht mitgekommen. In der Stadt fehlte der jungen Frau die Phalanx der älteren Verwandtschaft, die sie fragen konnte, wenn ein Kind krank oder im Haushalt etwas schief ging (vgl. Bock und Duden 1977). Ärzte und Bauaufsicht begannen mit zunehmend verbindlich werdenden Regeln für Wohnungen und Küchen dagegen zu halten. Die neuen Normen vergällten manchen Familienmüttern schließlich das Bewirten von Gästen, weil anschließendes sofortiges Saubermachen zur Norm wurde. Stattdessen überboten sich bürgerliche wie proletarische Hausfrauen damit, ihre Küchenborte mit gehäkelten blütenweißen Spitzenarbeiten zu verzieren (vgl. Stille 1992). Auf ihnen waren paradoxerweise oft vormoderne Sinnsprüche zu lesen, die den Einzug der eiligen Moderne jedoch nicht mehr aufhalten konnten. *Fünf waren geladen, zehn sind gekommen, gieß Wasser zur Suppe, heiß' alle Willkommen* erinnert an das bedächtige Leben der Alten Gesellschaft, die für Gastfreundschaft noch Zeit hatte und sich nicht schämte, einfache Gerichte aufzutischen (vgl. Beitrag von Brigitte Hamburger in diesem Band). Stattdessen wurden die Küchen zu notorisch weißen Räumen, in denen eine Art klinische *Asepsis* oberstes Gebot wurde. Experten predigten den Frauen Normen und Einrichtungsformen aus der Industrie. Schließlich unterlagen die Hausfrauen einer notorischen Putzwut, die bis heute in Durchschnitts-Küchen keinerlei Spuren jüngst beendeter Kochorgien erlaubt.

Die Hausfrau war zu einer Art Anhängsel der Ärzte und Chemiker, der neuen *Götter in Weiß* Geworden (vgl. Scheid 1992). Sie verlor damit die Wertschätzung, die sie als *Frau des Hauses* genossen hatten. Mit ihrer alten Selbständigkeit und ihrem mündlich tradierten Ernährungs- und Kochwissen sowie dem Arbeiten in Gruppen und als Forschungsobjekte der Tayloristen und Ergonomen verlor sie schließlich die Lust am Kochen. Denn die dermaßen um ihre Künste, Geheimnisse und Gefahren gebrachte Ernährungskultur machte aus der Küche einen öden Ort.

Kein Wunder daher, dass die Frauenbewegung der Jahrhundertwende sich für einfache Volksküchen einsetze und für eine neue Anerkennung des Hausfrauenberufs. Frauenrechtlerinnen und Lebensreformer traten für Kantinen für Arbeiter und / oder für Einküchenhäuser ein. Die Frauenbewegung diskutierte um 1900 so etwas wie Lohn für Hausarbeit und konnte damit schließlich – in Preußen 1908 – die Professionalisierung der Hauswirtschafterin und Hauswirtschaftslehrerin durchsetzen. In einigen Ländern wie Bremen wurde für Mädchen ein zusätzliches Schuljahr eingeführt, das die weibliche Jugend mit Haushaltswissen ausstatten sollte, zwecks weiserer Haushaltsführung nebst Ernährungswissen mit Aussichten auf eine bessere Bezahlung als Dienstbotin. Erst sehr viel später wurde aus dieser ersten Anerkennung der Hauswirtschaft als Profession ein Diplomstudiengang an Fachhochschulen, das Studium der *Ökotrophologie*, wie es heute heißt (vgl. Meyer-Renschhausen 1989).

Manche neue Frau der 20er Jahre wurde als Erwerbstätige auch Freundin der durchrationalisierten *Frankfurter Küche* der Wiener Architektin Grete Schütte-Lihotzky (1897-2000). Die winzige Frankfurter Küche erlaubte der nun auf eine Art *Einmannbetrieb* reduzierten Hausfrau schnell zu Ergebnissen kommen zu können. Grete Schütte-Lihotzky, Schülerin des bereits erwähnten Sozialisten Loos, wollte mit ihrer Kleinküche jeder Frau und zwar auch Geringverdienenden eine eigene Wohnung mit Küche ermöglichen. Ihre Kleinküche war vom Ess-Wohnraum nur durch eine Falttür getrennt, die bei Bedarf jederzeit geöffnet werden konnte (vgl. Schütte-Lihotzky 2004). Um das Wegsperren der Hausfrauen ging es ihr nicht. Spätere feministische Architektinnen wie Myra Warhaftig (1978) nahmen diese Ideen wieder auf und entwarfen integrierte Wohnraum-Küchen. Problematisch war das Spardiktat des sozialen Wohnungsbaus, in dessen Rahmen haushaltsunkundige männliche Architekten Küchen entwarfen, die vom Wohn-Essraum durch eine Wand getrennt war. Schnippelhilfen durch die Kinder waren darin kaum noch möglich. Eine Küche zum *Abgewöhnen*, die nun kleiner als eine Gefängniszelle war, wie die Frauenbewegung polemisch meinte. Mit den Wohnküchen verschwanden die gemeinsam mit anderen ritualisiert eingenommenen Mahlzeiten.

So geht die moderne Gesellschaft ergeben in Wirtshäuser und Imbisslokale und lässt sich dort servieren, was im Wesentlichen nur zum Verkauf produziert worden ist. Notwendigerweise müssen die Menschen ignorieren, dass entsprechend einer alten, in Asien bis heute noch gültigen Weisheit, *der Mensch ist, was er isst*. Heute also sind wir konfrontiert mit den Ergebnissen einer Expertenkultur, die vor allem auf marktwirtschaftliche Verwertung schaut und dabei auf den Menschen in seiner *Leibhaftigkeit*, als ein *natürlich* auf geheimnisvolle Weise funktionierendes Lebewesen, kaum Rücksicht nehmen kann.

Die Schwachstelle der Expertenkultur ist ihre Einseitigkeit. Um zu messbaren Ergebnissen kommen zu können, müssen Nebensächlichkeiten ausgeblendet werden. Um zu einem Erfolg kommen zu können, muss die Versuchsanordnung eines Chemikers alle Nebenaspekte außer Acht lassen. Die Gesellschaft ersetzt, die wie u. a. der nordamerikanische Architekturhistoriker Mumford polemisch meinte, die Theologie durch Technologie und läuft so Gefahr, die Zweiseitigkeit der Dinge bzw. die extreme Komplexität natürlicher Vorgänge sowie den Tod zu verdrängen. So konnte eine Wirtschaftsweise entstehen, die bis heute trotz für die Allgemeinheit immer kostspieliger werdenden Umweltzerstörungen die Notwendigkeit der Arbeiten von Hausfrauen und Bauern kaum anzuerkennen vermag. Eine Denkweise, die von ausgewogenen Verhältnissen von Einzelversuch und Synthese, von Alltagswelt und Wirtschaft, zwischen Handwerk und Ingenieurskunst, bäuerlicher Landwirtschaft und industrieller Lebensmittelverarbeitung kaum noch etwas wissen will. Mit dem Abschaffen der Küchen aus der Architektur und der Möglichkeit, zusammen eingenommenen Mahlzeiten als tagtäglichem kleinen Ritual genießen zu können, opfern die Politik unsere Leiblichkeit, unser psychisches wie physisches Wohlergehen einer alles verschlingenden Privat-Wirtschaft. Und zwar obwohl die bundesdeutschen Ernährungsberichte schon seit 1988 über ein Drittel der Krankheiten als ernährungsbedingt klassifizieren. Es ist wahrscheinlich kein Wunder, dass eine maßgebliche Gesellschafts-Kritik heute besonders von Künstlerinnen und Künstlern ausgedrückt wird. Kunst kann die Bedeutsamkeit der Proportionen nicht verdrängen, da erst die relative Verhältnismäßigkeit zum Idealmaß führt. Wer einmal selber einen Kuchen gebacken hat, wird wissen, daß es auf das richtige Verhältnis zwischen Mehl, Milch, Eiern und Butter ankommt, damit das Erwünschte gelingt (vgl. Breuß 1999).

Schlussbemerkung

Mit dem alten Denken in Proportionen und Analogien verschwand das Wissen von der richtigen Dosis in der Kochkunst. So als ob sich die Schieflage, die wir gesellschaftlich erleben, zwischen einem immer größer werdenden Reichtum auf der einen Seite und einer immer größeren Not auf der anderen, sich auch in unser Denkvermögen einschleichen würde. Zunehmend mehr Bürgerinitiativen kämpfen mit den krankmachenden Folgen einer renditegetriebenen Gigantomanie in der industriellen Landwirtschaft. Das Gesundheitssystem krankt an einer überproportionalen Zunahme ernährungsbedingter Krankheiten. Mit dem

Bewusstsein von einer Kochkunst des richtigen Zueinander der Zutaten verschwindet offenbar auch der Sinn für die Endlichkeit der Erde selbst. Die neue Gegenbewegung, die etwa in wilden Kastenbeeten auf dem Tempelhofer Feld gärtnert und in Projekten wie dem *Allmende-Kontor* an die alte *Institution der Gemeindewiese* erinnert, ist daher quasi eine fast naturnotwendige Reaktion auf Einseitigkeiten der gesellschaftlichen Entwicklung. Jugendliche sind bereit nomadischen lokal-vegetarischen Köchen wie Wam Kat[4] über Kilometer nachzureisen, um im Rahmen einer *Schnippelparty* das Gemüse für Demonstrationszüge gegen Massentierhaltung, zu schneiden. Sie sind diejenigen gesellschaftlichen Akteure, deren verblüffend plötzliches Auftreten uns als Einspruch gegenüber der Dynamik eines über alle Maßen gierig gewordenen Kapitals letztlich unmittelbar einleuchtet. Auch wenn wir zu Recht manche Einseitigkeiten mit denen immer mehr Menschen aus ethischen Gründen den Vegetarismus oder den sogar Veganismus predigen, wenig zu schätzen vermögen, leuchtet die Gegenbewegung ein. Tatsache ist: Es entzückt nicht nur die Zeitungswelt, dass immer mehr Junge mitten in den Städten Nutzgärten anlegen und miteinander Gemüse ziehen. Auch zunehmend mehr Wissenschaftlerinnen oder andere Großstadtbesucher sind fasziniert, dass eine Gemeinschaftsgartenkultur Zeichen setzt, die mit der Buddelei im Grünen auch das sinnliche Erleben im Alltag, das Kochen als haptische Erfahrung und die Mahlzeit als kleines Ritual rehabilitiert.

Literatur

Andritzky, Michael (Hrsg.) 1992. *Oikos – Von der Feuerstelle zur Mikrowelle. Haushalt und Wohnen im Wandel.* Katalogbuch zur gleichnamigen Ausstellung in Stuttgart Mai-August 1992. Anabas, Gießen.

Bauman, Zygmunt 1995. *Moderne und Ambivalenz.* Fischer, Frankfurt am Main.

Benker, Gertrud 1987. *In alten Küchen.* Callwey, München.

Bianconi, Piero 1999. *Der Stammbaum – Chronik einer Tessiner Familie.* Insel, Frankfurt a.M.

Bock, Gisela und Barbara Duden 1977. Arbeit aus Liebe – Liebe als Arbeit. In *Frauen und Wissenschaft – Beiträge zur Berliner Sommeruniversität für Frauen*, Juli 1976. Courage, Berlin: 119-199.

---

4 Wam Kat ist ein holländischer Aktivist, der sich in Brandenburg niedergelassen hat und auf Großveranstaltungen für alternative Lebensentwürfe kocht (vgl. http://www.taz.de/!97374/ (25.01.2014).

Böhme, Gernot 1997. Natur. In Christoph Wulf (Hrsg.) *Vom Menschen – Handbuch historische Anthropologie.* Beltz, Weinheim und Basel: 92-116.

Böhme, Hartmut 1997. Elemente – Feuer, Wasser, Erde, Luft. In Christoph Wulf (Hrsg.) *Vom Menschen – Handbuch historische Anthropologie.* Beltz, Weinheim und Basel: 17-46.

Breuß, Renate 1999. *Das Maß im Kochen – Mengen und Maßangaben in Kochrezepten von der Antike bis zur Einführung der metrischen Maße im 19. Jahrhundert und deren Parallelität zu künstlerischen Gestaltungsprinzipien.* Studien Verlag, Innsbruck.

Duden, Barbara und Karin Hausen 1978. Gesellschaftliche Arbeit – geschlechts-spezifische Arbeitsteilung. In Annette Kuhn (Hrsg.) *Frauen in der Geschichte.* Schwann, Düsseldorf: 11-33.

Eliade, Mircea 1989. *Die Sehnsucht nach dem Ursprung.* Suhrkamp, Frankfurt a. M.

Eliade, Mircea 2001. *Schamanismus und schamanische Ekstasetechnik.* Suhrkamp, Frankfurt a..M.

Fél, Edit 1972. *Bäuerliche Denkweise in Wirtschaft und Haushalt: Eine ethnographische Untersuchung über das ungarische Dorf Átány.* Schwartz, Göttingen.

Gamerith, Anni 1988. *Speise und Trank im südoststeirischen Bauernland. Grazer Beiträge zur Europäischen Ethnologie Bd. 1.* Akademische Druck- u. Verlagsanstalt, Graz.

Heindl, Bernhard 1997. *Einwärts – Auswärts. Vom Hegen der Erde.* Edition Löwenzahn, Innsbruck.

Kaller-Dietrich, Martina und Annemarie Schweighofer-Brauer 2001. *Frauen Kochen – Kulturhistorisch-anthropologische Blicke auf Köchin, Küche und Essen.* Studienverlag, Innsbruck.

Kamper, Dietmar und Volker Rittner (Hrsg.) 1976. *Zur Geschichte des Körpers.* Hanser, München/Wien.

Katalyse Umweltgruppe Köln e.V. (Hrsg.) 1981. *Chemie in Lebensmitteln.* Zweitausendeins, Frankfurt.

Koepping, Klaus-Peter 1997. Fest. In Christoph Wulf (Hrsg.) *Vom Menschen – Handbuch historische Anthropologie.* Beltz, Weinheim und Basel: 1048-1066.

Kriss-Rettenbeck, Ruth 1981. Am Leitfaden des weiblichen Leibes. In *Bayrische Blätter für Volkskunde,* 8./1981, Heft 9: 163-182.

Leitzmann, Claus und Wolfgang Sichert 1987. Alternative Lebensmittel – Alternative Ernährung. In *Ernährung heute und morgen. Beiheft der Ernährungs-Umschau, Schriftenreihe der AGEV Bd. 5,* 34. Jg.: 41-45.

Meyer-Renschhausen, Elisabeth 1989. *Weibliche Kultur und Sozialarbeit: eine Geschichte der Frauenbewegung am Beispiel Bremens 1810-1927.* Böhlau, Köln, Wien.

Meyer-Renschhausen, Elisabeth (Hrsg.) 2002a. *Der Streit um den heißen Brei – Zu Ökologie und Geschlecht einer Kulturanthropologie der Ernährung.* Centaurus, Herbolzheim.

Meyer-Renschhausen, Elisabeth 2002b. Ökologische Vernunft im polynesischen Denken. In Dies. (Hrsg.) *Der Streit um den heißen Brei – Zu Ökologie und Geschlecht einer Kulturanthropologie der Ernährung*. Centaurus, Herbolzheim: 121-151.

Meyer-Renschhausen, Elisabeth 2010. Das Ende der Tafelrunde. In Andreas Heistinger und Daniela Ingruber (Hrsg.) *Esskultur – Gutes Essen in Zeiten mobiler Zutaten*. Mandelbaum, Wien: 24-45.

Mies, Maria und Vandana Shiva 1995. *Ökofeminismus – Beiträge zur Praxis und Theorie*. Rotpunkt, Zürich.

Müller, Klaus E. 2003. *Nektar und Ambrosia – Kleine Ethnologie des Essens und Trinkens*. C.H. Beck, München.

Pollmer, Udo 2013. „Der Appetit ist die moderne Erbsünde". In *Zeit Online 11.06.2013*, URL: http://www.zeit.de/lebensart/essen-trinken/2013-06/ernaehrung-diaeten (25.1.2014).

Rosegger, Peter K. 1881. *Das Volksleben in der Steiermark in Charakter und Sittenbildern*. Hartleben's Verlag, Wien.

Rosegger, Peter 1994. *Als ich noch der Waldbauernbub war*. Reclam, Stuttgart.

Reiter, Rayna Rapp 1975. Men and Women in the South of France – Public and Private Domains. In Dies. (ed.) *Towards an Anthropology of Women*. Monthly Review Press, New York and London: 252-283.

Scheid, Eva 1992. Heim und Technik in Amerika. In Michael Andritzky u. a. (Hrsg.) *Oikos – Von der Feuerstelle zur Mikrowelle – Haushalt und Wohnen im Wandel*. Anabas, Gießen: 86-92.

Schneeweis, Edmund 1961. *Serbokroatische Volkskunde*. de Gruyter, Berlin.

Schneider, Manuel et.al. (Hrsg.) 1995. *Zeit-Fraß, Zur Ökologie der Zeit in Landwirtschaft und Ernährung*. Politische Ökologie, Sonderheft 8. München.

Schütte-Lihotzky, Margarete 2004. *Warum ich Architektin wurde*. Residenz-Verlag, , Salzburg.

Segalen, Martine 1990. *Die Familie – Geschichte, Soziologie, Anthropologie*. Campus, Frankfurt a.M./New York/ Paris.

Stille, Eva 1992. Von der dunklen zur hellen Küche – Geschichte von Küchen und Puppenküche bis 1900. In Michael Andritzky u. a. (Hrsg.) *Oikos – Von der Feuerstelle zur Mikrowelle – Haushalt und Wohnen im Wandel*. Anabas, Gießen: 63-75.

Szczypiorski, Andrzej 1988. *Die schöne Frau Seidenman. Aus dem Polnischen*. Diogenes, Zürich.

Tanner, Jakob 1999. *Fabrikmahlzeit – Ernährungswissenschaft, Industriearbeit und Volksernährung in der Schweiz 1890-1950*. Chronos, Zürich.

Verdier, Yvonne 1982. *Drei Frauen – Das Leben auf dem Dor*. Klett-Cotta, Stuttgart.

Vernant, Jean 1996. *Der maskierte Dionysos – Stadtplanung und Geschlechterrollen in der griechischen Antike*. Klaus Wagenbach Verlag, Berlin.

Warhaftig, Myra 1978. *Die Behinderung der Emanzipation der Frau durch die Wohnung und die Möglichkeit zur Überwindung*. Diss. Technische Universität Berlin.

Wiedemann, Inga 1993. *Die Herrin im Hause – Durch Koch und Haushaltsbücher zur bürgerlichen Hausfrau*. Centaurus, Paffenweiler.

Wohlgemuth, Martha 1913. Die Bäuerin in zwei badischen Gemeinden, Dissertation Freiburg. In Badische Hochschule (Hrsg.) *Volkwirtschaftliche Abhandlungen der Badischen Hochschulen*, Heft 20, Braunsche Hofbuchdruckerei, Karlsruhe.

Wunder, Heide 1992. *„Er ist die Sonn', sie ist der Mond" – Frauen in der frühen Neuzeit*. H.C. Beck, München.

Ohne Ernährungsbildung keine Ernährungssouveränität.
Die Arbeit der Sarah Wiener Stiftung (SWS) – „Für gesunde Kinder und was Vernünftiges zu essen"

Georg Eysel-Zahl[1]

E-Mail: eysel-zahl@web.de

Zusammenfassung. Die FAO spricht inzwischen von über einer Milliarde hungernder Menschen weltweit – Tendenz steigend –, weshalb Ernährungssicherung ein bedeutendes Thema ist. Eng daran gekoppelt ist die Ernährungssouveränität: die Menschen und die Regierungen der sogenannten Dritten Welt sollen selbst entscheiden können, welcher Anteil ihrer Agrarproduktion für den Export, wie viel für ihre Selbstversorgung dienen soll; ebenso, welche Lebensmittel bzw. Agrarerzeugnisse dies sein sollen. Davon sind die *armen* Länder weit entfernt (vgl. z. B. Egger et al. 1995, Eysel 1999).

In der Überzeugung der Souveränität der *hochentwickelten Ersten Welt* wollten wir eines zu lange nicht wahr haben: dass der Bevölkerung auch hierzulande die Fähigkeit und die Möglichkeit zur Selbstbestimmung ihrer täglichen und gesunden Ernährung durch die Nahrungsmittel verarbeitende Industrie stetig und werbungsgestützt entzogen wird.

Aufgrund der Zunahme des Übergewichts und der damit verbundenen Folgeerkrankungen – auch schon bei Kindern und Jugendlichen – wird dies einem langsam wachsenden Teil unserer kritisch beobachtenden Bürger bewusst.

Es entstehen Gruppen und Organisationen, die gegen diese Entwicklung aufklärend Widerstand leisten. Man denke etwa an die *Slow Food*-Bewegung, die gemeinnützige Organisation *Foodwatch e. V.* oder die Verbraucherzentralen. Einen sehr praktisch angelegten Weg, der es

---

[1] In dankbarer Erinnerung an meinen unvergleichlichen Mentor Prof. Dr. Kurt Egger (†2012) für prägende Jahre und die Ergänzung weit schauender Aspekte bei der Entstehung dieses Textes.

nicht bei theoretischer Aufklärung belassen will, beschreitet die TV-Köchin und Unternehmerin Sarah Wiener mit ihrer Stiftung, deren Arbeit hier vorgestellt wird.

Dabei beginnt die Ernährungsbildung mit dem Erleben nachhaltiger, ökologischer Produktion; im Mittelpunkt stehen stets mehrwöchige Koch- und Ernährungskurse für Kinder und Jugendliche aller Schulformen und Kitas, welche durch die LehrerInnen und ErzieherInnen durchgeführt werden. Diese wurden zuvor als MultiplikatorInnen durch die Stiftung weitergebildet. Die Impulse dieses Ansatzes strahlen inzwischen bis in die Elternhäuser aus und verändern teilweise das Ernährungsangebot im Schulkiosk, beim Schul-Bäcker und in der Mensa.

Schlüsselwörter. Ernährungsbildung. Ernährungssouveränität. Kochkurse. Bio-Landbau. Öko-Landbau. Sarah Wiener Stiftung.

Die Ausgangslage

Ernährungssicherung ist ein wichtiges Thema, ist doch jedem unmittelbar deutlich, dass ohne diese Hunger oder gar das Verhungern drohen. Kalorien zu zählen um Welternährung zu sichern, liegt daher nahe.

Dagegen ist der Begriff der Ernährungssouveränität differenzierter zu betrachten. Er hat in unseren Breiten eine andere Bedeutung als für die Länder der sogenannten Dritten Welt. Bei uns sind die Supermärkte seit Jahrzehnten zuverlässig voll mit einer schier unüberschaubaren Vielfalt an gesunden und weniger gesunden Lebensmitteln aus nahezu allen Ländern der Welt. Jedes Jahr kommen ca. 30.000 sogenannte *Innovationen*, also neue Produkte, hinzu. In der Regel sind sie hochgradig verarbeitet und häufig äußerst lange haltbar. Dies ist immer ein Indiz für niedrige Nährstoffgehalte und ein hohes *Zu*: zu viel Zucker, zu viel Fett, zu viel Aromastoffe, zu viel Geschmacksverstärker etc. Die privat organisierte Lobby der Lebensmittelindustrie verdient hier auf Kosten der gesundheitlichen Zukunft unserer Gesellschaft – und ist nach eigenen Angaben angeblich selbst nicht zufrieden mit dieser Rolle. Wer ist schon gerne der Buhmann und in Verteidigungshaltung?

Dahinter verbirgt sich ein Bündel an Fragen: wie und wo wird diese Vielfalt produziert? Welche Belastungen entstehen bei der Produktion, beim Transport und der Verarbeitung? Werden faire Preise für die Arbeit bezahlt, und wer verdient übermäßig viel?

Ein Bewusstsein dafür, dass für eine qualitativ gute Ernährung – die also weit über das quantitative Zählen von Kalorien hinausgeht – bestimmte Voraussetzungen gegeben sein müssen, die allein durch das

Vorhandensein vielfältiger Lebensmittel auf den Märkten nicht per se erfüllt sind, entsteht in den wohlhabenden Ländern erst allmählich. Dieses Bewusstsein existiert etwa in Teilen unserer bürgerlichen Bildungsschicht, die diesbezüglich als privilegiert bezeichnet werden kann, sowie in Berufsgruppen, die am Thema arbeiten. Allen voran sind dies auf wissenschaftlich-praktischer Seite die Ökotrophologen sowie ein ausgewählter Kreis progressiver Köchinnen und Köche.

Für den überwiegenden Rest unserer Bevölkerung, zumal der städtischen, gilt: traditionelle Kenntnisse und Fähigkeiten für gesundes, schmackhaftes Kochen und Essen verschwinden rapide. Gemeinsame Mahlzeiten im häuslichen Kreis weichen der *Fast Food*-Schnell-Imbiss-Abfütterung in den kurzen Arbeitspausen. Daran können zunächst auch viele gute, aufklärende Sendungen und Berichte der Medien wenig ändern. Zumal sie im Überangebot an Informationen unserer Mediengesellschaft nur schwer Gehör finden (*pluralistische Turbulenz*).

Daher existiert eine Gleichberechtigung im Sinne eines einheitlich und gerecht verteilten Zuganges zu einer gesunden Ernährung – zusammen mit ausreichender Bewegung als wesentliche Voraussetzungen für Gesundheit – derzeit nicht. Im Gegenteil: in Deutschland sind Bildung und Gesundheitszustand eng gekoppelt (siehe unten), beim Thema Übergewicht sind wir derzeit (2012) europäischer Spitzenreiter und haben damit sogar Großbritannien überholt – die langjährige Nummer eins.

Tatsächlich nimmt die Ernährungssouveränität bei den Schwächsten der Gesellschaft, den Kindern und Jugendlichen, den weniger gebildeten Schichten und den älteren Menschen, die sich nicht mehr selbst versorgen können, ab. Dies steht in eklatantem Widerspruch zur UN-Kinderrechte-Charta, die einen gleichberechtigten Zugang zu selbst bestimmter Gesundheit als Grundrecht für Kinder fordert – was auf Erwachsene auszudehnen wäre. Gartenarbeit beispielsweise, als ein wichtiger Baustein, an dem Kinder und Jugendliche Anfang (Erzeugung) und Ende (Konsum) wenigstens symbolisch und beispielhaft erfahren können, ist für die Mehrheit out.[2]

Auf der anderen Seite ist es ein Irrtum zu glauben, die besonders Wohlhabenden lebten besonders gesund: auch sie werden Opfer der *heimlichen Verführer* mit verlockenden und nicht gesundheitlich moti-

---

[2] Ausnahmen sind im urbanen Gartenbau zu finden, die in vielen Städten einen beachtlichen Zulauf zu verzeichnen haben. Auch Schrebergärten haben wieder Zulauf durch junge Familien. In einigen Städten gibt es Wartezeiten für die Parzellen (Anm. d. Hrsg.).

vierten Angeboten, zumal ihnen oft die Zeit für eine selbstbestimmte Ernährungszubereitung fehlt. Deutschland sei das Land mit den teuersten Küchen und der geringsten Zeit um darin zu kochen, liest man immer wieder.

Diese zunächst kaum merklichen, in ihren gesellschaftlichen Auswirkungen aber dramatischen Umstände bewegten die ernährungspolitisch engagierte *TV-Köchin*, Unternehmerin und Buchautorin Sarah Wiener Ende 2007 zusammen mit Dr. Alfred Biolek und Freunden zur Gründung der Sarah Wiener Stiftung (SWS) – „Für gesunde Kinder und was Vernünftiges zu essen". Diese ist als gemeinnützig und mildtätig anerkannt.

Sarah Wiener tritt mit dem Anspruch an, Kindern und Jugendlichen wieder die Kontrolle über den eigenen Körper zurück zu geben und ihnen die Welt der Geschmacksvielfalt mit viel Kompetenz und Spaß an gesunder Ernährung näher zu bringen.

In enger Anlehnung an die erwähnte UN-Kinderrechte-Charta ist Sarah Wiener der Meinung, dass jedes Kind, egal welcher sozialen Herkunft oder Nationalität, ein Recht darauf hat, gesund ins Leben zu starten.

Projekt- und Bewusstseinsarbeit sind dringend nötig – eine soziale und politische Aufgabe (vgl. z. B. Eberle et al. 2006). Das humanökologische Dreieck Mensch-Umwelt-Gesellschaft (Glaeser 1989) wird durch die Erweiterung um die Innenwelt – mit unserem Motivationsbereich – zum Viereck. Die Arbeit der SWS tangiert genau diese vier Bereiche. Dies ist besonders leicht am Thema Landwirtschaft und Ernährung zu demonstrieren, da einerseits jeder essen muss und andererseits Landwirtschaft immer an der Schnittstelle Mensch-Natur-Kultur stattfindet.

Unsere Innenwelt, unsere inneren *Weltbilder* – speziell in Bezug auf unser Verhältnis zu Natur- bzw. Kulturlandschaft – beeinflussen innerhalb der gesellschaftlich vorgegebenen Rahmenbedingungen unsere Art der Bewirtschaftung und Pflege der Agrarlandschaft mit den umgebenden, teilweise geschützten Naturräumen.

Bei der Bildungsarbeit der Sarah Wiener Stiftung geht es daher, bezogen auf die *Multiplikatoren* Lehrer-/ErzieherInnen, auch um Wiederbelebung verschütteter innerer Bilder durch das Erleben von realer, gesunder, genussvoller Ernährung und vielfältiger Erzeugung in sozialer Gemeinschaft. Bezogen auf die eigentliche Zielgruppe, die Kinder und Jugendlichen, geht es oft um erste Erlebnisse in diesem Bereich. Doch wie sieht die aktuelle Ernährungssituation von Kindern und Jugendlichen aus, und in welcher Weise versucht die Stiftung konkret Hilfe anzubieten?

Laut verschiedener wissenschaftlicher Erhebungen (vgl. z. B. Kiggs-Studie des Robert-Koch-Instituts 2003-2006, www.kiggs.de) hat das Übergewicht von Kindern und Jugendlichen in Deutschland in den letzten 20 Jahren um ca. 50% zugenommen, Adipositas (extremes Übergewicht mit BMI[3] >30) sogar um mehr als 200%. Inzwischen ist jedes sechste Kind/Jugendlicher mehr oder weniger stark übergewichtig (15% = 2 Mio.) – Tendenz steigend. Adipös sind etwa 6% = 800.000. Eine aktuelle Studie der US-amerikanischen International Association for the Study of Obesity (IASO) aus dem Jahr 2010 zeigt die neue Spitzenreiterrolle Deutschlands im Bereich Übergewicht im Querschnitt aller Altersgruppen (www.bmbf.de/de/1033.php). Der Genuss von Früchten, Rohkost und Obstsäften geht zugunsten viel zu süßer Getränke und Snacks zurück, die häusliche Zubereitung von frischen Speisen weicht industrieller Fertigkost, wobei deren Zutaten, Herkunft und Zubereitung kaum noch zu erkennen sind. Supermärkte haben inzwischen Lupen an ihren Einkaufswagen angebracht, damit die Verbraucher die viel zu klein gedruckten Inhaltsstofflisten auf den Verpackungen entziffern können – doch wer macht sich die Mühe? Zumal die Referenzgrößen, auf die sich diese Angaben beziehen, bisher nicht genormt sind, eine Vergleichbarkeit also nur durch komplizierte Rechnungen möglich ist. Die Einführung der umstrittenen europäischen Ampelkennzeichnung hätte hier einfache Abhilfe geschaffen – zu Ungunsten der in Brüssel und Berlin äußerst einflussreichen Lebensmittellobby.

Zuckerersatzstoffe wie Saccharin bieten keine Abhilfe, im Gegenteil: sie sind laut EU-Verordnung in der Ferkelfütterung als *Appetit anregende Stoffe* gekennzeichnet. Gewichtszunahme wurde in Versuchen auch bei der Zugabe von Aromastoffen beobachtet, welche unsere Lebensmittel inzwischen überfluten und damit unsere Geschmacksnerven und zugeordneten Bereiche im Gehirn verwirren und konditionieren (vgl. Grimm 2008). Kein Wunder also, dass Kinder nach jahrelanger Konditionierung durch die Lebensmittelindustrie ein künstlich aromatisiertes Jogurt dem natürlichen mit echten Erdbeeren vorziehen und Gemüserohkost zunächst als fad empfinden. Es dauert Wochen der Schulung, bis das Gehirn in der Lage ist, feinere Geschmacksnuancen überhaupt wieder wahrzunehmen und dann auch noch mit positiven Erfahrungen zu verknüpfen (Motivation zur Handlungsänderung). Neben der Vielfalt an natürlichen Produkten – bis hin zu Kulturpflanzensorten und Nutztierrassen – geht also auch die Vielfalt der Geschmackswahrnehmung verloren. Neurobiologische Erkenntnisse zeigen, dass diese in

---

[3] BMI = Body-Mass-Index

genau jenem Gehirnbereich repräsentiert ist, in dem unsere ethisch-moralischen Einstellungen gespeichert werden. Gibt es hier möglicherweise Zusammenhänge zu unserem Verhalten?

Neben der Zahl der Übergewichtigen steigt auch die Zahl der Magersüchtigen (bisher vor allem junge Frauen) ebenfalls stark an und hat inzwischen auch die jungen Männer erreicht. Zwischen diesen Extremen liegen alle Formen von Fehl- und Mangelernährung, die äußerlich oft nicht sichtbar sind. Allen diesen Fehlentwicklungen ist eines gemeinsam: ein gestörtes Verhältnis zum Essen verbunden mit einem Mangel an praktischer Kompetenz in diesem Bereich. Häufig wird Essen problematisiert und sogar als Suchtmittel missbraucht. Kein Wunder fast, da der Werbeetat der Lebensmittelindustrie den der Automobilindustrie noch übersteigt.

Neben schweren gesundheitlichen Risiken und Schäden, wie z. B. kardiovaskulären Krankheiten, Diabetes Typ II, Gelenkerkrankungen, metabolischem Syndrom etc., gehen mit dem Verlust der Kochfertigkeit auch essentielle feinmotorische und soziale Betätigungsfelder verloren: die gemeinsame Zubereitung und der Genuss des Essens aus frischen Zutaten am Esstisch als zentraler Kommunikationspunkt im Tageslauf, z. B. bei Familien. Wir verlieren derzeit das Kochen als eines unserer ältesten Kulturgüter, verbunden mit dem zugehörigen Wissen um gesunde Lebensmittel und deren Erzeugung, innerhalb von zwei bis drei Generationen. Und wenn man nicht mehr weiß, auf was für eine Art von intakter Umwelt eine nachhaltige Lebensmittelerzeugung angewiesen ist, dann kann man seine Kaufentscheidung nicht mehr in eine nachhaltigere Richtung verschieben. Wir wissen nicht mehr, was wir vermissen sollten – und vermissen es in Folge nicht. Ein Teufelskreis gerät in Bewegung. Wissenschaftler und Verbraucherschützer fordern daher nicht ohne Grund, das Thema Ernährungsbildung als Pflichtfach in Schulcurricula zu implementieren – sozusagen zur *praktischen Lebenstüchtigkeit*.

Immer mehr Familien gerade aus bildungsferneren Schichten haben keine Küche und keinen Esstisch mehr. Die Eltern können ihren Kindern nicht mehr weiter geben, was sie bereits selbst nicht gelernt haben. So sind die Erfahrungen in den Koch- und Ernährungskursen der Sarah Wiener Stiftung häufig ganz neu für die Kinder.

Zielgruppe und Ziele

Nehmen wir die globale Dimension in die Betrachtung auf: für die Milliarde Hungernder in der Welt ist die Ernährungssicherung nicht durch

Almosen zu erreichen, sie muss viel mehr mit Ernährungssouveränität gekoppelt werden. Dies setzt Produktionssicherheit der kleinbäuerlichen Bevölkerung auf der Basis traditionellen Wissens voraus, enthält diese doch den impliziten Schatz der Erfahrung für ökologisch nachhaltige und gesunde Produktion. Wenn wir aber den Blick für diese Zusammenhänge schon bei uns verlieren, wird uns die Kompetenz für Problemlösungen in der dritten Welt erst recht fehlen. Ein weiterer, sehr wichtiger Grund, unsere eigene wohl genährte Situation nicht aus dem Auge zu verlieren.

Man kann nun viele Wege beschreiten um an der beklagenswerten Situation im Inland etwas zu ändern: thematische Gesprächsrunden initiieren, VHS-Kurse anbieten, das Thema in Fernsehsendungen bekannter machen. Die Stifterin Sarah Wiener ist überzeugt, dass kochen nur durch kochen erlernt werden kann. Zunächst sondierte die Stiftung den *Projektmarkt* auf diesem Gebiet eingehend und führte Gespräche mit thematisch zuständigen Bundesministerien und WissenschaftlerInnen, um den tatsächlichen Bedarf zu ermitteln. Dabei entstand der Eindruck, dass es neben Kampagnentätigkeiten (v. a. Foodwatch e. V.), Kulturförderung im Bereich des Essens (z. B. Slow-food) und durch Printprodukte geprägter Aufklärungsarbeit (Verbraucherzentralen) vor allem am professionell angeleiteten, praktischen Tun der Kinder und Jugendlichen fehlte. Dies geschah bis dahin überwiegend regional in kurz aufblühenden ehrenamtlichen Aktivitäten, was sich durchaus auch auf eine(n) einzige(n) LehrerIn an einer bestimmten Schule beschränken konnte. Während in dieser Zeit (2007) gerade der *Ernährungsführerschein* des Bundesministeriums für Ernährung, Landwirtschaft und Verbraucherschutz (BMELV) in Kooperation mit den Landfrauen vorgestellt wurde, hatte die Sarah Wiener Stiftung das Glück, dass ein nahezu fertig ausgearbeitetes Konzept der äußerst engagierten regionalen Initiative „Geschmacksschule Dortmund e. V." an sie heran getragen wurde, das hervorragend strukturiert und aufgebaut war. Es war an die Bitte gekoppelt, es doch ggf. gemeinsam zu verbessern und dann mit den größeren Möglichkeiten der Stiftung in die Fläche zu bringen. So wurde das Konzept, das ursprünglich auf das direkte Kochen mit Kindern ausgerichtet war, in eine Multiplikatorenschulung umgearbeitet, um mit weniger Ressourcen mehr Kinder zu erreichen. Dieses Programm wurde anschließend wissenschaftlich geprüft und ohne Veränderungen direkt für den Praxiseinsatz empfohlen: Die Sarah Wiener Stiftung bildet seitdem LehrerInnen und ErzieherInnen als Multiplikatoren der Stiftungsidee an Schulen und Kitas vor allem in *sozialen Brennpunkten* der Städte weiter (*train the trainers*). Die Kinder erfahren anschließend in Koch- und Ernährungskursen mit ihren LehrerInnen mit viel Spaß und Genuss gesundheitliche Prävention durch gesunde Ernährung, Selbstbestimmung, feinmotorische Schulung, soziales Miteinander und Teamwork. Die Projektarbeit richtet sich dabei an Kinder und Jugendliche verschiedenster Altersstufen sowie indirekt auch an deren Eltern.

Das Projekt kombiniert mehrere Ziele:
- Kinder und Jugendliche überhaupt entscheidungsfähig zu machen und ihnen die dazu nötigen Kompetenzen zu vermitteln. Denn derzeit sind viele von ihnen nicht entscheidungsfähig, da abhängig und beeinflusst von Werbeaussagen
- Gesundheitliche Prävention auf basaler Ebene, beginnend in der Schule unter Mitwirkung der Lehrkräfte mit Ausstrahlung ins Elternhaus und in den Alltag der Schulverpflegung (Mensa, Schulkiosk, -bäcker, Schülercafé etc.)
- Kindern und Jugendlichen sowie deren Eltern Bewusstsein und Praxis-Kompetenz für eine gesunde Ernährung vermitteln
- gemeinsame, schnell sichtbare Erfolgserlebnisse schaffen
- planvoll in gegenseitiger Absprache vorgehen (Rezepte, Ablaufpläne, ggf. einkaufen)
- Team-Work, Rücksichtnahme, Hilfsbereitschaft fördern
- mit allen Sinnen kreativ und gesund gestalten und genießen
- Feinmotorik fördern

Und während der erwähnte *Ernährungsführerschein* des BMELV eine wesentlich kürzere Kursdauer mit ausschließlich kalter Küche ermöglicht, laufen die Kurse der Stiftung länger und schließen warmes Kochen mit ein. Insofern baut der längere und komplexere Stiftungskurs auf dem kürzeren und auch ohne Lehrküche durchführbaren *Ernährungsführerschein* auf. Beides ergänzt sich also gut. Der Anlauf der Stiftung, gemeinsam ein *Best-of* oder eine Kombination aus beiden Konzepten zu erstellen, stieß damals seitens der Landfrauen als Kooperationspartner des BMELV nicht auf Gegenliebe. Dies mag auch an deren früherer, finanzieller Unterstützung durch das Ministerium gelegen haben.

Dennoch haben beide Konzepte auch ohne Verschmelzung ihre Berechtigung und sind die einzigen praktischen Kochkurse, die bundesweite Verbreitung gefunden haben.

Praktische Umsetzung

Konkret bildet die Stiftung immer drei bis sechs Schulen gemeinsam zwei Tage vor Ort weiter und stellt dabei alle Rezepte, Durchführungspläne etc. zur Verfügung. Anschließend kochen diese Schulen einmal wöchentlich in Gruppen von ca. 10 Kindern für je 3 Monate und nehmen die Rezepte, teilweise auch Give-aways wie Obst etc., mit nach Hause, um das Erlernte nach zu kochen und ihre Eltern einzubeziehen. Nach drei Monaten erhalten sie das Sarah Wiener Koch-Diplom, und die nächste Gruppe startet gleich im Anschluss den nächsten 3-monatigen Turnus. (vgl. z. B. Schrot & Korn 2009, Geolino Extra 2009, Dr. Rainer Wild Stiftung 2008, Magazin Werte stiften 2009, Frankfurter Rundschau 2009, MOZ 2009 und Stern 2009).

Die Eltern werden zuvor durch die Stiftung über Inhalt und Vorgehen in einem Elternbrief informiert und müssen mit ihrer Unterschrift der Teilnahme ihres Kindes zustimmen. Die Schulen werden also einmalig seitens der Stiftung angeschoben und befähigt, das Ernährungsprogramm danach kontinuierlich und eigenständig durchzuführen. Die Stiftung bleibt weiterhin – beratend und evaluierend – Partner der Schulen. Von jeder Kochstunde erhält sie einen standardisierten Rückmeldebogen.

Je nach Lebensmittelpartner vor Ort gehen die Schüler selbständig für die Kochkurse einkaufen. Dafür müssen sie lernen, eine Liste zu schreiben und sich das Geld richtig einzuteilen. Schreib- und Rechenfertigkeit werden so nebenbei verbessert und Verantwortung übernommen – direktes lebenspraktisches Lernen, wenig Theorie. Die Kinder machen also neben dem präventiv-gesundheitlichen Aspekt am Beispiel ihrer Ernährung die Erfahrung, dass sie ihr Leben selbst in die Hand nehmen und planvoll organisieren können. Sie werden deutlich sichtbar selbständiger. Dies unterstützt und entlastet gerade sozial schwächere, bildungsfernere Familien und fördert die Entwicklung der Kinder.

Darüber hinaus setzen sie sich mit für sie neuen Themen auseinander, wie z. B. der Nachhaltigkeit im Bereich Landwirtschaft am Beispiel des Ökologischen Landbaus: Seit 2009 fahren die Kinder mit Förderung des Bundesministeriums (BMELV) zusätzlich zu den Kochkursen auf Bio-Bauernhöfe in ihrer Umgebung, um einen ersten Einblick in die Erzeugung und Verarbeitung von Lebensmitteln zu erhalten. Fast immer handelt es sich dabei um Stadtkinder, die zum ersten Mal aufs Land fahren und einen Bauernhof mit allen Sinnen erkunden.

Auch von diesen Fahrten erhält die Stiftung Rückmeldebögen und begleitet sie teilweise selbst. Diese Rückmeldungen zeigen, dass die Kinder häufig tief beeindruckt sind von den für sie neuen Geräuschen und Gerüchen in einem Kuhstall, den Kartoffeln, die sie aus der Erde wühlen, oder der Butter, die sie gerade selbst gemacht haben und jetzt auf leckerem Brot gemeinsam verspeisen.

Die Stiftung hat sich bewusst für Bio-Bauernhöfe vornehmlich aus dem Netzwerk Demonstrationsbetriebe Öko-Landbau entschieden, da diese für die Führung von Besuchern besonders geeignet sind. Denn inzwischen werden viele, vor allem konventionell stark spezialisierte Höfe, immer monotoner und öder und können daher nicht mehr mit lebendiger Vielfalt inspirieren.

Auf den Bio-Höfen wird den Kindern und Jugendlichen je nach Alter mit unterschiedlicher Intensität der organisierte Verlust an Vielfalt, der die komplexen Wechselwirkungen der Agrarökosysteme unterbindet und deren Stabilität reduziert, gezeigt (z. B. Kayser, Mayus, Eysel-Zahl 2005). Diese Themen werden im Unterricht vor- und nachbereitet.

Wo immer möglich erhalten die Schulen Sets von Gemüse- und Kräutersaatgut. In der Weiterbildung werden sie animiert, vorhandene Schulgärten zu nutzen, neue mit den Kindern anzulegen oder zumindest auf der Fensterbank des Klassenzimmers auszusäen. Die Ernte sollte in den Kochkursen verwendet werden. So erfahren die Kinder exemplarisch den Kreislauf der Lebensmittelerzeugung vom eigenen Anbau bis zum Essen selbst.

Genau diesen direkten Weg durchschneidet die Nahrungsmittel verarbeitende Industrie und fügt ihm möglichst viele Manipulationen gewinnbringend ein (siehe Beispiele oben). Riesige Rohstoffmengen und Entfernungen vergrößern die Anonymität. Der Konsument erfährt wenig über die Herkunft der Produkte sowie die ökologischen und sozialen Zustände an den Orten der Erzeugung. Der direkte und vertrauensbildende Kontakt zwischen Erzeugung und Konsument fehlt.

Bei den Koch- und Ernährungskursen kooperiert die Stiftung nach Möglichkeit mit Partnern, die den Schulen Lebensmittel, Kochzubehör und einheitliche SWS-Shirts kostenfrei zur Verfügung stellen. Allerdings ist die Nachfrage nach den Kursen so stark gestiegen, dass die anfänglichen Partner dieses Wachstum nicht weiter kostenfrei mit begleiten konnten

Die Inhalte des SWS-Kochmodulsystems wurden wissenschaftlich geprüft und für die Praxis empfohlen (Forschungsinstitut für Kinderernährung, Dortmund, sowie Frau Prof. Schlegel-Matthies, Universität Paderborn).

Nach und nach wurde das Programm auf alle Altersstufen übertragen und entsprechend inhaltlich erweitert. Die Nachfrage ist groß, weshalb inzwischen z. B. auch Azubis eines großen Unternehmens sowie – mit

Förderung des Bundesministeriums für Familie, Senioren, Frauen und Jugend (BMFSFJ) – in einem bundesweiten Pilotprojekt Kindertagesstätten in das SWS-Programm aufgenommen wurden.

Seit 2011 implementiert die Stiftung in Kooperation mit der Deutschen Bundesstiftung Umwelt (DBU) ihre Inhalte in die Curricula von bundesweit mehr als 60 Fachschulen für Erzieherinnen und Erzieher: Möglichst jeder Abschlussjahrgang angehender Erzieherinnen und Erzieher soll das SWS-Programm schon im Gepäck haben, wenn er/sie die erste Stelle antritt. Dazu wird mit einem Bildungsverlag auch ein Handbuch entwickelt. Örtliche Kitas werden schon während der Weiterbildung der Fachschulen durch die Stiftung integriert.

An einer Berliner Grundschule im Neuköllner Brennpunkt ist die Stiftung beispielhaft mit Förderung der EU, des Bundes und des Landes Berlin vor Ort, um diese Einrichtung zu einer gesunden Ernährung zu führen: Die Verbesserung eines täglichen Schulfrühstücks, die Integration der Eltern, die oft Migrationshintergrund haben und von Hartz-IV leben, sowie die Aufwertung der Schule in der Wahrnehmung potentieller neuer Eltern und Schüler (Verhinderung von Segregationseffekten) sind zentrale Ziele des Projektes.

Seit Ende 2010 kooperiert die Stiftung auch mit der Stiftung *Haus der kleinen Forscher*: gemeinsam wurden Materialien zum spielerischen Experimentieren im Bereich Essen entwickelt, die nun tausenden von Kitas und demnächst Grundschulen zur Verfügung gestellt werden. Diesmal wurde bewusst ein niedrigschwelliger Ansatz mit größerem Multiplikationseffekt gewählt, dem dann bei Bedarf der Einrichtungen Vertiefungen durch Fortbildungen folgen können.

Schwierigkeiten und Hindernisse

Von Anfang an wurde die Stiftung von den Anfragen interessierter Schulen, später auch Kitas, regelrecht überrollt. Dies steigerte sich mit zunehmendem Bekanntheitsgrad.

So bestand die größte Herausforderung darin, fördernde Projektpaten und Spender zur Ausweitung des gut ausgearbeiteten Konzeptes zu finden (Projekttransfer). Diese Suche beanspruchte immer wieder einige Zeit, die dann für inhaltliche Arbeit fehlte. Andererseits führte sie zu fruchtbaren Kooperationen. Die Namen und die Glaubwürdigkeit der prominenten Gründer Wiener und Biolek halfen dabei sehr.

Die häufig und öffentlich geäußerte kritische Haltung von Sarah Wiener zur Lebensmittelindustrie führte letztlich auch zur Gründung der Stiftung, um positive Gegenbewegungen anzustoßen. Dies hatte zur

Folge, dass die finanzstärkeren, an Imageverbesserung durch CSR (Corporate Social Responsibility)[4] interessierten Konzerne, unmöglich für Sponsoring-Aktivitäten in Frage kamen. Obwohl beide Seiten miteinander reden ist allen klar, dass es keine gemeinsamen Projekte geben kann: die Sarah Wiener Stiftung wie auch die prominente Gründerin selbst würden an Glaubwürdigkeit verlieren, während sich die Konzerne mit dem Vorwurf des *Greenwashing* und der Alibi-Handlungen konfrontiert sähen. Zusätzlich *verdient* eine ganze Zahl von Medienköchen im Branchenbereich *Ernährung-Küche-Kochzubehör*, so dass sich die größeren Firmen problemlos für den Unkritischsten entscheiden können.

Eine weitere Schwierigkeit für die Projektarbeit im Bildungsbereich stellt bis heute der Föderalismus unseres deutschen Bildungssystems dar: wollte man die Inhalte der Stiftungsarbeit in irgendeiner Form in die Schulcurricula integrieren, müsste man dicke Bretter in 16 unterschiedlich regierten Bildungsministerien der Bundesländer bohren. Dies ist bei den Kitas anders, was Vieles leichter macht.

Im Bereich der Schulen selbst fehlen häufig Lehrküchen, an denen auch kleinere Kinder arbeiten könnten, sowie sämtliches Kochzubehör. Die Küchen wurden in den letzten Jahren sogar *rückgebaut*, wenn Platzmangel herrschte. Auch war im Laufe unserer Arbeit immer wieder zu erleben, dass Schulen überlastet waren durch Mitarbeitermangel oder Schulreformen, die ein Bundesland gerade durchführte. Hinzu kommt inzwischen eine ganze Palette von externen Einrichtungen wie der Sarah Wiener Stiftung, welche den teilweise überforderten Schulen verschiedenste Programme anbieten.

Eines der größten Hindernisse im Bereich der praktischen Ernährungsbildung stellen jedoch die permanenten Kosten an Verbrauchsmaterial dar: anders als in Sportprogrammen, in denen Geräte nach der Anfangsinvestition ggf. noch repariert werden müssen, werden hier Woche für Woche Lebensmittel benötigt. Der erwähnte *Ernährungsführerschein* des Ministeriums hat es sich hier leichter gemacht und die Eltern zur Kasse gebeten. Genau dies tut die Sarah Wiener Stiftung nicht aus Sorge, dass dann gerade diejenigen, die es am nötigsten hätten, wegen mangelnder Möglichkeiten der Eltern nicht teilnehmen könnten.

---

[4] CSR (Corporate Social Responsibility) steht für die freiwilligen – *sozialen, ökologischen und ökonomischen* – *Beiträge von Unternehmen* zu einer nachhaltigen Entwicklung, die über die gesetzlichen Forderungen (Compliance) hinausgehen. (Anm. d. Hrsg.)

Die Entscheidung fiel daher für den mühsameren Weg der Akquise regionaler und überregionaler Lebensmittelspender.

Evaluierung und Ausstrahlung des Projektes

Die Stiftung bleibt auch nach Durchführung der Weiterbildungen Ansprechpartner für die Partnerschulen bzw. -kitas und erhält regelmäßige Rückmeldungen, z. B. zur Zahl teilnehmender Kinder, zu Verbesserungsvorschlägen, Lob und Tadel. Die Ergebnisse dienen der Prozessevaluierung und fließen direkt in die Weiterbildungen ein (vgl. z. B. Gatterburg 2009).

Die Partnerschulen strahlen in die Region aus und geben ihre Erfahrungen weiter. Pressemeldungen der Stiftung zum Auftakt der Kurse bzw. Pressetermine vor Ort am Rande der schulischen Kochkurse führen dazu, dass interessierte, für das Thema *reife* Schulen und Kitas sich bei der Stiftung melden, um ebenfalls in das Programm aufgenommen zu werden. Zusammen mit der Akquise der nötigen Mittel wird die Ausdehnung des Projektes vorangetrieben.

Konkrete Erfahrungen aus den SWS-Partnerschulen

Immer häufiger erhält die Stiftung die Rückmeldung der Partnerschulen, dass die Wirkung der Projekte weit über die Kochstunden hinaus strahlt.

So nehmen die Kinder die wöchentlichen Rezepte aus den Kursen nicht nur mit nach Hause, sondern kochen sie dort häufig nach. Oft scheint es den Eltern zu schmecken, wie die Kinder ihren Lehrern berichten. Hin und wieder ist die Ungeduld mit den Eltern groß, wenn z. B. wieder mal keine Paprika im Kühlschrank zu finden ist, mit der man das gesunde Pausenbrot belegen will – so wie man es mit seinen Freunden doch in der Schule gelernt hat.

Auch Kiosk und Mensa werden von den durch die Stiftungskurse sensibilisierten Lehrern und Schülern allmählich kritisch unter die Lupe genommen. So wurde z. B. am Schülerkiosk der Mannheimer Wilhelm-Busch-Schule aufgrund der Kochkurse das gesamte Brotangebot mit Blick auf Vollwertigkeit verbessert. Teilweise werden die Pausenbrote aus den Stiftungskursen angeboten.

Die Nachbarschaftsschule Leipzig berichtet, dass sie aufgrund der Schulung das Angebot in ihrem Schüler-Café auf gesunde Kost umgestellt habe. Die Kinder seien nun, nach anfänglicher Skepsis, begeistert davon.

Weitere Beispiele vermitteln einen Eindruck aus der Praxis:

Die SWS-BotschafterInnen an den Partnerschulen in *Leipzig* und *Halle/Saale* geben in den wöchentlichen Evaluierungsbögen zu Protokoll:

- Kinder, die sich im Unterricht problematisch verhalten, sind während der Kochkurse *pflegeleicht* und kooperativ.
- Kinder probieren sogar die Speisen aus, die ihnen anfangs aufgrund der Zutaten *suspekt* erscheinen (z. B. frischer Fisch, rohe Paprika oder Vollkorn-Nudeln).
- Viele Kinder lernen erstmalig frische Zutaten kennen, die sie sonst nur verarbeitet in Fertigprodukten essen – und dabei bislang nicht beachtet hatten.
- Zahlreiche Kinder erzählen stolz, dass sie die Rezepte gemeinsam mit ihren Eltern zuhause nachgekocht haben.
- Nach einer gründlichen Anleitung gelingt es den Kindern sehr gut, Gemüse und Obst mit scharfen Messern fachgerecht und ohne Schnittverletzungen zu zerteilen (Feinmotorik).
- Keines der vielseitigen Stiftungsrezepte stößt auf Ablehnung, sondern ausschließlich auf positives Echo.
- Darüber hinaus sind die SWS-BotschafterInnen hoch motiviert und erpicht darauf, die Kochkurse fortzusetzen.

Die Hallenser Schulen sendeten außerdem Bilder ihres kleinen Schulgartens, den sie mit Hilfe der SWS-Saatgutspenden eines Partners angelegt hatten.

Aus *Hamburg* erhielt die Stiftung folgende Rückmeldung einer engagierten SWS-Botschafterin:

> „Der Kurs hat alles in allem großen Spaß gemacht, die Kinder haben, denke ich, eine Menge mitgenommen, und zwar auf vielen verschiedenen Ebenen: zum einen, was Know-how bzgl. gesunder Ernährung und praktischer Fertigkeiten beim Kochen angeht, zum anderen über das gemeinsame Essen und Aufräumen auf sozialer Ebene – und außerdem durch den Besuch auf dem Bio-Bauernhof. Und auch ich habe von den Erfahrungen profitiert"

Aus *Jena* kam folgende Stellungnahme:

> „Gemüseschnippeln macht der Gruppe immer mehr Spaß, und alle werden viel sicherer im Umgang mit den scharfen Messern. Unser höchstes

Gebot bei der Essenszubereitung – ‚Naschen ist erlaubt' – muss zwischenzeitlich etwas eingeschränkt werden, da sonst zu wenig im Topf landen würde. Bei dem Hintergrundthema haben die Kinder das eigene Einkaufsverhalten der Eltern sehr gut reflektiert. Plötzlich wurde sogar die Curry-King-Wurst in Frage gestellt und viele wollen im Sommer die reifen Früchte auf Vorrat einfrieren...“

Und weiter aus Jena:

„Bei unserer Einweihungsfeier haben wir mächtig in der Küche gewirbelt und dann viel Interesse bei den Eltern und anderen Besuchern geweckt. In unseren schicken blauen T-Shirts waren wir natürlich sehr auffallend und ein richtiger Hingucker. Alle waren total begeistert von unseren Piraten- und Schwarz-Weiß-Spießen. Eine Kollegin der Montessori-Schule sprach mich an, dass sie sich mit ein paar anderen Schulen auch bei euch beworben habe. Jena-TV hat uns gefilmt. Ob es gesendet wurde, kann ich noch nicht sagen. Ansonsten sind die Kiddies bei der Präsentation vor Stolz fast geplatzt – immer zwei sind dann mit Spieß-Tabletts durch das Schulgebäude gesaust und haben unsere Speisen angepriesen. Ich war nach der Veranstaltung total groggy – aber m. E. hat sich der Einsatz gelohnt!“

Aus *München* wird berichtet:

„Auf unsere erste Anfrage haben sich 67!!! unserer 300 Kinder zum Kurs angemeldet. Wir haben jetzt nur Viertklässler genommen, die anderen kommen dann nächstes Jahr dran. Die Stiftung versteht das Angebot ja auch als ein auf Dauer angelegtes. Das ist gut so. Aber man sieht daran das Interesse und auch den Bedarf. Die Kinder gestern haben z. B. Kohlrabi und Paprika nicht gekannt!!“

Auch die *Medien* berichten von Interviews mit LehrerInnen und SchülerInnen der SWS-Partnerschulen, in denen diese zu Protokoll geben, wie sehr das Projekt über die Ernährungskompetenz hinaus die Selbständigkeit gerade von Kindern aus schwierigeren Verhältnissen (z. B. Förderschulen) verbessert.

Bilanz und Ausblick nach vier Jahren Projektarbeit

Bisher haben ca. 8.000 Kinder und Jugendliche, zumeist aus sozial schwachen Schichten, in rund 5400 Schulen und Kitas in etwa 120 Städten unsere Kurse durchlaufen. Dafür wurden ca. 800 Multiplikatoren (LehrerInnen und ErzieherInnen) durch die Stiftung weitergebildet. Dies wird von vielen Spendenpartnern und ehrenamtlichen Helfern unterstützt. Neue Einrichtungen kommen hinzu. Dieses ehrenamtliche Botschafternetzwerk ist das Rückgrat der bisherigen Stiftungsarbeit.

Diese Arbeit kann nur durchgeführt und ausgeweitet werden, wenn engagierte Menschen und Organisationen durch Spenden und Zuwendungen mit helfen.

Literatur

Burchardt, A. 2009. Kocht, Kinder, kocht. In *Stern* 23.07.09: IIIA/4.

Dr. Rainer Wild Stiftung 2008. *Mitteilungen des Internationalen Arbeitskreises für Kulturforschung des Essens*. Heidelberg.

Eberle, Ulrike, Doris Hayn, Regine Rehaag und Ulla Simshäuser (Hrsg.) 2006: *Ernährungswende*. oekom, München.

Egger, Kurt et al. 1995. *Öko-Landbau in den Tropen*. Stiftung Ökologie & Landbau, Bad Dürkheim.

Egger, Kurt und Uwe Korus (Hrsg.) 1999. *Öko-Landbau in den Tropen*. C.F. Müller, Heidelberg.

Eysel, Georg 1999. Organic Farming and its effect on Nature Conservation – A summary. In *Sustainable Landuse Management*. EcoSys – Beiträge zur Ökosystemforschung, Ökologie-Zentrum Kiel.

Ders. 2008. Sarah Wiener Stiftung. In Internationaler Arbeitskreis für Kulturforschung des Essens (Hrsg.) *Mitteilungen*, Heft 16: 54.

Ders. 2009. Für gesunde Kinder und was Vernünftiges zu essen. In *Werte Stiften – Magazin für Stifter, Stiftungen und engagierte Menschen* 7/2009, Bühring und Weisner, Erlangen: 40-41.

Gatterburg, Angela 2009. Ein Samenkorn pflanzen. In *Der Spiegel – Wissen* 3/2009: 26-28.

Glaeser, Bernhard (Hrsg.) 1989. *Humanökologie*. Westdeutscher Verlag, Opladen.

Grimm, Hans-Ulrich 2008. *Die Suppe lügt*. Droemer Knaur, München.

Kayser, Burkhard, Martina Mayus und Georg Eysel-Zahl 2005. Agroforstwirtschaft in Mitteleuropa. In *Lebendige Erde* 3: 40-43.

Lich, Barbara 2009. Ein Star und viele Sternchen. In *Geolino Extra* 18/2009: 20-25.

Petersen, Martina 2009. Mit Spaß genießen lernen. In *Schrot & Korn* 1/2009: 9-11.

Pflocksch, Jelena 2009. Ratatouille und Rührei. In *MOZ* 15.07.2009: 9.

Rezepte gegen die Gier. Interview mit Sarah Wiener (Interviewerin: Petra Mies). In *Frankfurter Rundschau* 01.07.2009: 40.

Regionale Ernährungskulturen und Anbausysteme

Foto Zwischentitel:
„Kochen in Nigeria"
Parto Teherani-Krönner

Gender – eine Schlüsselkategorie zum Verständnis der Anbausysteme und der Ernährungssicherung in Afrika

Rita Schäfer

E-Mail: marx.schaefer@t-online.de

Zusammenfassung. Die Relevanz von Gender als Analysekategorie in afrikanischen ländlichen Gesellschaften und ihren ökologisch angepassten Anbausystemen wird an regionalen Fallbeispielen verdeutlicht. Ein Vergleich unterschiedlicher Anbauformen und Gesellschaften sowie ihrer verschiedenartigen Geschichte illustriert, wie wichtig Detailkenntnisse über die Geschlechterverhältnisse zum Verständnis lokaler Handlungslogiken und Strukturen sind. Um die Komplexität der heutigen Probleme und Lösungsstrategien in der Ernährungssicherung zu erfassen, werden historische Hintergründe berücksichtigt.

Schlüsselwörter. Gender. Ernährung. Anbausysteme. Afrika. Ländliche Gesellschaften. Handlungslogiken.

Konzeptioneller Rahmen

Nahrungsmittelgewinnung und Ernährung sind elementare menschliche Interessen und gleichzeitig Ausdruck von Kultur und Gesellschaftsorganisation. Dies zeigt sich beispielsweise in der Frage, wer welche Nahrungsmittel produziert und wer wann was mit wem isst. Dabei sind die symbolische und soziale Bedeutung von Pflanzen als Frauen- oder Männerpflanzen, als Nahrung für Kinder oder Alte sowie die Koch- und Essgewohnheiten wichtige Faktoren.

Im Folgenden möchte ich skizzieren, wie die gesellschaftlich und kulturell konstruierten Geschlechterbeziehungen, d. h. Gender, in ländlichen Gesellschaften Afrikas die Handlungsrationalität und Arbeitsteilung im Anbau sowie haushaltsinterne Entscheidungsprozesse über die Nutzung von Nahrungspflanzen für die eigene Ernährung prägen.

Meine Thesen lauten:

1. Eine international ausgerichtete Gender- und Ernährungsforschung muss die lokalen Produzentinnen und Produzenten als Akteurinnen und Akteure betrachten und ihre Handlungsmöglichkeiten und Grenzen im spezifischen ökologischen, ökonomischen, politischen und sozio-kulturellen Kontext erfassen.

2. Machtdifferenzen zwischen Geschlechtern und Generationen kennzeichnen die Produktionssysteme und die Ernährungssituation kleinbäuerlicher Familien und Haushalte, so dass die Interessen und Handlungsoptionen junger Frauen und junger Männer in Anbau, Ernährung und Vermarktung sich sehr von denen der älteren Generation unterscheiden. Vor allem alte Männer profitieren von den Ungleichheiten.

3. Aktuell festzustellende Geschlechterungleichheiten, die die Kontrolle über Anbauprodukte und Nahrungsmittel auf der Mikroebene kleinbäuerlicher Haushalte kennzeichnen, dürfen nicht isoliert gesehen werden. Vielmehr sind sie mit politischen Machtverhältnissen z. B. auf nationaler Ebene in Beziehung zu setzen. Sie sind vielfach Erbe kolonialer Eingriffe und nachkolonialer agrarpolitischer Rahmenbedingungen.

Daraus folgt: Derzeitige Strukturprobleme müssen immer in Relation gesetzt werden zum historischen Wandel. Diese Herangehensweise impliziert, dass aktuell zu beobachtende Phänomene und Probleme als veränderbar verstanden werden, wobei im Detail zu prüfen ist, inwieweit die lokalen Akteureinnen und Akteure die Transformationen mitgestalten können und welche Faktoren die Entfaltung ihrer Potenziale beeinträchtigen.

Fallbeispiele aus Sierra Leone und Zimbabwe

Zur Illustration dieser Thesen werde ich zwei Fallbeispiele – nämlich ländliche kleinbäuerliche Haushalte in Sierra Leone und in Zimbabwe – vergleichen. Indem ich Gemeinsamkeiten und Unterschiede herausarbeite, möchte ich einige grundlegende Strukturen und Probleme veranschaulichen, die Fragen der landwirtschaftlichen Produktion und der Ernährungssicherung in verschiedenartigen Regionen Afrikas betreffen.

Bergreis – Grundnahrungsmittel der Mende in Sierra Leone

Die Bevölkerung im Südosten Sierra Leones wie die Mende, ein Volk, das hierarchisch strukturiert ist und die kleinbäuerliche tropische Landwirtschaft zur Existenzsicherung nutzt, hat über Jahrhunderte ein eigenes lokal angepasstes Anbausystem entwickelt, bei dem der Trockenreis bzw. Bergreis als wichtigstes Grundnahrungsmittel die Ernährung sichert. Es handelt sich um lokale Reisvarietäten, die während der Regenzeiten auf Hängen wachsen und nicht künstlich bewässert werden. Die in den tropischen Sekundärwäldern gelegenen und im Schwendbau bestellten Felder wurden traditionell mit Reis- und Gemüsemischkulturen bepflanzt. Schwendbau bezeichnet ein Anbausystem, bei dem Sekundärwald oder Busch abgeschlagen und abgebrannt wurde, wobei jedoch die Baumstümpfe und Wurzeln nicht gerodet wurden. Nach einem Anbauzyklus konnten die Bäume und Büsche wieder wachsen und die Bodenfruchtbarkeit regenerieren. Dabei galt der Reis als Männerpflanze und Gemüsesorten und -varietäten als Frauenpflanzen. Das bedeutete, Männer waren für die Auswahl der Felder, die Feldvorbereitung, also das Schwenden und Abbrennen der Büsche und Bäume, die Saatselektion und die Aussaat von Reis verantwortlich. Während die arbeitsintensive Feldvorbereitung jungen Männern zugemutet wurde, beanspruchten ältere Männer die Kontrolle über die Aussaat. So wurde die Hierarchie zwischen alten und jungen Männern bestätigt, denn oftmals mussten junge Männer jahrelang für ältere Familienleiter hart arbeiten, bevor sie von diesen Land zur eigenen Nutzung zugewiesen bekamen, das als Voraussetzung für eine Eheschließung galt. Nur dann wurden sie als vollwertige Männer akzeptiert. Der Status eines jungen Mannes hing vorrangig von seinen Kompetenzen beim Abbrennen ausgewählter Flächen zur Feldvorbereitung und vom Umfang der Reisernte ab. Währenddessen jäteten und ernteten die Frauen. Auch die gesamte Verarbeitung und Lagerung der Ernte sowie das Kochen oblag ihnen. Der zentrale kulturelle Stellenwert des Reisanbaus zeigte sich darin, dass eine verbreitete Aussage lautete: Man habe noch nichts gegessen, wenn noch kein in Eigenproduktion erwirtschafteter Bergreis serviert und konsumiert worden war. Denn die während eines Tages verspeisten Früchte, gerösteten Erdnüsse oder gekochten Süßkartoffeln galten nicht als *richtiges Essen*, sondern als Zusätze. Vor allem rohes Obst wurde als *Kinderessen* abgetan – nur eine abendliche Reismahlzeit sei richtiges Essen – also selbst produzierte Nahrungsmittel, die durch das Kochen der Frauen und deren aktive Umwandlung von Naturprodukten in Kulturgüter entstanden waren (vgl. Schäfer 1995).

Trotz dieses hohen sozio-kulturellen Stellenwerts der Reisernte trugen Frauen mit einer großen Quantität und Vielfalt von Gemüsesorten zur Ernährungssicherung bei, denn auch das Gemüse war Teil der gesellschaftlich eingebundenen Anbau-, Verarbeitungs- und Kochprozesse, die die Sozialorganisation und die Geschlechterverhältnisse spiegelten.

Gender zeichnete sich in diesem Fall durch männliche Dominanzen aus, d. h. gemäss der patrilinearen und patrilokalen Sozialorganisation erfolgte die Erbregelung von Vätern auf Söhne. Eine Frau zog bei der Eheschließung in das Gehöft ihres Ehemannes. Die meisten Ehen wurden arrangiert, wobei junge Mädchen von ihren Eltern oft gezwungen wurden, einen ranghohen älteren Mann zu heiraten. Vor allem die Väter der Mädchen versprachen sich wirtschaftliche und politische Vorteile durch solche Heiratsallianzen. Auch manche ältere Frauen bestimmten bei der Heiratspolitik mit, was latente Konflikte mit den jungen Männern zur Folge hatte. Ein Mann hatte das Recht, mehrere Frauen zu heiraten, wobei jede Ehefrau den Anspruch auf ein eigenes Kochhaus hatte. Im Rotationsprinzip teilte sie die Kocharbeit mit ihren Mitfrauen auf, was die Arbeitslast jeder einzelnen und die Konflikte zwischen den Mitfrauen reduzieren sollte. Wie sehr diese Kochregelung mit anderen Aspekten des Ehelebens verbunden war, zeigte sich daran, dass die Frau, die den Ehemann bekochte, auch das Recht auf den sexuellen Kontakt für die jeweilige Nacht erwarb.

Diese Verbindung von Sex und Essen finden wir auch in zahlreichen anderen afrikanischen Gesellschaften in verschiedenen Regionen des Kontinents. Dies geht so weit, dass Ehefrauen den Geliebten ihrer Männer vorwerfen, *sie würden deren fruchtbarkeitsspendenden Samen und ihr Geld essen*, und damit den rechtmäßigen Ehefrauen und ihren Kindern wesentliche Versorgungsleistungen vorenthalten. Bei gravierenden Ehekonflikten verweigerten Frauen das abendliche Kochen und den Beischlaf, Männer zerschlugen als Zeichen der Missachtung das Kochgeschirr. Darüber hinaus symbolisierten zerschlagene Tontöpfe den Tod einer Frau oder eines Mädchens.

Gemüseanbau der Mende-Frauen sicherte Ernährungsvielfalt

Im ländlichen Sierra Leone sicherte die Mitgliedschaft in einem Haushalt unter männlicher Leitung den Frauen Landnutzungsrechte, wobei die Ehefrauen eines Mannes ihren individuellen Zugang zu einzelnen Anbauflächen untereinander aufteilten. Innerhalb dieser Parzellen versuchte jede Frau möglichst viel Gemüse anzupflanzen, dazu händigte sie ihrem Mann, der für die Aussaat zuständig war, eine umfangreiche und vielfältige Mischung aus Chili, Kürbis, Tomaten, Bohne, Okra und Blattgemüse aus. Diese Saatmischung sollte Ertragsrisiken und Arbeitsengpässe beim Jäten und Ernten reduzieren. Die Gemüsesaat war auch an die Bodenverhältnisse und den Ernährungsbedarf einer Frau und ihrer Kinder angepasst.

Der Umfang der Gemüsesaat hing vom individuellen Verhandlungsgeschick gegenüber dem Ehemann ab. Einerseits versuchten die Männer, die Zusatzpflanzen auf den Reisfeldern gering zu halten, um eine hohe, prestigeträchtige Reisernte zu erzielen. Andererseits war ihnen die Bedeutung des Gemüses für die Ernährungssicherung bewusst, so dass sie Zugeständnisse machten.

Männliche Familienleiter betrachteten ein Feld als ihr Familienfeld, für das sie Nutzungsrechte von den lokalen Autoritäten erhielten, es gab in vorkolonialer Zeit keine Vorstellung von privaten Besitzrechten, zumal das Land immer nur temporär bepflanzt werden konnte. Religiös-kultische Vorstellungen lagen der Idee zugrunde, das Land gehöre den Ahnen, also die Verstorbenen würden den Boden, die Pflanzen und Tiere sowie die Fruchtbarkeit und Ernten kontrollieren; die Menschen könnten es nur zeitweise nutzen. Junge Männer mussten durch Untertänigkeit die Gunst der Alten erlangen, bevor sie Nutzungsansprüche stellen konnten. Junge Frauen hatten diese Option grundsätzlich nicht, sie waren auf ihre Ehemänner angewiesen. Obwohl sich junge Ehefrauen in polygamen Haushalten den ranghöheren ältere Frauen mit heranwachsenden Kindern unterordnen mussten, hatten sie Rechtsansprüche auf die Landnutzung. Dadurch unterschied sich ihre Situation grundsätzlich von der geringen Verhandlungsmacht der Witwen und geschiedenen Frauen, deren Ernährungssituation bzw. Versorgung ihrer Kinder häufig prekär war. Somit beeinflusste der Landzugang ganz direkt die Ernährung von Frauen und Kindern, wobei sozial marginalisierte Frauen nicht nur in Sierra Leone, sondern auch in vielen anderen Regionen Afrikas die daraus resultierenden Probleme bewältigen müssen.

Obwohl insbesondere sozial marginalisierte Mende-Frauen in Sierra Leone traditionell darauf angewiesen waren, eine möglichst hohe und vielfältige Gemüse-Ernte zu erzielen, legten alle Frauen komplexe Gemüse-Mischkulturen an. So nutzten sie die Felder über mehrere Jahre für den Gemüse- und Cassava-Anbau – lange nachdem der Reis abgeerntet war und die Flächen aus der Sicht der Männer schon wieder zum Busch zählten.

Cassava-Wurzeln dienten ihnen zur Grundversorgung mit Kohlenhydraten, zumal sie nicht besonders pflegeintensiv waren. Allerdings erforderten sie erheblich höheren Arbeitsaufwand bei der Verarbeitung und Nahrungsmittelzubereitung, den die Frauen hinnahmen, zumal sie das Cassava-Granulat im Tauschhandel feilbieten konnten. Zwar konnten die Nährstoffverluste durch den mangelnde Versorgung mit Reis nicht augeglichen werden, dennoch versuchten sozial marginalisierte Frauen intensiv, die Cassavablätter zu nutzen. Im Unterschied zu den Wurzeln enthielten sie noch einiges an Vitaminen und Mineralstoffe und sie konnten sowohl für den Eigenbedarf als auch für den Tauschhandel genutzt werden.

Auch dem mehrjährigen Gemüse kam eine große Bedeutung zu, schließlich sicherte es das Überleben in jahreszeitlichen Versorgungskrisen. Wenn dann zusätzlich noch Wildpflanzen gesammelt wurden, galten diese gegenüber den selbst produzierten Gemüsesorten als minderwertiger – unabhängig davon wie hoch ihr realer Nährwert war – was die Bedeutung der eigenen Anbauleistungen für die Ernährung unterstreicht.

Tiefgreifender Wandel nach der Kolonialzeit

Das traditionelle System veränderte sich während und nach der Kolonialzeit ganz gravierend. Steuerpflichten, Medizin- und Schulgeldzahlungen beschleunigten den Wandel von der Subsistenz- bzw. Tausch- zur Marktproduktion. Die Anlage mehrjähriger Ölpalm- und Kaffeeplantagen verursachte Landnutzungskonflikte. Zwar behielt der Bergreis seinen Stellenwert, aber seit den 1960er Jahren versuchten bi- und multilaterale Entwicklungsprojekte, den Nassreisanbau ranghoher Männer zu fördern, was zum Besitzmonopol und zu Arbeitsengpässen führte. Dies betraf vor allem die Mehrbelastungen der jungen Männer bei der arbeitsintensiven Anlage der Nassreisfelder und der jungen Frauen beim Jäten. Gleichzeitig verschlechterte sich ihre Ressourcenkontrolle und Geschlechterkonflikte eskalierten.

Wegen der schlechten Lagereigenschaften – der Nassreis verrottete schnell – und der negativen Bewertung dieses Reises als wässrig und geschmacklos, ja krankheitsfördernd, verbesserte er die Ernährungssituation keineswegs. Denn der traditionell angebaute Bergreis galt weiterhin als schmackhaft, gesund, und kräftigend – also als Grundlage für ein gutes Leben.

Dies verdeutlicht: Kulturell geprägte Geschmacksvorstellungen beeinflussen die Akzeptanz von Innovationen und wirken sich direkt auf Erfolge oder Misserfolge von Entwicklungsprojekten im Bereich der

Ernährungssicherung aus. Umso wichtiger sollte kulturelles Wissen für die bedürfnisorientierte Entwicklungsplanungen sein.

Denn viele junge Frauen, die wochenlang in den Nassreisfeldern jäten mussten, erkrankten nun an Bilharziose, außerdem stieg die Zahl schwerer Nieren- und Unterleibsentzündungen und der Schwangerschaftskomplikationen, für die sie ihre Arbeit in den neuen Reisfeldern ursächlich verantwortlich machten. Sie fürchteten um ihre Fruchtbarkeit, ein individuell und gesellschaftlich bedeutendes Gut, zumal unfruchtbare Frauen und Frauen mit vielen Fehlgeburten rasch von ihren Ehemännern verstoßen wurden, in Existenznot und ins soziale Abseits gerieten. Das Geld für den Verkauf der Nassreisernten beanspruchten die älteren Männer, die jüngere Männer wie Tagelöhner bezahlten oder ihnen nach Jahren Nutzungsrechte für Bergreisfelder in Aussicht stellten, so dass der Nassreis insbesondere für Frauen nur Nachteile brachte.

Zum Ausgleich versuchten viele Frauen, während der Trockenzeit Gemüsegärten in Sümpfen anzulegen. Neugegründete Frauengruppen bemühten sich Ende der 1980er Jahre um Zugang zu einem GTZ-Projekt in den Bo- und Pujehun-Provinzen, das ursprünglich nur den Nassreisanbau förderte. Wegen der mangelnden Akzeptanz wurden Gemüse- und Erdnussprogramme für Frauen integriert; zumal die Erdnüsse sowohl für den Eigenkonsum aber auch als *Cash Crops* genutzt werden konnten und die Gewinne direkt in die Hände der Frauen flossen. Allerdings erreichte dieses Programm nur sozial besser gestellte, ältere Frauen, die Feld- und Hausarbeiten an heranwachsende Töchter und Schwiegertöchter delegieren konnten und eine größere Verhandlungsmacht im Zugang zu Landrechten hatten. Währenddessen blieben die Verbesserungen den Witwen und geschiedenen Frauen mit kleinen Kindern vorenthalten, obwohl sie wegen ihrer marginalen Stellung und ihrer prekären Ernährungssituation eine Unterstützung besonders nötig gehabt hätten (vgl. Schäfer 1995).

Frauen als Haushaltsvorstände in Zimbabwe

Wie wichtig es ist, bei Anbau- und Ernährungsfragen nicht nur zwischen Frauen und Männern, sondern auch zwischen verschiedenen Frauen zu unterscheiden, also Gender in einem umfassenden Sinn zu verstehen, zeigt auch die Situation in Zimbabwe. Ausschlaggebend für die Differenzierung ist hier die in der Kolonialzeit eingeführte und bis heute fortdauernde Wanderarbeit der Männer, so dass wir zwischen Haushalten unter männlicher Leitung und de facto bzw. de jure Haushaltsleiterinnen unterscheiden müssen, d. h. zwischen Ehefrauen von Wanderarbeitern, die temporär eine faktische Haushaltsleitung übernehmen und Frauen, die durch ihren Rechtsstatus als Witwen, als geschiedene Frauen oder als junge, unverheiratete Mütter Haushaltsvorstände sind.

Diese Differenzierung zeigt sich beispielhaft bei den Shona, der wichtigsten Bevölkerungsgruppe im Osten Zimbabwes, die traditionell hierarchisch strukturiert war und vom Hirse- bzw. Gemüseanbau und von der Rinderhaltung lebte. Wenn man sich mit den Selbstbildern der Shona-Frauen auseinandersetzt, wird deutlich, dass sie sich ähnlich wie die Kleinbäuerinnen in Sierra Leone bis heute als Produzentinnen verstehen. Das bringen ihre Sinnsprüche zum Ausdruck, z. B.: *Frauen sind die Wurzeln der Familie.* Diese positive Selbstdefinition über die Anbau-, Versorgungs- und Ernährungsleistungen ist keineswegs auf eine statische Traditionsverhaftung zurückzuführen, sondern sie ist wandelbar, wie folgendes Bild veranschaulicht:

> „Frauen sind wie das Hinterrad eines Fahrrades – sie tragen die Lasten, bestimmen aber auch die Richtung und die Geschwindigkeit des Wandels. Männer sind wie das Vorderrad eines Fahrrades – sie suchen wankend nach einer Orientierung und wenn nicht das stabilisierende Hinterrad wäre, würden sie ständig vom Weg abkommen"
>
> (Schäfer 1998: 18).

Da es in der zimbabwischen Gesellschaft als Zeichen absoluter Respektlosigkeit gilt, wenn man einen Menschen frontal und persönlich kritisiert, sind derartige Sinnsprüche ein Instrument, Kritik am Fehlverhalten von Männern und an ihren mangelnden Versorgungsleistungen zu üben. Dass Frauen gleichzeitig die eigene Stärke betonen, mag überraschen, verdeutlicht aber die zentrale Rolle, in der sich zimbabwische Kleinbäuerinnen trotz mannigfaltiger Diskriminierungen sehen.

Vorkoloniale Arbeitsteilung bei den Shona

Die Ökonomie der Shona im Osten Zimbabwes ist ein Beispiel für die Kombination von Anbau und Viehhaltung in Afrika, wobei Frauen in vorkolonialer Zeit im Wesentlichen für die Feldarbeit und Männer für die prestigereiche Rinderzucht verantwortlich waren. Jagd und Sammeltätigkeit ergänzten das Nahrungsmittelangebot und sorgten in Dürrekrisen für das Überleben. Rindfleisch wurde nur zu besonderen Anlässen konsumiert, Hirse und Gemüse waren die Hauptnahrungsmittel; so dass Frauen sich als Produzentinnen und Versorgerinnen ihrer Familien verstanden. Dennoch waren sie im Landzugang von ihren Ehemännern oder Vätern abhängig. Trotz dieser männlichen Dominanzen gab es Ansätze zu einer eigenen Wirtschaftsbasis, die sich positiv auf die Ernährungssituation auswirkte, denn Frauen besaßen Ziegen, die sie durch Brautgaben bei der Eheschließung ihrer Töchter erhalten hatten und konnten eigene kleine Anbauflächen beanspruchen. Sie waren für die Speicherung und das Kochen verantwortlich, wobei das Kochen und die Herdstellen – ähnlich wie in Sierra Leone – Symbole für die Ehe waren.

Das diversifizierte Produktions- und Sozialsystem änderte sich grundlegend durch die kolonialen Landenteignungen, Zwangsumsiedlungen, Weide- und Viehbeschränkungen und die erzwungene Wanderarbeit der Männer. Eingriffe, die um die Jahrhundertwende begannen und wurden in der ersten Hälfte des 20.Jahrhunderts massiv vorangetrieben. Im anti-kolonialen Unabhängigkeitskriegs in den 1980er Jahren vertrat die von Männern dominierte Guerillabewegung emanzipatorische Postulate, so sollten Frauen nach dem Sieg über die weißen Siedler Land und Bildung erhalten. In den Guerillalagern mussten alle jungen Kämpferinnen und Kämpfer Koch- und Küchendienste übernehmen. Die überlieferte Geschlechtertrennung wurde auch beim Essen aufgehoben. Während die Kombattantinnen dies als ersten Schritt zur Frauenbefreiung bewerteten, betrachteten ihre männlichen Mitstreiter die Änderung des Rollenverhaltens als kriegsbedingten Ausnahmezustand. Nach dem Krieg und der politischen Unabhängigkeit 1980 pochten sie vehement auf die Wiederherstellung der alten Ordnung und der männlichen Privilegien, etwa große Fleischmengen beim Essen, zudem verweigerten sie sich nun der Küchen- und Hausarbeit (vgl. Parpart 2008).

Soziale Disparitäten und Geschlechterungleichheiten setzten sich auch auf nationaler Ebene unter neuen Vorzeichen fort, denn die neue Regierung ließ die ökonomischen Ungleichheiten z. B. die Besitzdifferenzen zwischen der schwarzen Bevölkerungsmehrheit und den weißen Großfarmern weitgehend unangetastet. Sie förderte keine eigenständige kleinbäuerliche Entwicklung, die die patriarchalen Machtstrukturen in Frage gestellt hätten. So erhielten Frauen keine Land- und Erbrechte, obwohl viele in der Hoffnung auf Rechtsreformen am anti-kolonialen Unabhängigkeitskrieg teilgenommen hatten.

Die Vermarktung von Agrarprodukten wurde verstaatlicht, wobei die Vermarktungsstellen nur Männer als kleinbäuerliche Produzenten registrierten. Selbst wenn diese die meiste Zeit des Jahres als Wanderarbeiter tätig waren, konnten Frauen nur in Ausnahmefällen ihre Anbauüberschüsse verkaufen. Trotz der massiven kolonialen Eingriffe in die traditionellen Produktionssysteme versuchten sie über Jahrzehnte, ihre Anbaukenntnisse innovativ an die ihnen zugewiesenen Flächen anzupassen. Getreide und Gemüsemischkulturen waren auf Risikoreduzierung ausgerichtet, zudem ging es darum, Arbeitsengpässe beim Jäten und Ernten zu reduzieren (vgl. Schäfer 1998).

Sowohl der Anbau als auch die Ernährung hatten sich seit der Kolonialzeit gravierend verändert, denn der Mais löste die Hirse als Grundnahrungsmittel ab, zumal das gesamte Vermarktungssystem auf die Maisproduktion ausgerichtet war. Für Hirse gab und gibt es kaum Absatzmöglichkeiten.

Gleichzeitig wurde der Mais als Symbol des sozialen Aufstiegs propagiert, der auch den Landbewohnern zugänglich war. Während Regierung und Bevölkerung Mais mit der Teilnahme an der Moderne gleichsetzten, erlitt Hirse einen rapiden Bedeutungsverlust.[1] Jugendliche auf dem Land sind nunmehr davon überzeugt, dass Hirse wie Schuhcreme aussieht und wie Schuhcreme schmeckt. Vor allem junge Männer insistieren auf dieser Einschätzung. Nur arme alte Frauen sind darauf angewiesen, sich weiterhin davon zu ernähren, vor allem wenn sie keinen Zugang zur Maissaat der Agro-Industrie haben – also von der Modernisierung ausgeschlossen sind. Dieses Beispiel verdeutlicht, dass sozioökonomische Veränderungen die Wahrnehmungen von Traditionen und Moderne beeinflussen. Dies wirkt sich auch auf die Geschmacksempfindungen aus.

Bis zum Zusammenbruch der nationalen Ökonomie Anfang 2002 war es das Ziel der Kleinbäuerinnen, die Nahrungsmittelproduktion für den Eigenbedarf mit der Marktproduktion zu kombinieren, um eigene Ziele zu verfolgen. Dazu zählte neben Investitionen in die Landwirtschaft vor allem die Schulbildung der Töchter, damit diese die Mütter im Alter versorgen könnten. Auf die Söhne sei – so die Einschätzung vieler Mütter – kein Verlass mehr.

Inwieweit Frauen diese Ziele realisieren konnten, hing von ihrem Alter, ihrem sozialen Status und ihrer Verhandlungsmacht gegenüber den Ehemännern ab. Witwen und geschiedene Frauen waren in einer besonders prekären Situation, da sie häufig nur über beschränkte Landnutzungsrechte verfügten.

So versuchten sie, weiterhin die trockenresistente Hirse und Erdnüsse anzubauen, deren Saatgut sie selbst selektieren und speichern konnten, d. h. sie mussten nicht in die teure Maissaat investieren. Außerdem war es ihr Ziel, Erdnüsse, die als Frauenpflanzen galten und damit der alleinigen Kontrolle von Frauen unterstanden, privat an bessergestellte Frauen zu verkaufen, zumal ihnen die offiziellen Vermarktungskanäle verschlossen blieben. Außerdem intensivierten sie das Bierbrauen, was

---

[1] Vgl. den Beitrag von Mirjam Röder im selben Band.

in vorkolonialer Zeit nur zu besonderen rituellen und sozialen Anlässen geschah, wobei das Brauen und der Bierkonsum Privilegien alter Frauen bzw. alter Männer war. Nun brauten arme Frauen aller Altersstufen auch für eine junge männliche Kundschaft. Gleichzeitig diente ihnen leicht vergorenes Mais- und Hirsebier als nährstoffreiche flüssige Nahrung. Das selbstgebraute Bier musste aber mit dem prestigereichen industriell produzierten Flaschenbier konkurrieren, was zum Sinnbild urbaner Maskulinität und Moderne geworden war. Allerdings verschaffte das Bierbrauen den Frauen in vorkolonialer Zeit einen hohen Status, zumal die Männer ihre Braukünste rühmten und die zur Herstellung des kulturell bedeutenden Genussmittels eine soziale Ressource war (vgl. Schäfer 1998). Heute ist diese Bedeutung zurückgegangen. Mit der Verbreitung von Flaschenbier ging ein Statusverlust der Bierbrauerinnen einher.

Bürgerkrieg in Sierra Leone und politische Krise in Zimbabwe

Während in Sierra Leone der Bürgerkrieg zwischen 1991 und 2002, an dem Mädchen als Kämpferinnen, Köchinnen und Sexsklavinnen teilnehmen mussten, die gesamte ländliche Ökonomie zum Erliegen gebracht hat, ist in Zimbabwe die ab 2000 mit Brachialgewalt durchgeführte Landreformpolitik des Präsidenten Robert Mugabe dafür verantwortlich. In beiden Ländern war die Bevölkerung jahrelang von der internationalen Nahrungsmittelhilfe abhängig. Häufig wurde diese nur durch sexuelle Gegenleistungen von dem zumeist männlichen Personal der Verteilstellen vergeben. In Sierra Leone betraf das Flüchtlingslager und in Zimbabwe staatliche Anlaufstellen (vgl. Ferris 2007, Olson und Scharffscher 2004). Diese sexuelle Ausbeutung verschärfte Geschlechterkonflikte, weil nicht nur die jungen Mädchen und Frauen, sondern auch deren männliche Familienangehörige und Partner dadurch gedemütigt wurden. Die männlichen Verantwortlichen in den Verteilzentren führten den lokalen Männern vor, dass sie nicht in der Lage waren, ihre Familien zu versorgen und nicht länger die Kontrolle und Macht über die Sexualität ihrer Partnerinnen oder Töchter beanspruchen konnten. Die gelieferten Nahrungsmittel – im Wesentlichen importierter Mais aus den USA – entsprachen häufig nicht den lokalen Essgewohnheiten und sie galten als schwer verdaulich (vgl. Schäfer 2008). Wegen der langen Kochdauer konnten sie nur unter erschwerten Bedingungen zubereitet werden, denn häufig fehlte Brennmaterial für die Herdstellen. Von den ländlichen Entwicklungsprojekten, die in Sierra Leone begonnen wurden, und von der Landumverteilung, die in Zimbabwe während der letzten Jahre stattfand, profitierten vor allem wohlhabendere Männer. Sie trugen aber keineswegs zur Verbesserung der Grundversorgung bei, sondern lassen Farmen brach liegen oder produzieren nur für den lukrativen Export. Frauen erhalten nach wie vor keine Landtitel und auch junge rangniedrige Männer werden in beiden Ländern diskriminiert, was neue Konflikte und Gewalteskalationen zur Folge hat (vgl. Goebel 2005).

Sowohl in Sierra Leone als auch in Zimbabwe sind in Folge von Kriegsgewalt und politischer Gewalt Vergewaltigungen von Frauen und Mädchen und daraus resultierende HIV-Infektionen sowie die Zahl der AIDS-Waisen rapide gestiegen sind (vgl. Amnesty International 2009). Die Pflege und Ernährung der Kranken und Waisen wird Frauen und junge Mädchen zugemutet, obwohl ihre Ressourcenbasis oft gering ist und die mit Tabus besetzte Krankheit ihre wirtschaftlichen Kapazitäten beeinträchtigt. HIV-positive Frauen und Mädchen fehlt es am Landzugang, an Arbeitszeit, Geräten und Saatgut sowie an finanziellen Mitteln für eine ausreichende und gesunde Versorgung. Dies wäre aber die Voraussetzung, um die antiretroviralen Medikamente gut zu vertragen und damit den Ausbruch von AIDS zu verhindern (vgl. Francis-Chizororo 2010).

Um so beachtlicher sind die Initiativen von Kleinbäuerinnen, die oft selbst HIV-positiv sind und in Zimbabwe, aber auch in anderen Ländern des südlichen Afrika, neue informelle Netzwerke bilden, um sich gegenseitig zu unterstützen und ihre geringe Verhandlungsmacht zu verbessern. Ihr gemeinsames Einfordern von Landnutzungsrechten – zumindest für kollektive Gemüsegärten – und die Anwendung ihres überlieferten tradierten Wissens tragen auch in Zeiten der weiterhin fortdauernden politischen Krise und des Klimawandels zum Erhalt dieses wichtigen Wissenssysteme sowie zur konkreten Ernährungssicherung bei (vgl. Schäfer 2008).

Im Nachbarland Südafrika, wo vergleichbare Probleme in verarmten und von HIV/AIDS betroffenen ländlichen Gebieten zu lösen sind, haben sich sogar neue Männergruppen gebildet. Sie setzen sich dafür ein, dass Männer, die jahrelang Wanderarbeiter waren und dadurch das Kochen und die Hausarbeit lernen mussten, nach dem Tod ihrer Partnerinnen die Versorgung von Kindern und Enkeln übernehmen. Dadurch sollen die jungen Mädchen und die alten Frauen entlastet werden. Darüber hinaus sind die Männer neue Vorbilder für die Jungen, die erstmals durch das gemeinsame Essen Männer als sorgende Väter oder Großväter erleben (vgl. Peacock, Weston 2008). In Zimbabwe gibt es inzwischen ebenfalls einige Männergruppen, die am Wandel von Männlichkeitsvorstellungen arbeiten; im Idealfall lassen sie sich von den innovativen Modellen aus Südafrika inspirieren.

Fazit und Ausblick

Diese Zusammenhänge weisen darauf hin, wie wichtig es ist, die gesellschaftlich strukturierende Funktion von Ernährung zu verstehen. So sind Fragen zu Gender und Ernährung nicht isoliert zu betrachten, sondern immer in sozio-kulturelle, wirtschaftliche, politische und zeitliche Rahmenbedingungen einzubetten. Nur dann kann man der Problemkomplexität von Ernährungsgewohnheiten, Defiziten und Veränderungspotenzialen gerecht werden und adäquate Lösungsansätze entwickeln, die auf die lokalen und nationalen Produktionssysteme bezogen sein sollten.

Diese Beispiele verdeutlichen auch, wie notwendig es ist, kulturspezifische Zusammenhänge zu kennen und Gemeinsamkeiten und Unterschiede zwischen verschiedenen Regionen zu beachten. Zeitliche Längsschnitte und historische Rückblicke sind hilfreich, um aktuelle Ernährungs- und Produktionsprobleme zu ergründen und nach Auswegen zu suchen (vgl. Schäfer 2003). Praxisorientierte und interdisziplinär ausgerichtete Kenntnisse über Geschlechterverhältnisse und deren Wandel können Hintergründe und lokale Interpretationen aufzeigen – etwa über die relevanten Machtfaktoren und Statusfragen, über Nahrungsmitteltabus oder Vorstellungen von Moderne – und dadurch zu neuen Erkenntnissen beitragen. Auch koloniale und nachkoloniale Umbrüche sowie die Veränderungen oder selektiven Retraditionalisierungen während und nach Kriegen werden so greifbar. Die Vermittlerrolle sozialwissenschaftlich und kulturvergleichend ausgerichteter Kompetenz bietet ein Potential, das auch für agrar- und ernährungswissenschaftliche Problemlösungen nützlich ist.

Literatur

Amnesty International 2009. *Sierra Leone: Lives cut short: Make pregnancy and childbirth safer in Sierra Leone*. AI Publication, AFR 51/001/2009, London.

Ferris, Elizabeth 2007. Abuse of power, Sexual exploitation of refugee women and girls. In *Signs, Journal of Women in Culture and Society*, vol. 32, no. 3: 584-591.

Francis-Chizororo, Monica 2010. Growing up without parents, Socialisation and gender relations in orphaned-child-headed households in rural Zimbabwe. In *Journal of Southern African Studies*, vol. 36, no. 3: 711-727.

Goebel, Allison 2005. *Gender and land reform, The Zimbabwe experience.* McGill-Queens University Press, Montreal.

Olson, Einar Odd und Kristin Scharffscher 2004. Rape in refugee camps as organisational failures. In *International Journal of Human Rights*, vol. 8, no. 4: 377-397.

Parpart, Jane 2008. Masculinities, gender and violence in the struggle for Zimbabwe. In Jane Parpart and Marysia Zalewski (eds.): *Rethinking the man question, Sex, gender and international relations.* Zed Books, London: 181-202.

Peacock, Dean and Mark Weston 2008. *Men and care in the context of HIV and AIDS: Structure, political will and greater male involvement.* Paper presented at the Expert Group Meeting on "Equal sharing of responsibilities between men and women, including care-giving in the context of HIV/AIDS" 6-9 October, 2008, EGM/ESOR/2008/EP.1, UN DAW, New York.

Schäfer, Rita 1995. *Frauenorganisationen und Entwicklungszusammenarbeit.* Centaurus Verlag, Pfaffenweiler.

Dies. 1998. *Guter Rat ist wie die Glut des Feuers. Der Wandel der Anbaukenntnisse, Wissenskommunikation und Geschlechterverhältnisse der Shona in Zimbabwe.* Centaurus Verlag, Pfaffenweiler.

Dies. 2003. *Gender und ländliche Entwicklung in Afrika. Eine kommentierte Bibliographie.* 2. erweiterte und aktualisierte Auflage. Lit-Verlag, Münster.

Dies. 2008: *Frauen und Kriege in Afrika. Eine Gender-Analyse.* Brandes und Apsel Verlag, Frankfurt am Main.

Teale, Lotta 2009. Adressing gender-based violence in the Sierra Leone conflict, Notes from the field. In *African Journal of Conflict Resolution*, vol. 9, no. 2: 69-90.

Ernährungsgewohnheiten im Sudan und ihr Wandel

Mirjam Röder

E-Mail: mirjam.roeder@manchester.ac.uk

Zusammenfassung. Dieser Beitrag beschreibt die vielschichtige Bedeutung von Ernährung und zeigt, dass im Fall von Nahrungssicherung im urbanen Sudan, sozio-kulturelle Faktoren und politische Entscheidungen von hoher Bedeutung sind. Der Sudan könnte Selbstversorger mit dem heimischen Getreide Sorghum sein und damit eine Grundlage für eine ausreichende Volksernährung schaffen, dennoch herrscht ein Nahrungsdefizit. Die Gründe dafür liegen nicht ausschließlich in der Nahrungsproduktion oder an natürlichen Voraussetzungen. Ein starker Urbanisierungtrend, sich verändernde Lebensgewohnheiten, Herausbildung neuer Normen, Streben nach bestimmen Status und politische Entscheidungen tragen zu den Ernährungsverhältnissen bei. Sorghum verliert somit in der sudanesischen Ernährung zunehmend an Bedeutung. Weizen dagegen erfährt eine stetig steigende Nachfrage.

Anhand partizipativer Forschung im Sudan konnte nachgewiesen werden, dass es einen direkten Zusammenhang zwischen der Art und Weise der verzehrten Nahrung und Mahlzeiten und sozialem Status gibt. Des Weiteren können traditionelle Mahlzeiten nur noch bedingt den Lebensstil der stetig wachsenden urbanen Bevölkerung bedienen. Gefördert wird das zusätzlich durch eine Politik, die hohen Wert auf Status und modernen Lebensstil legt, aber eine adäquate und nachhaltige Versorgung vernachlässigt. Ernährung ist zwar ein Grundbedürfnis jedes Lebewesens, um Lebensfunktionen aufrecht zu erhalten. Dennoch folgen Gesellschaften bei der Ernährung bestimmten sozio-ökonomischen, sozialen, kulturellen, psychologischen, politischen und normativen Strukturen und Bedürfnissen. Um die Ganzheitlichkeit von Ernährung und damit Nahrungssicherung zu begreifen, bedarf es daher eines Verständnisses von Ernährung als sozio-kulturell eingebundenes Konzept der Mahlzeit.

Schlüsselwörter. Ernährungskultur. Humanökologie. Mahlzeitensicherung. Sorghum. Status. Sudan. Weizen. Pro-Weizen-Politik.

Einleitung

Was ist Ernährung? Unter biologischem Aspekt könnte der Mensch alles essen und trinken, was genießbar und ungiftig ist. In einer Gesellschaft werden aber bestimmte Produkte bevorzugt konsumiert, andere dagegen vermieden bis hin zu tabuisiert.

Nahrung dient nicht allein der Deckung des Nährstoffbedarfs. Der Nährwert eines zu sich genommenen Produkts spielt beim Verzehr nur eine sekundäre Rolle. Für Gesellschaften ist vielmehr entscheidend, wie Nahrung definiert ist, bzw. welches Produkt zum jeweiligen Anlass verzehrt werden darf (vgl. Tannahill 1988, Neumann 1997). Wenngleich die ökologischen Umstände die Art der zur Verfügung stehenden Nahrung beeinflussen, sind die kulturellen Faktoren von weitaus größerer Bedeutung. So wird ein Nahrungsmittel meist nicht in dem Zustand genossen, wie es in der Natur gewachsen ist. Durch Technologien wird der Rohstoff in Anbindung an kulturelle Normen zu der Speise bereitet und auf die Art und Weise verzehrt, die der jeweiligen Kultur gemäß ist.

Die Mahlzeit ist demnach in ihrer Gesamtheit (vom Rohstoff über die Verarbeitung bis hin zum Verzehr) eine kulturelle Inszenierung, die mit naturalen Kategorien allein nicht zu beschreiben ist. Bedeutsam ist nicht, was gegessen wird, sondern wie die Speisen aussehen, wie sie zubereitet und wie sie konsumiert werden.

Ernährung steht in unmittelbarer Beziehung zur Kultur und ist so vielfältig wie diese. Auch wenn die natürlichen Grundlagen der Ernährung von verschiedenen Kulturen ähnlich sein können, so unterscheiden sich die Esskulturen und Präferenzen verschiedener Gesellschaften deutlich voneinander. Die Unterschiede sind aber nicht nur regionaler Art, sondern auch innerhalb von Gesellschaften (z. B. soziale Klassen, Generationsunterschiede) und Haushalten (Rangordnung, Geschlechterrollen) zu finden. In einem begrenzten Raum kann eine Vielzahl an unterschiedlichen Küchen gefunden werden (vgl. Neumann 1997). Die Räumlichkeit der Esskulturen wird demnach nicht nur durch ökologische Faktoren bestimmt, sondern auch von soziokulturellen Eigenarten, wirtschaftlichen, politischen und normativen Prinzipien.

Es wird deutlich, dass es nicht ausreicht, die Ernährungsproblematik sowie Nahrungssicherung ausschließlich vom agrarökonomischen sowie naturwissenschaftlichen Aspekt bezüglich der Nahrungsmittelproduktion und der Versorgung des menschlichen Körpers mit Nährstoffen zu untersuchen. Angaben zur Nahrungsmittelproduktion und zum Konsum geben keinen Aufschluss über die tatsächliche Versorgungssituation von Regionen, Haushalten und Individuen und lassen die soziokulturellen Hintergründe der Ernährung völlig außer Acht. Für die Nahrungssicherung eines Landes genügt es nicht, über eine bestimmte Menge an Nahrungsmitteln zu verfügen. Vielmehr muss der Zugang zur Nahrung gesichert sein und es, bedarf einer Reihe von Voraussetzungen (Brennmaterial, Kochutensilien, Wasser, Technologien und Wissen), um aus den Rohstoffen eine vollwertige Mahlzeit zubereiten zu können. Soziokulturelle Aspekte spielen dabei eine essentielle Rolle.

Die Ergebnisse dieses Beitrags beruhen bezüglich des Konzepts von Ernährung und Mahlzeitensicherung auf Literaturrecherche. Die Forschungsergebnisse zur Ernährung im Sudan sind Resultat partizipativer Feldforschung in der Stadt Elobeid im Sudan in Jahr 2005 (vgl. Röder 2008).

Humanökologische Pyramide

Anhand des Konzepts der Mensch Umwelt-Beziehung der Humanökologie kann die Komplexität von Ernährung verdeutlicht werden. Als Grundlage dient hierbei die humanökologische Pyramide von Teherani-Krönner (1992b) nach Park (Abb. 1).

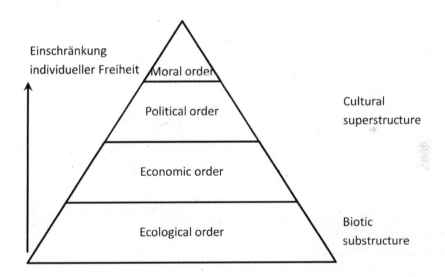

Abbildung 1: Humanökologische Pyramide nach Park (Teherani Krönner 1992b: 27)

Die vier Ordnungsstufen beschreiben den Aufbau der Gesellschaft bzw. die strukturierte Beziehung zwischen Natur und Kultur. Die Ordnungsstufen stehen dabei nicht isoliert aufeinander, sondern zwischen ihnen findet permanente Interaktion statt (vgl. Teherani-Krönner 1992b). Die

Natur (*ecological order*) bildet das Fundament und ist von uneingeschränkter Freiheit und Konkurrenz gekennzeichnet. Die darauf aufbauenden drei Ordnungsstufen der Kultur: Ökonomie (*economical order*), gesellschaftliche Ordnung (*political order*) und an der Spitze die moralische Ordnung (*moral order*) sind durch Kommunikation, Konsens und Kooperation gekennzeichnet (vgl. Teherani-Krönner 1992a: 131 ff.). Die individuelle Freiheit wird mit zunehmender Höhe der Pyramide immer stärker eingeschränkt. Dies ist auf das Vorhandensein von gesellschaftlichen Regeln und Gesetzen zurückzuführen (vgl. Teherani-Krönner 1992a, b).

Entwicklung von Ernährungskulturen

Die Ernährung des Menschen steht mit vielen biologischen wie auch kulturellen Faktoren in Wechselwirkung (Abb. 2).

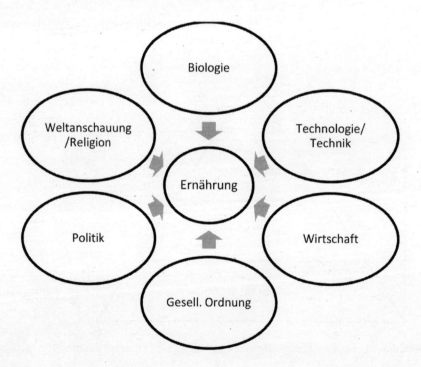

Abbildung 2: Einflüsse auf die Entwicklung von Ernährungskulturen (Quelle: eigene Darstellung)

Die Faktoren sind von Gesellschaft zu Gesellschaft unterschiedlich bzw. wirken in unterschiedlichem Maße und mit anderer Gewichtung auf die

Ernährung ein. Generell hängt die Ernährung von drei großen Faktoren ab: der Physiologie des menschlichen Organismus, der natürlichen Umwelt und der Kultur (vgl. Den Hartog 1995). Die Physiologie ist dafür verantwortlich, was verdaut werden kann und was nicht. Die natürliche Umwelt hat Einfluss auf das Vorhandensein von Rohstoffen, die dem Menschen unmittelbar zur Verfügung steht (vgl. Den Hartog 1995 und Harris 1990). Die Kultur legt fest, was in der Gesellschaft gegessen werden darf und was nicht. Sie richtet sich dabei nicht nur nach physiologischen Aspekten, sondern vielmehr nach ideologischen (vgl. Den Hartog 1995).

Die *natürliche Umwelt* hat in Form von Klima und Geographie einen Einfluss auf die Ernährung der Menschen. Die Biologie bestimmt maßgeblich, welche und wie Pflanzen und Tiere in einer Region wachsen und leben (vgl. Den Hartog 1995 und Harris 1990). Neben den Rohstoffen zur Nahrungsherstellung, sind auch die Verarbeitungs- und Aufbewahrungsmethoden an den natürlichen Gegebenheiten ausgerichtet (vgl. Den Hartog 1995).

Das Nahrungsangebot unterliegt saisonalen Unterschieden. Je nach Entwicklungsphase der Pflanzen sind die gewünschten Nahrungsmittel zu einem bestimmten Zeitpunkt verfügbar. Für Phasen in denen keine frischen Produkte zur Verfügung stehen, müssen andere Nahrungsquellen gesichert werden, um ihre Versorgung zu gewährleisten (vgl. Den Hartog 1995). Angebotsschwankungen, sind aber nicht nur saisonal bedingt, sondern können auch unerwartet, zum Beispiel durch Missernten, verursacht werden (vgl. Bows 2012).

Technologien und Techniken werden vom Menschen im Umgang mit der Natur entwickelt (vgl. Steward 1955). Sie sind für den Menschen essentiell, um seine Existenz zu sichern, denn erst durch bestimmte Produktions- und Verarbeitungsmethoden kann eine Nahrungsgrundlage geschaffen werden (vgl. Mennell 1992).

Würde der Mensch sich mit dem begnügen, was er in der Natur findet, würde er sich nicht vollwertig ernähren können. Die Verarbeitung von Pflanzen und Tierprodukten ist notwendig, um die Nahrungsmittel für den Menschen genießbar und physiologisch verwertbar zu machen. Durch Kochen, Zerkleinern, Mahlen, Einweichen und Fermentieren werden Nahrungsmittel genießbar, da durch diese Prozesse physikalische und chemische Eigenschaften der Inhaltsstoffe verändert werden (vgl. Mennell 1992).

Mit der Domestizierung von Tieren und Züchten von Nutzpflanzen schuf der Menschen sich eine solide Nahrungsgrundlage (vgl. Steward 1955 und Tannahill 1988). Technische Entwicklungen, zum Beispiel während der Industrialisierung, haben einen erheblichen Einfluss auf die Ernährung. Erfindungen von Maschinen, neue Methoden der Metallverarbeitung und die Erzeugung von Elektrizität erleichterten die Produktion, Verarbeitung, Lagerung und den Transport von Nahrungsmitteln sowie die Überbrückung von Angebotsschwankungen (vgl. Mennell 1992).

Die *wirtschaftliche Lage* bestimmt maßgeblich die Versorgungssituation. In Bezug auf die Ernährung haben Besitz, Einkommen und Ressourcenzugang einen Einfluss darauf, welche Nahrungsmittel zur Verfügung stehen (vgl. Tannahill 1988).

Im Fall eines ländlichen Haushalts mit Subsistenzwirtschaft setzt sich das Nahrungsangebot aus dem zusammen, was selbst produziert und in geringerem Maße, was auf regionalen Märkten erworben wird. In städtischen Haushalten ist Eigenproduktion von Nahrungsmitteln so gut wie unmöglich und es besteht eine hohe Abhängigkeit vom Marktangebot. Nichtsdestotrotz herrscht in urbanen Räumen eine größere Auswahl an Nahrungsmitteln und größere saisonale Unabhängigkeit (vgl. Goodman 1991 und Tannahill 1988).

Seit jeher sind bestimmte Nahrungsmittel und Ernährungsweisen charakteristisch für verschiedene *soziale Klassen*. Die Nahrungsmittel und die Möglichkeiten der Nahrungszubereitung sind an das Einkommen, den Besitz und Ressourcenzugang des Haushalts gebunden. So unterscheidet sich die Küche verschiedener Schichten voneinander. In den vergangen Jahrhunderten wurde die Ernährung der unteren sozialen Schichten als eintönig und nährstoffarm angesehen, basierend auf faserreicher Nahrung und Getreide. In den oberen Gesellschaftsschichten dagegen war das Essen reichhaltiger und vielfältiger, mit hohem Konsum an energie- und proteinreicher Nahrung (vgl. Barlösius 1999, Mennell 1992 und Wirz 1997). In der heutigen Zeit hat sich diese Ausprägung von der Art und Quantität der Produkte hin zur Qualität gewandelt. Untere Einkommensklassen haben oft eine geringere Auswahl an gesunden Produkten geprägt von niederer Qualität (vgl. Black 2012, Hur 2011 und Webber 2010).

Politische Entscheidungen können einen ausschlaggebenden Einfluss auf die Nahrungsmittelversorgung und Ernährung haben. Die Politik fördert und reguliert Nahrungsproduktion, Handel und Konsumverhalten. Subventionen, Besteuerung, staatliche Reservelager sind typische Instrumente, um Nahrungsmittelmärkte zu lenken (vgl. Edjabou 2013, Mankiw 1997, Nederkoorn 2011 und Waterlander 2012).

Ein weiteres politisches Instrument ist die Nahrungsmittelhilfe. Für ein Geberland ist es oft entscheidend, ob ein bedürftiges Land ihm freundlich gesinnt ist, respektive ob das politische System dessen Vorstellungen entspricht (vgl. Cathie 1982 und Ruttan 1993). Nahrungsmittelhilfe wird aber auch dazu genutzt, eine Bevölkerung an ein neues Produkt zu gewöhnen und somit neue Absatzmärkte zu schaffen (vgl. Gabbert 2000 und Goodman 1991). Im Gegenzug führt Nahrungsmittelknappheit nicht selten zu Rebellion und Chaos, wie zum Beispiel die Fälle von Haiti oder Ägypten in den letzten Jahren gezeigt haben.

Die *Weltanschauung* einer Gesellschaft kann als Regelwerk für ihr Verhalten und Handeln verstanden werden. In jeder Gesellschaft gibt es bestimmte Richtlinien, Vorschriften und Gesetze, um die Existenz der Gesellschaft zu sichern (vgl. Freud 1912-13)

Auch die Ernährung wird von Regeln geprägt, die durch Sitten, Traditionen und Religionen festgelegt werden. So haben viele Kulturen in Verbindung mit Religionen bestimmte Vorschriften zur Nahrungsaufnahme aufgestellt. Sie beschreiben, welche Speisen konsumiert werden dürfen, wie Nahrung verarbeitet und zubereitet werden müssen oder was bei der Nahrungsaufnahme zu beachten ist. Neben den Regeln zum Verzehr, spielen Tabus und Fasten in vielen Religionen eine wichtige Rolle.

Bedeutung von Ernährung

Ernährung hat viele verschiedene Funktionen für den Konsumenten, die Haushalte und die Gesellschaft. Zwar ist eine der Hauptfunktionen der Ernährung die Deckung des Nährstoff- und Energiebedarfs, dennoch spielt sie auch für die Kultur und das Gesellschaftsleben eine ebenso große Rolle (Abb. 3).

Die Mahlzeit wird als ein Vorgang gesehen, der bei der Stiftung kulturellen Sinnes und *kultureller Identität* eine wesentliche Rolle spielt (vgl. Barlösius 1999). In der Küche einer Gesellschaft sind kulturelle Elemente enthalten, die als typisch für diese gelten und identitätsbildend wirken (vgl. Barlösius 1999). Durch Essen kann Identität erlebt und repräsentiert werden. Die Verwendung einzelner Speisen und die Zubereitungsformen sind von symbolischer Bedeutung für die Identität einer Kultur. Sie sind mit Regeln, Gesetzen und Normen verknüpft und können nur von denjenigen verstanden und erkannt werden, die mit ihnen vertraut sind (vgl. Neumann 1997). Die Esskultur einer Gesellschaft gibt somit Auskunft über die Gesellschaftsstrukturen (vgl. Mennell 1992).

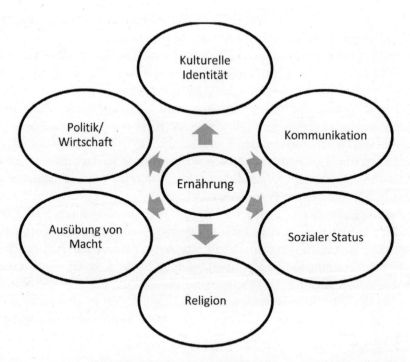

Abbildung 3: Einflüsse von Ernährung auf die Gesellschaft (Quelle: eigene Darstellung)

Bestimmte Zubereitungsformen, Speisen sowie die Teilnahme an einer Mahlzeit können die Zugehörigkeit zu bestimmten Gruppen signalisieren und bestimmte Lebensweisen, Religion oder das Bewusstsein einer Gruppe widerspiegeln (vgl. Den Hartog 1995 und Neumann 1997).

Ernährung dient ebenso als ein Mittel der *Kommunikation und des gesellschaftlichen Umgangs*. Gemeinsame Mahlzeiten führen Gleichgesinnte zusammen. Gemeinsames Essen und das Teilen von Essen sind Rituale der Einheit und Gesten der Freundschaft, der Verbundenheit und des Vertrauens (vgl. Neumann 1997).

Es gibt sehr viele Anlässe im gesellschaftlichen Leben, wo das Zusammenkommen von Menschen in unmittelbarem Kontext mit der Esskultur steht. Das wohl älteste Ritual, welches die soziale Zusammengehörigkeit darstellt, ist das Opfermahl. Das Verbindende ist nicht das religiöse Moment des Opferns, sondern die gemeinsame Mahlzeit (vgl. Freud 1912-13). Das Essen und Trinken mit anderen oder das Schenken von Nahrung ist Symbol und Bekräftigung von sozialer Gemeinschaft und von Übernahme gegenseitiger Verpflichtungen und Verantwortung.

Ferner wird der Tag durch Mahlzeiten gegliedert. Diese bilden somit eine immer wiederkehrende Struktur, die Gelegenheiten des kommunikativen Austauschs mit anderen bietet. Im Haushalt sind gemeinsame Mahlzeiten oft die einzigen Anlässe, bei denen sich alle Familienmitglieder zusammenfinden (vgl. Barlösius 1999). Ebenso sind Geschäftsessen oder Staatsessen bewährte Methoden, um wichtige Dinge zu diskutieren oder Bündnisse zu bekräftigen (vgl. Neumann 1997).

Essakte sind Spiegel und Ausdruck *sozialer Verhältnisse* (vgl. Barlösius 1999). Die Art der Nahrung und wie sie konsumiert wird, hängt vom Lebensstandard der Menschen ab.

Bestimmte Speisen, Zubereitungsformen oder die Art und Weise wie das Essen serviert wird, gelten seit jeher als Ausdruck und Symbol verschiedener sozialer Schichten. Das wohl typischste Beispiel ist Fleisch, welches als Wohlstandsmesser betrachtet werden kann (vgl. Teuteberg 1972). Ähnlich ist es mit Weizen, der als das *Prestigegetreide* (vgl. Fenton 1997) angesehen wird. In der Regel gilt in vielen Regionen der Welt noch immer, dass feine, stark verarbeitete Speisen und tierische Produkte von höherem Status zeugen als grobe Produkte pflanzlichen Ursprungs (vgl. Den Hartog 1995, Mennell 1992 und Teuteberg 1972).

Nahrung steht häufig in Verbindung mit *religiösen oder magischen Symbolen, Ritualen und Gesetzen.* So geschieht im Alten Testament der Übertritt des Menschen aus dem unbewussten ins bewusste Dasein und gleichzeitig der Bruch eines Gottesgesetzes durch einen Essakt. Weil Adam den Apfel vom Baum der Erkenntnis isst, emanzipiert sich der Mensch zum wissenden Kulturwesen (vgl. Neumann 1997). Ein weiteres zentrales Symbol der christlichen Religion ist das Abendmahl von Jesus mit seinen Jüngern. Mit dem ritualisierten Opfermahl soll der Sündenfall Adams wieder geheilt werden (vgl. Neumann 1997).

In vielen Religionen sind Gesetze zum Verzehr von bestimmten Nahrungsmitteln von großer Bedeutung. Das Meiden bzw. Bevorzugen bestimmter Nahrungsmittel ist damit ein Charakteristikum einer Religion (vgl. Barlösius 1999).

Ebenso wie Nahrungsmittel als negativ oder verunreinigend gemieden werden, werden anderen Nahrungsmitteln schützende und positive Wirkungen nachgesagt. Dies betrifft vor allem energie, protein oder vitaminreiche Nahrungsmittel, die vor bösen Geistern schützen, die Fruchtbarkeit fördern, Kraft geben und Glück bringen (vgl. Dirar 1993).

Seit Menschengedenken ist die Kontrolle der Nahrungsproduktion, des Nahrungsangebots und der Versorgung der Menschen ein Mittel der *Machtausübung.*

Bis Mitte des 20. Jahrhunderts waren die Macht und Abhängigkeitsverhältnisse noch stärker sinnlich erfahrbar. Grundbesitzer und Landwirte hatten Kontrolle über diejenigen, die auf die Nahrungsproduktion angewiesen waren (vgl. Fieldhouse 1996, Gabbert 2000 und Fenton 1997), wie zum Beispiel Landlose und Stadtbevölkerung. Heute dagegen wird diese Abhängigkeit kaum bewusst wahrgenommen solange die Versorgung gewährleistet ist. Dennoch haben Lebensmittelindustrie, Händler und Gesetzgeber erheblichen Einfluss auf Angebot und Nachfrage (vgl. Bows 2012).

Versorgung und Hunger werden seit jeher als *politisches Mittel* eingesetzt (Aushungerungsversuche in Kriegen, Nahrungsmittelhilfe) (vgl. Gabbert 2000). Nahrungsmangel ist oft der Antrieb für Umwälzungen in der Weltgeschichte und Politik. Zahlreiche Aufstände und Revolutionen gegen die herrschende Macht begannen mit Brotaufständen (vgl. Den Hartog 1995, Tannahill 1988 und Fenton 1997), wie zum Beispiel die Französische Revolution, Verschuldungskrisen in Südamerika oder der Arabische Frühling.

Aber auch die *Wirtschaft* wird maßgeblich von der Ernährung beeinflusst. Starke Schwankungen in der Nahrungsproduktion können sich negative auf die Wirtschaft eines Landes auswirken. Handelt es sich um einen global player, kann das massive Folgen für den gesamten Weltmarkt haben (vgl. FAO 2013b und Tannahill 1988).

Ernährungsgewohnheiten im Sudan[1]

Landesüberblick

Der Sudan ist mit einer Fläche von 1,86 Mio. km2 das drittgrößte Land Afrikas. Die Zahl der Bevölkerung beträgt etwa 35 Mio., von denen etwa 67% im ländlichen Raum leben (vgl. CIA 2013). Die Bevölkerung setzt sich aus mehr als 500 verschiedenen Ethnien zusammen, womit man nicht von einer typischen Kultur reden kann, sondern gerade die kulturelle Vielfalt charakteristisch für den Sudan ist.

Der Sudan hat unterschiedliche agrarökologische Zonen. Im Norden ist Wüste dominierend, in der Landesmitte Savanne und Gras und Buschland (vgl. CIA 2013). Ca. 7% (0,13 Mio. km2) der Fläche werden

---

[1] Die Ergebnisse der Feldforschung wurden vor der Trennung des Sudan 2011 in Nord und Süd veröffentlicht. Sie beziehen sich auf den Zeitpunkt vor 2006 und treffen aus heutiger Sicht kulturell, wirtschaftlich und politisch auf den Sudan (Nordsudan) zu.

als Ackerland genutzte, wovon knapp 19.000 km2 bewässert sind (vgl. CIA 2013 und FAO 1997, 2000a).

Seit 1999 ist Erdöl zum dominierenden Wirtschaftsfaktor avanciert (vgl. FAO 2007). Die Landwirtschaft war bis zu Erdölförderung der größte Wirtschaftssektor und generiert gegenwärtig etwa 28% des Bruttoinlandprodukts (vgl. CIA 2013). Die Hauptanbausorten sind Baumwolle, Sorghum, Hirse, Sesam, Erdnüsse, Zuckerrohr und Gummi Arabicum. Ferner werden Rinder, Schafe, Ziegen und Kamele gehalten (vgl. CIA 2013).

Seit 1956 ist der Sudan unabhängig. Im Süden des Landes herrschte jahrzehntelang Bürgerkrieg. 2011 hat der Süden durch die Staatsgründung des Südsudans die Unabhängigkeit vom Norden erlangt (vgl. CIA 2013). Seit der post-kolonialen Unabhängigkeit bis heute ist der Sudan geprägt von bewaffneten Konflikten, schwacher Infrastruktur und unzureichender Versorgung der Bevölkerung (vgl. CIA 2013).

Grundnahrungsmittel Sorghum

Sorghum (*Sorghum bicolor*) gehört als wichtigstes Getreide in fast allen Regionen im Sudan in irgendeiner Form zum täglichen Speiseplan. Diese Hirseart stammt ursprünglich aus der Sahelzone. Domestiziert wurde es vor etwa 7000 Jahren höchst wahrscheinlich in der Gegend des Tschadsees (vgl. FAO 1995).

Sorghum ist ein einjähriges Süßgras. Es gibt fünf Gattungen und über 36 Arten von kultiviertem Sorghum im Sudan (vgl. FAO 1988, 1989 und 1995). Die Pflanze ist optimal an semiarides Klima adaptiert und zeichnet sich durch eine hohe Trockenresistenz aus (vgl. FAO 1995). Sorghum kann auf beinahe allen Böden angebaut werden und benötigt kaum Düngung, was es zu einer pflegeleichten und kostengünstigen Kultur macht (vgl. FAO 1995).

Sorghum wird seit einigen Jahrtausenden im Sudan konsumiert und galt bereits in meroeischen Zeiten (690 v.Chr. bis 323 n.Chr.) als eines der wichtigsten Nahrungsmittel. Fast im gesamten Sudan wird Sorghum angebaut. Hauptanbaugebiet sind aber die tonreichen Böden im Zentralsudan (vgl. Dirar 1993). Auch im Norden des Landes, wo Weizen als wichtiges Nahrungsmittel angebaut wird, wird Sorghum ebenso verzehrt. Dies betrifft auch den Westen des Sudans, wo Perlhirse das wichtigste Getreide ist (vgl. Dirar 1993). Die Menge an Sorghum, die produziert wird, könnte ausreichen, um den Bedarf der Bevölkerung zu decken (vgl. Brown 2005).

Sorghum wird vielseitig genutzt. Die Körner werden zur Herstellung von Nahrungsmitteln oder Getränken verwendet. Blätter, Stängel, aber auch die Körner dienen als Viehfutter. Die Stängel dienen ebenfalls als Baumaterial (vgl. Dirar 1993). Sorghum eignet sich sehr gut für die menschliche Ernährung, da die Körner reich an Kohlehydraten und Protein sind.

Die gesamte traditionelle Verarbeitung von Sorghum fällt in den Aufgabenbereich der Frauen und Mädchen. Die meisten traditionellen Techniken zur Sorghumverarbeitung, die sehr zeitintensiv sind, werden von Hand durchgeführt (vgl. Dirar 1993).

Meistens wird Sorghum zu Teig verarbeitet. Dazu werden die Körner gereinigt und gemahlen. Dann wird das Mehl mit Wasser zu Teig angerührt und über Nacht fermentiert. Der vergorene Teig (Ajin) dient als Grundlage vieler verschiedener Speisen (vgl. Dirar 1993). Die zwei bekanntesten Grundnahrungsmittel im Sudan aus Sorghum sind Aceda – ein fester Porridge – und Kisra – ein dünnes Fladenbrot (vgl. Dirar 1993).

Zubereitet wird Aceda indem in einem Topf Wasser zum Kochen gebracht wird und nach und nach kleine Portionen Ajin untergerührt werden, bis ein fester Porridge entsteht. Aceda mit Soße (Mulah) wird in einigen Regionen im ländlichen Raum zu fast allen Mahlzeiten gegessen (vgl. Dirar 1993). In den Städten dagegen wird Aceda fast gar nicht mehr konsumiert. Dort ist Kisra das wichtigste Sorghumprodukt (vgl. Röder 2008). Für die Zubereitung von Kisra wird Ajin auf einem heißen Metallteller gleichmäßig und dünn verteilt und ist innerhalb weniger Sekunden gebacken. Kisra wir mit einer Gulaschartigen Soße (Tabikh) gegessen.

Generell setzt sich die sudanesische Küche hauptsächlich aus afrikanischen und arabischen Produkten zusammen, wobei fermentierte Nahrungsmittel eine wichtige Rolle übernehmen (vgl. Dirar 1993).

Einflüsse auf die sudanesische Versorgungssituation

Der Sudan ist ein Land mit gravierenden Nahrungsdefiziten (vgl. FAO 2013a). Subsistenzwirtschaft spielt eine wichtige Rolle für die Versorgung im Sudan (vgl. Brandt 1987 und FAO 2011). Obwohl Subsistenzwirtschaften sozial und ökologisch stabile Systeme sind, kann dennoch Nahrungsmittelknappheit auftreten (vgl. de Waal 1989 und FAO 2011). Aufgrund saisonaler Schwankungen kann es zu Versorgungsengpässen kommen (vgl. de Waal 1989 und Grawert 1998). Ferner können das unvorhersehbare Wetter- und Umweltereignisse zu

Knappheit führen (vgl. de Waal 1989 und Sen 1981). Die auf Subsistenz gründende Ernährungsweise ist jedoch vollwertig. Die Menschen haben ihre Ernährung über Generationen den bestehenden Verhältnissen angepasst. Über ihr indigenes Wissen und spezielle Technologien sichern die Betroffenen ihre Versorgung und sind in der Regel gegen temporäre Knappheit gewappnet (vgl. de Waal 1989 und Sen 1981).

Neben natürlichen Faktoren bestimmen ebenso wirtschaftliche, politische und soziale Einflüsse die Versorgungslage. Auch wenn ein Großteil der Nahrungsmittel in Subsistenzwirtschaft hergestellt wird, produzieren viele rurale Haushalte nicht ausschließlich für den Eigenbedarf, sondern auch für den regionalen Markt (vgl. de Waal 1989 und Sen 1981). Rurale Haushalte benötigen dieses monetäre Einkommen, um weitere für den Lebensunterhalt anfallende Kosten decken zu können (Gesundheitsservice, Bildung, Kleidung, Nahrung, Saatgut). Bei Ernteausfällen oder Abreißen des Versorgungsstroms sinkt zum einen der Grad der Selbstversorgung, zum anderen verringert sich das regionale Nahrungsmittelangebot und Preise steigen (vgl. de Waal 1989). Vor allem für ressourcenschwache Haushalte wird die Nahrungssicherheit gefährdet (vgl. de Waal 1989 und Den Hartog 1995).

Die Ursachen von Hunger liegen oft nicht in einem zu geringen Nahrungsmittelangebot, sondern in dem ungleichen Zugang zu Nahrung und den Ressourcen, die notwendig sind, um Nahrung produzieren oder erwerben zu können (*entitlement approach*, vgl. Sen 1981). Des Weiteren ist in den von Hunger betroffenen Gebieten die Infrastruktur meistens schlecht entwickelt, was die Möglichkeiten für den Transport einschränkt. Das erschwert den Zugang zum Markt und schränkt Nahrungsmittellieferungen in die betroffenen Gebiete ein (vgl. Sen 1981 und Jiggins 1994).

Kommerzielle Landwirtschaft nimmt ebenfalls Einfluss auf die Ernährung der Bevölkerung. Durch die Ausweitung der marktorientierten Produktion werden Subsistenzwirtschaft und Nahrungsmittelproduktion ins Abseits gedrängt und damit die Selbstversorgung gefährdet (vgl. Brandt 1987).

Ferner beeinflussen politische Entscheidungen die Ernährung im Sudan. Die seit Jahrzehnten andauernden bewaffneten Konflikte verursachten Nahrungsmittelknappheit, von der 2013 etwa 4.25 Mio. Menschen direkt betroffen sind (vgl. FAO 2013a). Landwirtschaftlich wertvolles Land konnte seit Beginn der Unabhängigkeit nicht optimal genutzt werden, Felder und Weiden wurden durch gewaltsame Konflikte zerstört (vgl. FAO 2013a). Die Regierenden vernachlässigten die Lö-

sung der wirtschaftlichen und sozialen Probleme (vgl. FAO 2007 und
BpB 2001).

Urbanisierung und das Konzept von Weizen

Die zunehmende Urbanisierung spielt eine entscheidende Rolle bei den
Veränderungen der Ernährungsgewohnheiten im Sudan. Gründe für
starke Abwanderung in die Städte sind unter anderem soziale und wirtschaftliche Faktoren, geringe Entwicklungschancen und Armut auf dem
Land und die Hoffnung auf ein höheres Einkommen in den Städten
(vgl. Grawert 1994a, b). Doch in den meisten Fällen kommt es zu einer
Verschärfung der sozialen und ökonomischen Gegensätze (vgl. Grawert
1994a, b). Der Lebensstil in der Stadt unterscheidet sich erheblich von
dem auf dem Land und es existieren oft nicht die engen sozialen Kon-
takte wie in den ruralen Gebieten (vgl. Grawert 1994a, b).

In der Stadt besteht kaum eine Möglichkeit, die Nahrung selbst zu
produzieren. Für den urbanen Haushalt ist es unabdingbar, Geld zu
verdienen, um die notwendigen Nahrungsmittel sowie andere Güter
und Dienstleistungen erwerben zu können (vgl. Den Hartog 1995,
Grawert 1994b und Röder 2008). Während das urbane Marktangebot
nicht alle traditionellen Produkte bereit stellt, gibt es dennoch Nahrungsmittel zu denen man auf dem Land oft keinen Zugang hat (diverse
Gemüsearten, Früchte, Fleisch, Importwaren). Zudem gibt es nur geringe saisonale Veränderungen des Nahrungsangebots (vgl. Röder
2008).

Konsum und Ernährungsverhalten im urbanen Raum

Das Handelsnetz ist in den großen sudanesischen Städten gut ausge-
prägt. Die Bewohner sind nicht auf einen einzigen Markt angewiesen,
sondern finden in der näheren Nachbarschaft Händler, die Nahrungsmittel verkaufen (vgl. Röder 2008). Diese Händler bieten in erster Linie
Produkte an, die den täglichen Bedarf der Städter bedienen (diverse
Konserven, Reis, Weizen und Maismehl, Zucker, Salz, Öl, Eier, Linsen,
Brot, Ful Masri). Darunter sind viele importierte Nahrungsmittel. Sie
sind industriell hergestellt, lange haltbar, bequem und schnell zuzubereiten und verkörpern einen modernen Standard (ebenda). Traditionelle
Nahrungsmittel findet man bei den Händlern nur selten, da sie aufwendig zuzubereiten sind und hauptsächlich nur auf Haushaltsebene hergestellt werden Aceda, eines der wichtigsten Nahrungsmittel im ländlichen Raum, findet man nicht auf den Märkten (ebenda). Die Nachfrage

nach traditionellen Nahrungsmitteln lässt in den Städten daher nach, wogegen der Konsum von importierten Nahrungsmitteln und Fleisch zunimmt (vgl. Den Hartog 1995, Latham 1997 und Röder 2008).

Sorghum verliert in den sudanesischen Städten immer mehr an Bedeutung. Weizen dagegen, ist das wichtigste Getreide (vgl. Röder 2008).

Milch und Milchprodukte spielen in der sudanesischen Ernährung eine wichtige Rolle (vgl. Dirar 1993). Das Halten von Tieren ist in den Städten so gut wie unmöglich und die Stadtbewohner sind auch hier auf das Marktangebot angewiesen. Die Milchprodukte in den Städten unterscheiden sich beachtlich von denen der Dörfer. In den ländlichen Gebieten greift man vor allem auf die traditionellen Produkte Buttermilch, Butteröl und Frischmilch zurück (vgl. Dirar 1993). In den Städten findet man hauptsächlich Produkte, die auf dem Land völlig fremd sind: Trockenmilch, Joghurt und Weißkäse (vgl. Röder 2008).

In den Städten ist frisches Fleisch zu jeder Zeit verfügbar. In vielen urbanen Haushalten wird (je nach Einkommen) mehrmals wöchentlich Fleisch gegessen. In ruralen Gebieten sind es dagegen ein bis maximal zwei Fleischmahlzeiten pro Woche (vgl. Röder 2008).

Ful Masri (ägyptisches Ackerbohnengericht) ist ein populäres Frühstück in den sudanesischen Städten. Viele Händler bieten fertig gekochten Ful an, der zu Hause nur noch erwärmt und evtl. nachgewürzt werden muss. Im ländlichen Gebiet findet man Ful eher selten, da das Kochen der Ackerbohnen sehr viel Zeit und Brennmaterial in Anspruch nimmt (vgl. ebenda).

Nicht nur die Art der Nahrungsmittel verändert sich in der Stadt, sondern auch die Art und Weise des Essens. Ein Großteil der sudanesischen Stadtbevölkerung ist berufstätig. Da das sudanesische Frühstück in der Regel am Vormittag stattfindet, trinken viele Berufstätige zu Hause nur Tee oder Kaffee und essen gegen 10 Uhr außer Haus. Wie in fast jedem Land der Welt, gibt es auch in sudanesischen Städten viele Fastfood-Stände. Neben Ful Masri oder Falafel haben Burger oder Sandwichs große Popularität (vgl. ebenda).

Mittags wird für gewöhnlich zu Hause gegessen. Es gibt neben Weißbrot in einigen Haushalten Kisra, sehr selten aber Aceda. Dazu isst man Soße und in den meisten Fällen frischen Salat. Am Abend gibt es gewöhnlich Ful Masri, andere snackähnliche Gerichte oder die Reste vom Mittagessen. Für die Zubereitung des Essens wird in den Städten bedeutend weniger Zeit aufgebracht als in den ländlichen Gebieten. Das Brot wird fertig gekauft. Die Soßen, Fleisch oder Gemüse sind auf dem Gasherd, den viele städtische Haushalte besitzen, relativ schnell zubereitet Im Vergleich dazu wird traditionell im ruralen Raum zu allen Mahlzeiten Aceda/Kisra mit Soße gegessen, was eine lange Zubereitungszeit mit sich bringt, zu dem auf einem Holz oder Holzkohlefeuer gekocht wird (vgl. Röder 2008).

Ursachen für die Veränderung der Ernährung bei Urbanisierung

Es wird deutlich, dass sich die Zusammensetzung der Diät und das Essverhalten in der Stadt sehr stark von dem auf dem Land unterscheiden. die Ursachen dafür sind verschieden.

Ein steigendes Einkommen und der sich damit verbessernde soziale Status sind wichtige Faktoren bei der Veränderung der Ernährungsgewohnheiten (vgl. Alexandratos 2012). Bei steigendem Einkommen steigt auch die Nachfrage nach teureren Nahrungsmitteln. Gleichzeitig wächst vor allem der Bedarf an hellen, stark raffinierten und verfeinerten Produkten (vgl. Röder 2008). Seit der Einführung von Weizenbrot während der Kolonialzeit bildete sich ein Zusammenhang zwischen der Farbe des verwendeten Getreides und dem sozialen Status heraus (vgl. Beck 1988 und Dirar 1993). Die am weitesten verbreiteten Sorghumsorten sind von bräunlicher Farbe. Sie haben das Image, ein Nahrungsmittel der armen und ländlichen Bevölkerung zu sein (vgl. de Waal 1989 und Röder 2008). Der Verzehr von Sorghum wird als ein Zurückbleiben in der gesellschaftlichen und wirtschaftlichen Entwicklung angesehen (vgl. de Waal 1989 und Dirar 1993). Weizenkonsum dagegen gilt als fortschrittlich und modern (vgl. Röder 2008). Auch um sich von den ärmeren Gesellschaftsschichten und der ruralen Bevölkerung zu distanzieren, bevorzugt die Stadtbevölkerung Weizenprodukte (vgl. Den Hartog 1995, Dirar 1993 und Röder 2008). Weißbrot und importierte Nahrungsmittel werden damit immer stärker zu Statussymbolen der Stadtbevölkerung, aber auch zunehmend der wohlhabenden Familien auf dem Land (vgl. Dirar 1993 und Röder 2008).

Ein weiterer Faktor ist die veränderte Einteilung der Zeit. Die Zeit für die Zubereitung von Nahrungsmitteln ist bei der Stadtbevölkerung knapp bemessen. Deshalb werden im urbanen Raum Nahrungsmittel bevorzugt, die schnell und einfach zuzubereiten oder bereits verzehrfertig sind (vgl. Röder 2008).

Aber auch die Kosten der Nahrungsmittel sowie der Zubereitung spielen eine wichtige Rolle bezüglich des Ernährungsverhaltens. Die Arbeitslosigkeit in den Städten ist relativ hoch. Die Einkommen sind gering, die Mieten, Wasser und Strom teuer und Nahrungsmittel- und Energiepreise stark steigen (vgl. Alexandratos 2012, FAO 2013a und

Röder 2008). Das führt dazu, dass viele Haushalte neben zeitsparenden auch kostengünstige Nahrungsmittel bevorzugen. Weißbrot ist zum Beispiel relativ preisgünstig, überall erhältlich und kann sofort verzehrt werden. Das spart Geld, Zeit und Brennmaterial. Daher wird Brot in den Städten leicht akzeptiert. Im Vergleich dazu wäre die Zubereitung von Aceda sehr aufwendig (vgl. Röder 2008).

Ferner kann man Brot in Kombination mit einer Vielzahl von anderen Nahrungsmitteln essen und mit vielen verschiedenen Speisen kombinieren, was es zu einem sehr praktischen Nahrungsmittel macht. So gibt es zum Beispiel Sandwichs mit Käse, Ful, Salat, Falafel. Genauso kann auch Aceda und Kisra durch Brot ersetzt werden. Aceda oder Kisra kann dagegen nur mit Soße gegessen werden (vgl. Röder 2008).

Ähnlich wie mit Brot verhält es sich mit Fastfood und Take aways. Verzehrfertige Nahrungsmittel, die von Händlern auf der Straßen verkauft werden, sind im städtischen Sudan sehr populär (vgl. Matuschke 2009 und Röder 2008). Sie sparen Zubereitungszeit und Brennmaterial und ermöglichen einen relativ günstigen Konsum von energiereichem und fleischhaltigem Essen. Der Konsum von Fastfood ist aber gesundheitlich bedenklich, da aufgrund fehlender Hygienestandards die Nahrung leicht mit Keimen kontaminiert sein kann (vgl. Matuschke 2009).

Pro-Weizen-Politik

Eine der erheblichsten Veränderungen in den Ernährungsgewohnheiten des Sudan ist der stetig steigende Konsum von Weizen. Was aber verursacht also diesen Wandel?

Weizen ist kein neues Nahrungsmittel im Sudan. Er wird seit jeher in einigen nördlichen Regionen angebaut und gehört dort zur täglichen Ernährung (vgl. Dirar 1993). Im heißen Flachland wurde Weizen dagegen lange Zeit weder angebaut noch konsumiert. Mit der Unabhängigkeit stieg die Nachfrage und Weizen gewann mehr und mehr an Bedeutung in der sudanesischen Ernährung (vgl. Dirar 1993). Der Grund hierfür ist nicht allein in der zunehmenden Urbanisierung zu suchen. Auch die *Pro-Weizen-Politik*, welche seit Jahrzehnten von verschiedenen sudanesischen Regimes, Ernährungsexperten und Forschern verfolgt wird, dafür verantwortlich (vgl. Maxwell 1991, Oesterdiekhoff 1991 und Röder 2008).

Unter der *Pro-Weizen-Politik* ist die verstärkte Konzentration von Forschung und Politik auf die Weizenproduktion zu verstehen. Die Forschung im Bereich der Weizenproduktion wird sehr intensiv betrieben. Die Anbauflächen für Weizen im Bewässerungsfeldbau, die sich in staat-

lichem Besitz befinden, wurden über Jahrzehnte erweitert und der An-
bau stark subventioniert, wodurch Weizenprodukte billiger wurden als
Sorghum (vgl. Brandt 1987, Maxwell 1991 und Oesterdiekhoff 1991).
Ferner werden jährlich große Mengen an Weizen kommerziell impor-
tiert, um den Bedarf der Bevölkerung zu decken (vgl. FAO 2013a und
McKee 2010).

Das Propagieren der Weizenproduktion sowie des Weizenkonsums
ist sehr kritisch zu betrachten, da viele Fakten gegen diese Politik sprechen. Weizen ist für das heiße und trockene Klima im Sudan, im Gegensatz zu Sorghum, völlig ungeeignet. Der Anbau ist sehr kosteninten-
siv, da Düngemittel und Bewässerung notwendig sind (vgl. FAO 2006).
Die Weizenerträge im Sudan sind relativ niedrig und können bei wei-
tem nicht den Bedarf decken, so dass große Mengen von Weizen impor-
tiert werden müssen (vgl. McKee 2010). Dabei verbessert der Weizen
mitnichten die Ernährungssituation oder die Qualität der Diät im Sudan. Die stark verfeinerten Weizenprodukte haben in den meisten Fällen einen niedrigeren Nährwert als traditionelle Nahrungsmittel (vgl.
Dirar 1993) und können damit den Ernährungszustand vor allem in
einkommensschwachen Haushalten verschlechtern. Zudem hat Weizenkonsum zu Folge, dass auch andere Produkte, wie zum Beispiel
Fleisch oder Käse, verstärkt nachgefragt werden (vgl. Röder 2008). Das
heißt, dass Weizen nicht ein Produkt in der Ernährung ersetzt, sondern
diese grundlegend verändert und zu neuen Strukturen in der Ernährung
und somit Versorgungskette führt.

Die Gründe der sudanesischen Regierung für die *Pro-Weizen-Politik*
sind unklar, daher bleibt nur Raum für Spekulationen. Die kosten und
pflegeintensive Weizenproduktion gilt als fortschrittlich und modern.
Im Gegensatz dazu steht die Subsistenzwirtschaft, in der Sorghum produziert wird. Diese Produktionsweise gilt als veraltet, primitiv und
rückschrittlich, weil für die Produktion und Verarbeitung keine komplexen Techniken benötigt werden und sie auf Haushaltsebene durchgeführt werden kann (vgl. Dirar 1993 und Röder 2008). Zudem spielt die
Farbe der Nahrungsmittel eine wichtige Rolle für den sozialen Status
(vgl. Mennell 1992 und Tannahill 1988). Graue und braune Sorg-
humprodukte gelten in vielen Bevölkerungsschichten als Armenkost
und Nahrungsmittel der ruralen Bevölkerung. Ihrer Meinung nach isst
der moderne und fortschrittliche Mensch helle Produkte (vgl. Dirar
1993 und Röder 2008). Dementsprechend richtet sich die Forschung
danach, weiße Sorten zu züchten, und die Politik propagiert weiße Weizenprodukte (vgl. Dirar 1993).

Die Gründe für die *Pro-Weizen-Politik* erscheinen vor der Folie des Nahrungsmangels in weiten Teilen der Bevölkerung als durchaus fraglich. Der Sudan wird nie ein Selbstversorger mit Weizen sein – was mit Sorghum dagegen möglich ist. Allerdings scheint es, als basiere die *Pro-Weizen-Politik* in einem hohen Maße auf Vorurteilen gegen Sorghum. Es ist zu vermuten, dass dieses Verhalten der sudanesischen Elite auf einer verzerrten sozialen und politischen Anschauung beruht, die mit dem Konsum von Weizenprodukten ökonomischen Fortschritt und eine moderne Entwicklung versteht.

Die Nachfrage nach Weizen wird mit hoher Wahrscheinlichkeit, aufgrund des Bevölkerungswachstums, aber vor allem des sich wandelnden Lebensstils weiter stark steigen (vgl. Alexandratos 2012). Letzterer fordert andere Ernährungsweisen ein, die mit traditionellen Produkten und Speisen nicht gewährleistet sind.

Nichtsdestotrotz, sind die stark steigenden Preise von Nahrungsmittel (vgl. FAO 2013b) ein weiterer Anhaltspunkt eine Politik, die auf die Abhängigkeit vom internationalen Markt fokussiert, kritisch zu diskutieren. Mit zunehmenden Einflüssen des Klimawandels, vor allem in Regionen wie dem Sudan (vgl. IPCC 2007) mit 4,25 Mio. direkt von Nahrungsmittelknappheit betroffenen Bewohnern (vgl. FAO 2013a), ist es fraglich, ob eine Ernährungspolitik die auf Status ausgerichtet ist, nicht einem Fokus auf Widerstandsfähigkeit und Adaptation der Volksversorgung weichen sollte.

Literatur

Alexandratos, Nikos and Jelle Bruinsma 2012. *World agriculture: towards 2030/2050. The 2012 Revision.* FAO. URL: http://www.fao.org/docrep/ 016/ap106e/ap106e.pdf (29.07.2013).

Barlösius, Eva 1999. *Soziologie des Essens. Eine sozial- und kulturwissenschaftliche Einführung in die Ernährungsforschung.* Juventa Verlag, Weinheim und München.

Beck, Kurt 1988. *Die Kawahla von Kordofan. Ökologische und ökonomische Strategien arabischer Nomaden im Sudan.* Franz Steiner Verlag Wiesbaden, Stuttgart.

Black, Christina et al. 2012. Variety and quality of healthy foods differ according to neighbourhood deprivation. In *Health & Place* 18. Elsevier: 1292-1299.

Bows, Alice et al. 2012. *What's Cooking? Adaptation & Mitigation in the UK Food System.* Sustainable Consumption Institute at the University of Manchester.

BpB – Bundeszentrale für politische Bildung (Hrsg.) 2001. *Informationen zur politischen Bildung. Afrika II*. Heft 272. Bonn.

Brandt, Hartmut et al. 1987. *Potential Contribution of Irrigated Agriculture to Food Security in the Sudan – The Case of the Gezira Irrigation Scheme*. German Development Institute, Berlin.

Brown, Lynn R. et al. 2005. Urbanisation Trends. The Implications for Food Security. In Uwe Kracht and Manfred Schulz (eds.) *Food and Nutrition Security in the Process of Globalization and Urbanization*. Lit Verlag, Münster: 460-476.

Cathie, John 1982. *The Political Economy of Food Aid*. Grower, Aldershot.

CIA 2013. *The World Factbook 2013-14*. Washington, DC: Central Intelligence Agency. URL: https://www.cia.gov/library/publications/the-world-factbook/index.html (26.07.2013).

de Waal, Alex 1989. *Famine that Kills*. Clarendon Press, Oxford.

Den Hartog, Adel P., et al. 1995. *Manual for Social Surveys on Food Habits and Consumption in Developing Countries*. Pudoc, Wageningen.

Dirar, Hamid H.A. 1993. *The Indigenous Fermented Food of the Sudan*. Cab International, Wallingford.

Edjabou, Louise D. et al. 2013. The effect of using consumption taxes on foods to promote climate friendly diets – The case of Denmark. In *Food Policy* 39. Elsevier: 84-96.

FAO 1988. *Traditional Food Plants*. FAO. Rome.

FAO 1995. *Sorghum and Millets in Human Nutrition*. Rome. URL: http://www.fao.org/docrep/T0818E/T0818E00.htm (29.07.2013).

FAO 1997. *AQUASTAT: Sudan*. Rome. URL: http://www.fao.org/nr/water/aquastat/countries_regions/SDN/index.stm (29.07.2013).

FAO 2006. *Special Report FAO/WFP Crop and Food Supply Assessment Mission to Sudan*. URL: http://www.fao.org/WAICENT/faoinfo/economic/giews/english/alert/index.htm (29.07.2013).

FAO 2007. *Special Report – FAO/WFP Crop and Food Supply Assessment Mission to Sudan*. February 2007. URL: http://www.fao.org/docrep/009/j9213e/j9213e00.htm (29.07.2013).

FAO 2011. *Save and grow – A policymaker's guide to the sustainable intensification of smallholder crop production*. URL: http://www.fao.org/ag/save-and-grow/ (29.07.2013).

FAO 2013a. *GIEWS Country Briefs*. URL: http://www.fao.org/giews/countrybrief/country.jsp?code=SDN (29.07.2013).

FAO 2013b. *Global Food Price Monitor*. URL: http://www.fao.org/giews/english/gfpm/index.htm (29.07.2013).

Fenton, Alexander 1997. Prestige, Hunger and Charity. Aspects of Status through Food. In Hans Jürgen Teuteberg, Gerhard Neumann und Alois Wierlacher (Hrsg.). *Essen und kulturelle Identität, Europäische Perspektiven*. Akademie Verlag, Berlin: 155-163.

Fieldhouse, Paul 1996. *Food and Nutrition. Customs and Culture*. Stanley Thornes Ltd.

Freud, Sigmund 2005. *Totem und Tabu*. Fischer, Frankfurt/M (Orig.: 1912-13).

Gabbert, Silke 2000. *Ernährungssicherung durch Nahrungsmittelhilfe?* Agrimedia, Bergen/Dumme.

Goodman, David and Michael Redclift 1991. *Refashioning Nature*. Routledge, London and New York.

Grawert, Elke 1994a. Einer soll fortziehen .... Wie Frauen in Kutum (Westsudan) durch Flexibilität und Mehrarbeit die Migrationsfolgen auffangen. In Elke Grawert (Hrsg.) *Wandern oder bleiben? Veränderungen der Lebenssituationen von Frauen im Sahel durch die Arbeitsmigration der Männer*. Lit Verlag, Münster: 97-115.

Dies. 1994b. Lebensbedingungen in Sahel – Eine Einführung. In Elke Grawert (Hrsg.) *Wandern oder bleiben? Veränderungen der Lebenssituationen von Frauen im Sahel durch die Arbeitsmigration der Männer*. Lit Verlag, Münster: 7-23.

Dies. 1998. *Making a Living in Rural Sudan*. Macmillan Press Ltd.

Harris, Marvin 1990. *Wohlgeschmack und Widerwillen – Die Rätsel der Nahrungstabus*. Klett-Cotta, Stuttgart.

Hur, Inyoung, et al. 2011. Food and Nutrient Intakes According to Income in Korean Men and Women. In *Osong Public Health and Research Perspectives* 2. Elsevier: 192-197.

IPCC 2007. Climate Change 2007: *Impacts, Adaptation and Vulnerability*. Contribution of Working Group II to the Fourth Assessment Report of the Intergovernmental Panel on Climate Change. URL: http://www.ipcc.ch/publications_and_data/ar4/wg2/en/contents.html (29.07.2013).

Jiggins, Janice 1994. *Changing the Boundaries*. Island Press, Washington, D.C.

Latham, Michael C. 1997. *Human nutrition in the developing world*. URL: http://www.fao.org/docrep/W0073E/W0073E00.htm (29.07.2013).

Mankiw, Nicholas G. 1997. *Principles of Economics*. The Dryden Press, Fort Worth.

Matuschke, Ira 2009. *Rapid urbanization and food security: Using food density maps to identify future food security hotspots*. International Association of Agricultural Economists Conference. August 16-22, 2009. Beijing, China. URL:
http://www.fao.org/fileadmin/user_upload/esag/docs/RapidUrbanizationFoodSecurity.pdf (29.07.2013).

Maxwell, Simon 1991. National Food Security Planning. First Thoughts from Sudan. In Simon Maxwell (ed.) *To Cure All Hunger*. IT Publications, London: 15-48.

McKee, David 2010. *Sub-Saharan surge*. World Grain. URL: http://www.worldgrain.com/News/News%20Home/Features/2010/11/Sub-Saharan%20surge.aspx?NewsLetter=true (29.07.2013).

Mennell, Stephen, Anne Murcott and Anneke H. van Otterloo 1992. The Sociology of Food: Eating, Diet and Culture. In *Current Sociology. The Journal of the International Sociological Association*. Volume 40, Number 2, Autumn 1992.

Nederkoorn, Chantal et al. 2011. High tax on high energy dense foods and its effects on the purchase of calories in a supermarket. An experiment. In *Appetite* 56. Elsevier: 760-765.

Neumann, Gerhard 1997. Das Gastmahl als Inszenierung kultureller Identität. Europäische Perspektiven. In Hans Jürgen Teuteberg, Gerhard Neumann und Alois Wierlacher (Hrsg.). *Essen und kulturelle Identität, Europäische Perspektiven*. Akademie Verlag, Berlin: 37-68.

Oesterdiekhoff, Peter 1991. Agriculture Marketing and Pricing. A Synopsis of Current Problems. In Gillian M. Craig (ed.). *The Agriculture of the Sudan*. Oxford University Press: 365-394.

Röder, Mirjam 2008. *A cultural ecological approach for meal security – a case study of the dynamics of the food habits in El Obeid, Sudan*. Humboldt-Universität zu Berlin. Landwirtschaftlich-Gärtnerische Fakultät.

Ruttan, Vernon 1993. *Why Food Aid?* The Johns Hopkins University Press, Baltimore.

Sen, Amartya 1981. *Poverty and Famines – An Essay on Entitlement and Deprivation*. Oxford University Press, New York.

Steward, Julian H. 1955. *Theory of Cultural Change*. University of Illinois Press, Urbana.

Tannahill, Reay 1988. *Food in History*. Penguin Books Ltd., Harmondsworth.

Teherani-Krönner, Parto 1992a. *Human- und kulturökologische Ansätze zur Umweltforschung*. Deutscher Universitäts-Verlag, Wiesbaden.

Dies. 1992b. Von der Humanökologie der Chicagoer Schule zur Kulturökologie. In Bernhard Glaeser und Parto Teherani-Krönner (Hrsg.) *Humanökologie und Kulturökologie*. Westdeutscher Verlag, Opladen: 15-43.

Teuteberg, Hans Jürgen und Günter Wiegelmann 1972. *Der Wandel der Nahrungsgewohnheiten unter dem Einfluß der Industrialisierung*. Vandenhoeck & Ruprecht, Göttingen.

Waterlander, Wilma E. et al. 2012. Introducing taxes, subsidies or both: The effects of various food pricing strategies in a web-based supermarket randomized trial. In *Preventive Medicine* 54. Elsevier: 323-330.

Webber, Caroline B. et al. 2010. Shopping for fruits and vegetables. Food and retail qualities of importance to low-income households at the grocery store. In *Appetite* 54. Elsevier: 297-303.

Wirz, Albert 1997. „Schwaches zwingt Starkes": Ernährungsreform und Geschlechterordnung. In Hans Jürgen Teuteberg, Gerhard Neumann und Alois Wierlacher (Hrsg.). *Essen und kulturelle Identität. Europäische Perspektiven*. Akademie Verlag, Berlin: 438-455.

Mahlzeiten und Nahrung bei den Shuar in Ecuador – eine Frage von lokalem Wissen, Biodiversität und Geschlecht

Julika Schmitz

E-Mail: julikalena@gmx.de

Zusammenfassung. Eine Genderanalyse macht es möglich, zu Erkenntnissen über die Verwobenheit von Mahlzeiten, Biodiversität, lokalem Wissen und Geschlechterkonstruktionen zu gelangen. So zeigte sich in der Feldforschung bei den Shuar[1] in Bomboiza, Ecuador, dass Wissen über Kosmologie, geschlechtsspezifische Verhaltensnormen, Vielfalt der biologischen Ressourcen, Kenntnis von Anbaumethoden sowie Erfahrung, Werkzeuge und die passenden Zutaten erforderlich sind, um eine Mahlzeit zuzubereiten.

Die genaue Untersuchung der Zubereitung von Mahlzeiten und der dazu verwendeten natürlichen Ressourcen verdeutlicht die sozialen Komponenten der Biodiversitätsnutzung. Am Beispiel des Manioks, seiner Verarbeitung zu Chicha und seinem Anbauort, dem Hausgarten, sowie seiner Göttin Nunkui werden diese Interaktionen zwischen Natur und Mensch und das Zusammenspiel von Biodiversität, lokalem Wissen und Gender sichtbar.

Im Rahmen des hier vorgestellten Forschungsprojektes zeigt sich, dass Mythen immer neu interpretiert werden können und insbesondere von Männern und Frauen unterschiedlich ausgelegt werden. Die Verbindungen von Mythen, Geschlecht und Biodiversität sind verhandelbar.

Schlüsselwörter. Biodiversität. Lokales Wissen. Geschlechterverhältnisse. Ernährungssicherheit. Frauen. Nunkui-Mythos. Hausgarten. Hu-

---

[1] Die Shuar sind eine indigene Volksgruppe, die hauptsächlich in den tropischen Amazonasgebieten Ecuadors und Perus lebt. Durch die geographische Lage zwischen Hochgebirge und Amazonasbecken befindet sich das Dorf Bomboiza in einem besonders biodiversen Gebiet.

man- und kulturökologisches Konzept. Interface-Ansatz. Intraface-Ansatz.

Einführung

Welche Bedeutung hat Biodiversität und wie werden die vorhandenen natürlichen Ressourcen genutzt? Welche Rolle spielen dabei lokales Wissen und Geschlecht? Das waren die erkenntnisleitenden Fragen meines Feldforschungsprojekts 2005/2006 bei den Shuar in Bomboiza, Ecuador.[2]

Um diesen Forschungsfragen nachzugehen, bedarf es eines theoretischen Ansatzes sowie Methoden der Feldforschung, die Biodiversität in ihrer Komplexität mit ihren sozialen Verflechtungen erfassen.

In der Feldforschung ist es mit Hilfe einer Genderanalyse und der Teilhabe am Alltag möglich, Dimensionen rund um Nahrung, Essen, Biodiversität und lokalem Wissen sichtbar zu machen, die sonst nur schwer oder nicht zugänglich sind. Eine gendersensible Umwelt- bzw. Agrarsoziologie benennt Geschlecht und Geschlechterverhältnisse als zentrale und übergreifende Strukturkategorien, die gesellschaftliche Naturverständnisse prägen (vgl. Weller 2005: 171). Durch diese Verortung gelingt ein Forschungsansatz, der die Verwobenheit von Geschlechterverhältnissen und Ökologie deutlich werden lässt.

Basierend auf dem gendersensiblen human- und kulturökologischen Konzept von Parto Teherani-Krönner werden Ansatzpunkte für die empirische Forschung entwickelt, die durch den Intraface-Ansatz von Martina Padmanabhan ergänzt werden (vgl. Teherani-Krönner 2008 und Padmanabhan 2002, 2008).

Im Folgenden wird an den Beispielen des Manioks, der Zubereitung des Maniok-Biers (Chicha), den Hausgärten der Shuar-Frauen und der Rolle der Göttin Nunkui die Mehrdimensionalität von Biodiversität und Mahlzeiten verdeutlicht werden.

Angesichts der hier vorgestellten Ergebnisse erscheinen nicht nur gängige Ansätze der internationalen Entwicklungszusammenarbeit im Zusammenhang mit Biodiversitätserhalt und Ernährungssicherheit in einem anderen Licht.

Zur Biodiversitäts- und Genderforschung folgt hier vorab eine kurze Einführung in den institutionellen Rahmen, vor allem der UN.

---

[2] Die hier vorgestellten Ergebnisse wurden ausführlicher in meiner Magisterarbeit in den Gender Studies aufbereitet (Berlin 2011).

Die Convention on Biological Diversity (CBD), lokales Wissen und warum Ernährungssicherheit und Biodiversität zusammengehören.

Das Übereinkommen über Biologische Vielfalt der Vereinten Nationen (engl. Convention on Biological Diversity – CBD) definiert Biodiversität von der Ebene der Ökosysteme bis zum genetischen Material und bezieht sich zudem auf die verschiedenen Formen ihres Erhalts (vgl. BMU 1992a). Der Erhalt der Biodiversität ist nicht nur wegen des immanenten Wertes der Natur an sich erforderlich, sondern auch, weil sie die Grundlage für das Überleben der Menschen bildet. Die Biodiversität bzw. die Vielfalt der Ökosysteme liefert unter anderem Nahrungspflanzen, Brennstoffe, Arzneimittel, Rohstoffe für Hausbau und Handwerk sowie Sauerstoff und Trinkwasser. Sie reguliert den Wasserhaushalt der Erde, ihr Erhalt schützt vor Naturkatastrophen und bildet die Voraussetzung für eine Anpassung an klimatische Veränderungen. Die andauernde Erosion der biologischen Vielfalt wird zu den dringendsten globalen Umweltproblemen gerechnet. Der fortschreitende Verlust von natürlichen Ressourcen macht die Wahrnehmung der vorhandenen biologischen Vielfalt in all ihren Erscheinungsformen notwendig.

Biodiversität ist das Thema zahlreicher internationaler Konferenzen und ihre Erforschung und Beschreibung findet vor allem in den Naturwissenschaften großen Anklang. Dabei wird gelegentlich vergessen, dass Biodiversität eng mit den Menschen verwoben ist, die sie in ihrer Lebenswelt täglich nutzen und direkt von und mit ihr leben. Mit einem dichotomen Verständnis von Natur und Kultur fällt es schwer, die Biodiversität in ihren vielfältigen Erscheinungsformen zu begreifen und angemessen zu untersuchen. Biologische Vielfalt wird zwar auf Konferenzen verhandelt, ihre Erhaltung erfolgt jedoch durch die Nutzung der Biodiversität sowie durch das Wissen und die Wissensvermittlung über sie in menschlichen Aktionsräumen, wie etwa bei der Nahrungsmittelproduktion und Zubereitung von Mahlzeiten. Eben diese sozialen Dimensionen der Biodiversität werden häufig verkannt. Dabei bildet Biodiversität in vielen Gesellschaften nicht nur die Voraussetzung für Ernährungssicherheit, sondern ist zudem bedeutsam für die kulturelle Identität der Menschen.

Die Convention on Biological Diversity (CBD) und der Beitrag von Frauen

Frauen geraten bei den Untersuchungen und Verhandlungen der Biodiversität häufig ins Hintertreffen. Lange wurden sie und ihr agrarökologisches Wissen in der Landwirtschaft übersehen, weil ihre Arbeit unter der Definition von produktiven Tätigkeiten unsichtbar blieb (vgl. Feldstein/Jiggins 1994 und Teherani-Krönner 2008). Dabei sind es insbesondere Frauen in ländlichen Systemen, die über großes Wissen um die vorhandene biologische Vielfalt und ihren Nutzen verfügen (vgl. FAO 2001). Die Verbindung von Gender und Biodiversität sowie die zentrale Rolle, die Frauen bei Nutzung und Erhalt von natürlichen Ressourcen einnehmen, wurde in der wissenschaftlichen Auseinandersetzung sowie im Kontext der internationalen Entwicklungszusammenarbeit mittlerweile thematisiert (vgl. Mies/Shiva 1995, Akhter 2001, Schäfer et al. 2002, Howard 2003, Momsen 2007 und Teherani-Krönner 2008). Dabei wurde deutlich, dass die Nutzung natürlicher Ressourcen und damit das Wissen darüber geschlechtsspezifisch verteilt sind (vgl. Padmanabhan 2002 und 2008).

Auch innerhalb des institutionellen Rahmens der Vereinten Nationen kam seit den 1970er Jahren der Situation von Frauen in ländlichen Gebieten weltweit Aufmerksamkeit zu. Die auf der UN-Konferenz für Umwelt und Entwicklung 1992 in Rio de Janeiro verabschiedete Agenda 21 thematisiert erstmalig den Zusammenhang von Umwelt, Entwicklung, Nachhaltigkeit und Geschlechtergerechtigkeit (vgl. BMU 1992b). Das Kapitel 24 der Agenda würdigt Frauen als aktive Handlungssubjekte und hebt hervor, dass nachhaltige Entwicklung nicht ohne sie und auch nicht ohne Geschlechtergerechtigkeit zu erreichen ist. Auch in der Präambel der CBD kommt der „wichtigen Rolle der Frauen bei der Erhaltung und nachhaltigen Nutzung der biologischen Vielfalt" besondere Aufmerksamkeit zu (BMU 1992a: 2).

Die CBD hebt somit zwar die Rolle von Frauen beim Erhalt der Biodiversität hervor, schweigt sich aber über ihre besondere Betroffenheit bei deren Verlust aus. Dabei betrifft der Rückgang von biologischer Vielfalt Frauen in besonderem Maße, denn gerade in subsistenzwirtschaftlichen Systemen sind sie häufig für die Ernährungssicherheit und Gesundheitsversorgung der Familien verantwortlich und somit direkt auf die vorhandenen natürlichen Ressourcen angewiesen (vgl. FAO 2001).

Biodiversität und lokales Wissen

Der fortschreitende Verlust der Biodiversität bringt zwangsläufig auch das Verschwinden des Wissens über die Vielfalt mit sich.

Dieses Wissen ist mit seinen Erscheinungs- und Nutzungsformen noch lebendiger Teil des lokalen Wissens von indigenen Völkern. Der Artikel 8j der CBD nimmt Bezug auf die Dimension des Wissens von Indigenen durch die Erwähnung der

> „Kenntnisse, Innovationen und Gebräuche eingeborener und ortsansässiger Gemeinschaften mit traditionellen Lebensformen"
>
> (UN 1992).

Dieses lokale, indigene oder auch traditionelle Wissen ist jenes Wissen, welches das tägliche Handeln indigener Völker – so auch der hier betrachteten Volksgruppe der Shuar – bestimmt. Im Sprachgebrauch Indigener wird für ihr Wissen oft der Begriff traditionelles Wissen oder Weisheiten (Spanisch: sabidurías) sowie Wissen der Vorfahren (conocimientos ancestrales) verwendet. Der indigene Anwalt Rodrigo de la Cruz aus Ecuador hebt hervor, dass traditionelles Wissen zudem den Prozess der Interaktionen Mensch-Natur umfasst (Cruz 2006: o. S.).

Lokales Wissen beschreibt das geistige Eigentum, das seit Generationen in einer Gemeinschaft vorhanden und Teil der kulturellen Identität ist. Es handelt sich dabei um das Wissen über Kosmologie – also die Weltanschauung oder das Weltbild – und beinhaltet Wissen über den Umgang mit Moralvorstellungen, Traditionen, Gesängen, Tänzen, Ritualen, Zeremonien, Kunsthandwerk, Medizin und Heilungsmöglichkeiten sowie über Ökosysteme, Biodiversität, Nahrung und Nahrungszubereitung. Dieses uralte Wissen wird oft in mündlicher Form und in Form von Mythen weitergegeben.

Geschlechtersensible humanökologische Forschung: Konzepte und Methoden

Um die Bedeutung von Biodiversität zu analysieren, braucht es einen Forschungsansatz, der die vorhandene Mehrdimensionalität herausstellt. Das geschlechtersensible human- und kulturökologische Konzept von Teherani-Krönner[3] (2008), für das bei der Betrachtung der sozialen

---

[3] Das Konzept ist vor dem Hintergrund der Auseinandersetzung mit der Humanökologie der Chicago School of Sociology (1920) sowie der Human-ökologie von Robert Park (1936) und der Kulturökologie von Julian

Dimensionen im Umgang mit Biodiversität das Merkmal Geschlecht von wesentlichem Interesse ist, eignet sich dafür besonders.

Die Humanökologie untersucht die Wirkungszusammenhänge und Interaktionen zwischen Mensch und Umwelt und hat dabei eine ganzheitliche Betrachtungsweise, die physische, soziokulturelle, wirtschaftliche und politische Aspekte einbezieht (vgl. Franz-Balsen, Serbser und Stoll-Kleemann 2008).

Mit diesem geschlechtersensiblen human-kulturökologischen Ansatz kann der Zugang zu natürlichen Ressourcen in den jeweiligen Gegebenheiten aus dem Blickwinkel der Ethik der Geschlechtergerechtigkeit analysiert werden (vgl. Teherani-Krönner 2008). Entlang der Dimension Geschlecht werden im Mensch-Umwelt-Verhältnis Zugänge zu natürlichen Ressourcen sowie Zuständigkeiten, Marginalisierungen und Handlungsspielräume verhandelt. Das multidimensionale Stufenmodell von Teherani-Krönner dient zum Verständnis der komplexen menschlichen Auseinandersetzung mit ihrer kulturökologischen Umwelt, der Akkommodation. Unter dem Gesichtspunkt der Geschlechtergerechtigkeit untersucht das Modell auf sieben Ebenen das Verhältnis der Menschen zu ihrer sozialen und naturräumlichen Umwelt: 1. Zugang zu Umweltressourcen, 2. Technologien zur Nutzung von Ressourcen, 3. Arbeitsteilung und Arbeitsorganisation, 4. Soziale Institutionen, politische Strukturen und Entscheidungsmacht (vgl. ebenda.). Die Stufen 5-7 hebe ich hier zur Erörterung hervor: Mit der fünften Stufe von Teherani-Krönners Modell werden die Alltagshandlungen und Routinen der Shuar-Frauen analysiert. Insbesondere Rituale, wie das Zubereiten einer Mahlzeit oder das Pflanzen eines Setzlings, sind hier von Bedeutung, denn sie helfen Begründungszusammenhänge besser zu verstehen. Hierbei ist zu fragen, wie die Verbindung von dem Agieren der Frauen und Biodiversität von den befragten Shuar erzeugt, reproduziert und verhandelt wird. Widmet sich die Forscherin den oberflächlich betrachtet vielleicht banal erscheinenden täglichen Routinen, wie beispielsweise der Zubereitung von Mahlzeiten, so kann sie tief greifende Erkenntnisse gewinnen. Denn auf die scheinbar einfache Frage: *Was esst ihr?* kann eine komplexe Ausführung über die Bedeutung der Mahlzeiten und damit über die Verbindung der spirituellen Komponente der Nahrung

---

H. Steward (1955) entstanden. Das gendersensible Konzept von Teherani-Krönner wurde in seinen theoretischen Anfängen schon Ende der 1980er Jahre entworfen und erfuhr im Laufe der Jahre eine Weiterentwicklung. Ausführungen des Modells im Detail finden sich in Teherani-Krönner 2008 sowie im Beitrag *Mahlzeitenpolitik* in dieser Publikation.

bzw. der verwendeten natürlichen Ressourcen und der herrschenden Geschlechterverhältnisse folgen.

Die sechste Stufe des Modells nimmt lokales Wissen und Fähigkeiten in Betracht. Mit Hilfe dieser Stufe frage ich, ob das lokale Wissen über die vorhandene Biodiversität geschlechtsspezifisch verteilt ist und welche Bedeutung dieses Wissen für die geschlechtsspezifische Identität hat.

Mit der Stufe Sieben, die sich mit der symbolischen Ordnung und dem normativen System auseinandersetzt, werden Weltanschauungen und Wertesysteme untersucht. Diese geben Aufschluss über kulturelle Werte, die Wahrnehmung der Natur und die Konstruktion der Geschlechter. Im Folgenden werden wir sehen, wie das geschlechtsspezifische Nutzungsverhalten von natürlichen Ressourcen durch das normative System, hier durch Mythen, begründet wird.

Ergänzt habe ich meine Forschung durch den transdisziplinären Intraface-Ansatz von Martina Aruna Padmanabhan[4] (2002). Ihr auf Longs Interface-Modell basierendes Konzept entwickelte sie, um die Gender-Dimensionen des Biodiversitätmanagements sichtbar zu machen. Mit dem Intraface-Ansatz kann vertieft untersucht werden, wie das geschlechtsspezifische lokale Wissen über die vorhandene biologische Vielfalt bewertet und verhandelt wird.[5]

---

[4] Das in der Entwicklungssoziologie entstandene Interface-Konzept (Long 1992, in Long 1993) untersucht die Schnittstellen, die entstehen, wenn Systeme mit unterschiedlichen Lebenswelten, Annahmen, Wissenssystemen und Handlungslogiken aufeinander treffen. Der Interface-Ansatz analysiert also beispielsweise die Schnittstelle, die zwischen einer Entwicklungsorganisation und Bauern/Bäuerinnen entsteht. Interface ist ein Bild für den Raum, in dem das Wissen über Identität und die Welt ausgehandelt und geformt wird (vgl. Long 1993).

[5] Mithilfe des Intraface-Ansatzes konnte Padmanabhan bei ihrem Forschungsprojekt BioDIVA in Kerala, Indien (*Biodiversität in der Agrarwirtschaft*, 2010-2014) u. a. die Erkenntnisse gewinnen, dass der rapide Schwund von lokalen Reissorten und ökologischer Vielfalt in Agrarsystemen zur Verarmung der NutzerInnen und BewahrerInnen des genetischen Reichtums in wirtschaftlicher Sicht führt und v.a. den Verlust des von indigenen Frauen bewahrten Wissens über verschiedene Sorten zur Folge hat. Frauen, die durch lokales Wissen in der Lage sind, landwirtschaftliche Vielfalt zur Ernährungssicherung und Einkommensschaffung zu nutzen und zu schützen, trifft der Artenschwund demzufolge in besonderem Maße (siehe Padmanabhan 2008).

Die Methoden in der Feldforschung

Durch partizipative Feldforschungsmethoden wie die Teilnehmende Beobachtung und Instrumente wie die Tagesuhr (vgl. Feldstein und Jiggins 1994), mit der die täglichen Tätigkeiten (wie Feldarbeit, Schule, Nahrungsmittelproduktion, Gemeindefeste) über 24 Stunden eines jeden Haushaltmitgliedes erfasst werden, konnte ich in der Forschung Geschlechterverhältnisse und Zuständigkeitsbereiche von Männern und Frauen untersuchen. So konnte beispielsweise erfasst werden, wer mit welchen natürlichen Ressourcen arbeitet und wie viel.

Geschlechterverhältnisse werden im Alltäglichen hergestellt, erhalten und gefestigt. Die Teilnahme am Alltag, wie beispielsweise an der Feldarbeit, in der Schule, an der Nahrungsmittelproduktion oder an Gemeindefesten, gibt Aufschluss über das als selbstverständlich und als gegeben beschriebene Verhältnis von Männern und Frauen.

Gender, Biodiversität und lokales Wissen in Bomboiza

Durch die gewählten Forschungsansätze und Methoden wurden während meiner Forschung bei den Shuar in Bomboiza einerseits die strikt geschlechtsspezifisch getrennte Arbeitsteilung, die Ungleichstellung von Frauen und ihre begrenzten Entscheidungsspielräume sichtbar. Auf der anderen Seite waren so auch die jeweiligen ExpertInnen für die geschlechtsspezifisch getrennten Bereiche schnell ausfindig gemacht.

In Bomboiza liegt die Nahrungsmittelproduktion und -verarbeitung vor allem in den Händen der Frauen. Sie versorgen die Familien mit Nahrung, das bedeutet hier vor allem im Garten zu arbeiten, Essen zuzubereiten und Brennholz zu holen. Durch die Erfassung der 24 Stunden-Tagesuhr wurde die hohe Arbeitsbelastung der Frauen sichtbar. Zu den spezifischen Aufgaben der Shuar-Frauen gehören vor allem die Pflege ihres Hausgartens (*aja* oder *chacra Shuar*) sowie der gesamte Produktionsbereich rund um das Hauptnahrungsmittel Maniok. Dieser wird in der Regel nicht für den Markt angebaut, sondern dient als klassisches *food crop* (vgl. Boserup 1982) hauptsächlich der Subsistenz.

Nur sehr wenige Frauen produzieren für den Markt, verkauft werden hier meist Überschüsse der eigenen Subsistenzproduktion wie ausgewählte Früchte- und Gemüsesorten oder zu festlichen Anlässen zubereitete Nahrung. In der Feldforschung kann auch die Teilnahme an besonderen Anlässen, wie der Zubereitung von Nahrung für eine Gemeinschaftsarbeit, sehr aufschlussreich sein. Bei den Shuar finden regelmäßig landwirtschaftliche Gemeinschaftsarbeiten (*minga*) statt. Bei dieser

Form der kollektiven Arbeit wird jeweils einer Familie von der Dorf-gemeinschaft geholfen. Im Gegenzug dafür werden die HelferInnen von den Frauen der Familie bewirtet. Hier führt die Erforschung der Nah-rungsmittelproduktion zur Erkenntnis, dass Frauen und Männer bei den Shuar in streng getrennten Räumen agieren. Sind die Männer im Alltag meist lange auf dem Feld und nicht zuhause, so fällt ihre Abwesenheit an der Kochstelle nicht so sehr auf, wie wenn das gesamte Dorf sich aufteilt und ausschließlich Dorffrauen und Kinder in einem Haus ver-sammelt sind und das Essen zubereiten.

Es zeigt sich, dass es bei den Mahlzeiten um mehr geht als um das Sattwerden. Was zu einer Mahlzeit gehört und welche Bedeutung diese hat, ist bei den Shuar ursprünglich streng geregelt.

Durch die genderspezifische Untersuchung der Zubereitung von Mahlzeiten und der dazu verwendeten natürlichen Ressourcen werden das Zusammenspiel von Biodiversität, lokalem Wissen und Gender sichtbar. Diese Interaktionen zwischen Natur und Mensch zeigen sich besonders an den Beispielen des Nunkui-Mythos und seinem Einfluss auf den Nutzen von Maniok, seiner Verarbeitung zu Maniok-Bier (Chi-cha) sowie seinem Anbauort, dem Hausgarten.

Nunkui

Nunkui ist die zentrale mythische Figur der Shuar, wenn es um den Be-reich der Nahrung geht und gibt als wichtiger Bestandteil des Selbstver-ständnisses Aufschluss über Handlungsmuster der Shuar. Der Mythos um Nunkui existiert in verschiedenen Varianten, steht aber immer in Verbindung mit Frauen und Nahrung, der Töpferei oder Maniok.[6] Hier ein zentraler Auszug:

> „Ich bin Nunkui und ich habe auf dich gewartet, um dir meine Tochter zu geben, die dort liegt. Sie kannst du um alles bitten, was du in meinen Körben siehst: Maniok, Erdnüsse, Bananen, Bohnen, Palmenblätter, sie kann dir auch Fleisch geben und verschiedene Arten von Bier und all die Dinge, die du willst. Meine Tochter macht die Nahrung." Als sie ihr die kleine Nunkui überreichte, fügte sie sehr ernst hinzu: „Behandle sie niemals schlecht! Alle sollen sie respektieren, um schweres Unglück zu vermeiden!"
>
> (eigene Übersetzung)

---

[6] Ich habe diese Mythen viele Male in verschiedensten Varianten von Shuar in Bomboiza erzählt bekommen und nachrecherchiert (vgl. Pellizzaro 1990).

Nunkui ist die Göttin der Erde, des Feldbaus, der Töpferwaren und der domestizierten Tiere. Sie wird von den Shuar als Fruchtbarkeitsgöttin, Beschützerin und Mutter der Shuar-Frauen angesehen. Nunkui wird die Macht über das Pflanzenwachstum im Garten- und Feldbau und vor allem über den Maniok zugeschrieben. Von ihr lernen die Shuar-Frauen alles über den Anbau und die Verwendung der natürlichen Ressourcen. Nunkui hat den Shuar-Frauen den Maniok gegeben und wacht seitdem über sie und über die Frucht. Sie steht für die produktive Leistung der Frau und für ihre Großzügigkeit. Jedoch gilt es, sich mit Nunkui gut zu stellen, denn nur dann ist sie gnädig und beschert den Frauen weiterhin Nahrung in Fülle. Dazu gehört es, bestimmte Verhaltensregeln zu befolgen, die die Shuar aus dem Nunkui-Mythos und seinen Rezitierungen ableiten.

Die Mythen geben hier Anleitungen, wie Frauen sich in bestimmten Kontexten *richtig* zu verhalten haben. Zudem machen sie klar, was für Folgen ein bestimmtes Verhalten haben kann und wie dies gesellschaftlich bewertet wird. *Gute Frauen* sind wie Nunkui, die Göttin der Erde, sie versorgen ihren Mann und ihre Kinder mit guter Nahrung, sind arbeitsam und großzügig. Zudem lehrt der Mythos, dass Nunkui, die für die Fülle steht, mit Achtsamkeit und Respekt behandelt werden muss. Wenn die Frauen Nunkuis Anweisungen nicht befolgen, werden sie bestraft, indem sie fortan hart arbeiten müssen, um Nahrung zu gewinnen.

Die von mir befragten Shuar-Frauen beschreiben ihre Arbeit in der Landwirtschaft oft als mühsam. Eine Shuar-Bäuerin ist aus diesem Grund sehr darauf bedacht, in einem guten Verhältnis zur Maniok-Göttin zu stehen. Um Nunkui zu besänftigen, gibt es beispielsweise für die Maniok-Pflanze spezielle Gesänge, Gebete und Klage- bzw. Beschwörungslieder (*Ánent*), die bei der Ernte oder Saat gesungen werden. Wenn Shuar-Frauen heute auf ihren Feldern arbeiten, sprechen oder singen sie sehr häufig diese *Ánent* für Nunkui. Der fast beiläufig erwähnte Hinweis einer alten Shuar-Frau, dass die Frauen im Garten singen müssen, damit der Mann, wenn er sie nicht sieht, sie dennoch hören und so überwachen kann, macht jedoch deutlich, dass Tradition und die Erklärung ihrer Ursprünge sowie daraus abgeleitete Handlungsanweisungen Interpretationssache sind.

Frauen wie Männer nehmen Bezug auf den Nunkui-Mythos, um auf die spirituelle Verbindung von Frauen zu natürlichen Ressourcen hinzuweisen. Für manche Shuar-Frauen ist die Nunkui-Göttin eine spirituelle Quelle der Kraft, für andere hat eher der bedrohliche, strafende Charakter des Mythos Gewicht. Je nachdem, ob der Mythos herangezogen wird, um auf die gesegnete Verbindung der Shuar-Frauen zu

Nunkui hinzuweisen, oder ob er zur Erklärung dient, warum die Shuar-Frauen es heute im Landbau so schwer haben und sich so sehr anstrengen müssen, um die Gunst und Gnade Nunkuis wieder zu erlangen, wird auf unterschiedliche Varianten des Mythos verwiesen. Dass Frauen landwirtschaftlich hart arbeiten und ihren Aufgaben nachkommen müssen, um Nunkuis Hilfe zu bekommen, stellt jedoch bei der Auslegung des Mythos in Bomboiza niemand in Frage. Nunkui begründet hier die strikt getrennte Aufgabenverteilung im Bereich der Nahrungsmittelproduktion.

Die Auseinandersetzung mit dem Nunkui-Mythos und die Stellung, die dieser in den Erklärungen der Shuar für geschlechtsspezifisches Umweltverhalten einnimmt, verdeutlichen einerseits die Lebendigkeit der Mythologie im lokalen Wissen der Shuar und andererseits, dass sich Umweltverhalten nach sozialen und naturräumlichen Gegebenheiten richtet. Mit Hilfe des Intraface-Ansatzes wird hier sichtbar, dass Mythen verhandelbar sind und dass diese insbesondere von Männern und Frauen unterschiedlich ausgelegt werden. So wird vorzugsweise von Männern der Nunkui-Mythos als Ermahnung herangezogen, um einer Frau beispielsweise von Lohnarbeit oder einem Studium abzuraten.

Mit dem Blick auf Aushandlungsprozesse wird deutlich, dass durch die Entscheidung, wie und zu welchem Zweck auf einen Mythos Bezug genommen wird, Definitionsmacht über Traditionen und ihre Auslegung für Handlungsanweisungen verhandelt werden.

Maniok

„Wenn wir keinen Maniok anpflanzen, können wir nicht überleben. Weil das unser Essen ist."

(mündliche Mitteilung)

Der Maniok (*yuca*, auch bekannt als Cassava oder *Manihot esculenta*) ist ein Ausschnitt der vorhandenen biologischen Vielfalt in Bomboiza. Die Knollenfrucht ist das Hauptnahrungsmittel der Shuar und wird in diversen Formen zubereitet. Maniok gehört zum alltäglichen Leben von Männern wie Frauen in Bomboiza, seine Bearbeitung und Zubereitung sowie das Wissen darüber sind jedoch von großen geschlechtsspezifischen Unterschieden gekennzeichnet.

Der Maniok und alle Aufgaben rund um diese natürliche Ressource liegen ausschließlich in den Händen der Frauen. Frauen entscheiden eigenständig über Saat, Anbau, Weiterverwertung und Verkauf des Manioks. Einerseits schreibt die zugeschriebene Verbindung von Maniok und Shuar-Frau die damit verbundene hohe Arbeitsbelastung immer wieder fort und führt zu Restriktionen für die Frauen. Andererseits sichern sich Shuar-Frauen dadurch eine Machtposition und haben in diesen Bereichen einen relativ hohen freien Handlungsspielraum, können Entscheidungen treffen und verfügen über Nutzungsrechte an den Ressourcen. Maniok ist für die Shuar mehr als nur eine natürliche Ressource oder ein Nahrungsmittel. Yuca ist für viele eng mit ihrer kulturellen Identität als Shuar verknüpft und gehört zur geschlechtsspezifischen Identitätskonstruktion der Shuar- Frauen in Bomboiza.

Zur Erklärung der häufig angegebenen besonderen Verbindung von Frauen und Maniok steht der Bezug auf Traditionen und Mythen rund um die Göttin Nunkui im Vordergrund. Die Konstruktion des Manioks als weibliche Ressource wird von den Frauen in Bomboiza kontrovers bewertet und macht das Wahrnehmen von Ambiguitäten in diesem Bereich notwendig. Die exklusive Verbindung von Frauen zu Nunkui wird einerseits als etwas Heiliges eingeschätzt, das den Frauen vorbehalten ist. Andererseits wird diese Verbindung aber auch als Grund für die scheinbar unveränderbare Arbeitsteilung im Bereich des Manioks gesehen.

Die geschlechtsspezifischen Dimensionen der Verarbeitung von der vorhandenen Artenvielfalt zu Mahlzeiten werden besonders bei der Herstellung der Chicha, dem Maniok-Bier, deutlich.

Chicha

Chicha ist das Hauptnahrungsmittel der Shuar und wird ausschließlich von Frauen in einer aufwändigen Art und Weise aus Wasser und Maniok hergestellt. Der Maniok wird dabei auf der Feuerstelle in Wasser gekocht und mit einem Stock gestampft bis ein Brei entsteht. Damit daraus eine trinkbare Flüssigkeit wird, nehmen die Frauen die Maniok-Stücke immer wieder in den Mund, zerkauen sie und spucken die Masse dann wieder zurück in den Topf. Die Enzyme im Speichel setzen die Fermentation in Gang. Je nach vergangener Gärungszeit hat Chicha dann keinen bis hohen Alkoholgehalt. Wenn eine Frau krank ist, menstruiert oder vor kurzem ein Kind entbunden hat, bereitet sie weder Chicha zu noch erntet sie Maniok. Dies wird dann von anderen Frauen für sie übernommen.

Chicha wird von allen Familienmitgliedern über den Tag verteilt getrunken und kann nach Aussagen einiger Befragter über Tage hinweg die einzige Nahrung sein, die konsumiert wird. Je nach Alkoholgehalt wird sie auch verzehrt, um sich zu betrinken. Die Chicha als Rauschmittel ist in Bomboiza aber vornehmlich den Männern vorbehalten, da es sich laut Aussagen der Befragten für eine Shuar-Frau nicht gehört, sich zu betrinken. Der Chicha kommt auch eine zeremonielle Bedeutung zu – wenn eine Frau keine Chicha im Haus hat, empfängt die Familie in der Regel auch keine Gäste. Frauen in Bomboiza produzieren täglich große Mengen dieses Grundnahrungsmittels und häufig kommen sie dafür mit anderen Frauen in Gruppen zusammen. Dann wird aus der zeitintensiven Prozedur ein geselliges Beisammensein unter Frauen. Zu dem Raum, in dem Frauen Chicha herstellen, haben Männer ohne die ausdrückliche Erlaubnis von Frauen keinen Zutritt. Dieser Frauenraum bildet einen intimen Rahmen, in dem wichtige Themen unter Frauen besprochen werden können, wie häusliche Gewalt oder Methoden der natürlichen Familienplanung. Auch findet bei dieser Gelegenheit der Austausch über das alltägliche Leben statt, zu dem die Landwirtschaft und Nahrungszubereitung gehören. Hier werden also nicht nur soziale Beziehungen aufrechterhalten und gepflegt, sondern auch Informationen über den Erhalt und die Weiterentwicklung der vorhandenen Biodiversität, wie die Auswahl der Saat oder Methoden zur Verbesserung des Anbaus und der Ernte, weitergegeben.

Dieser Frauenraum, zu dem während der Chicha-Herstellung meist die Küche des Shuar-Hauses wird, ist zugleich Freiraum und Eingrenzung. Frauen sind hier unter sich und haben freien Handlungsspielraum, der nicht der direkten Kontrolle von Männern unterliegt. Jedoch ist dieser Raum über Arbeit definiert. Dieser geschützte Frauenraum wird von vielen als wertvoll beschrieben. Aber sie beschweren sich auch darüber, dass ihre Männer in der Zeit, in der sie stundenlang mit der Chicha-Zubereitung beschäftigt sind, anderen Dingen nachgehen können, wie beispielsweise der Schulbildung, Lohnarbeit oder Freizeitaktivitäten. Vor allem Shuar-Männer weisen darauf hin, dass es eben die Aufgabe einer jeden Shuar-Frau sei, Chicha herzustellen, denn so sei es immer gewesen. Viele jüngere Frauen in Bomboiza stellen jedoch eine traditionelle Verbindung von Frauen und Maniok/Chicha in Frage, und einige von ihnen erkennen auch Bräuche und Gewohnheiten nicht als Erklärung für eine unveränderbare geschlechtsspezifische Arbeitsteilung an.

Hausgarten

Der Hausgarten (*aja Shuar*, *chacra* oder *huerta*) ist ein Garten, der meist direkt am Haus einer Shuar-Familie gelegen ist. In ihm werden eine Vielzahl verschiedener Pflanzen, Sträucher und Hölzer für den Hausbau, Gewürze, Medizinalpflanzen und vor allem verschiedene Arten von Maniok angepflanzt. Auch kleine Nutztiere gehören zu diesem subsistenzlandwirtschaftlichen System. Durch den Hausgarten sichern sich die Familien in Bomboiza ihre Grundversorgung. Hier verdeutlicht sich das Zusammenspiel von kulturellem Handeln und biologischen Ressourcen, die unter anderem zur Nahrungszubereitung benötigt werden.

Eine geschlechtsspezifische Untersuchung in diesem Bereich gibt Aufschluss über das Machtverhältnis zwischen den Geschlechtern in Bezug auf natürliche Ressourcen. Im Bereich der Hausgärten sticht die geschlechtsspezifische Arbeitsteilung besonders hervor: Die Hausgärten sind alleinige Aufgabe der Frauen. Jedes Mädchen in Bomboiza bekommt mit dem Eintreten in die Pubertät ihren eigenen oder ein Stück vom Garten der Mutter zugewiesen. Der Hausgarten ist in Bomboiza Recht und Pflicht einer jeden Shuar-Frau, die eine Familie zu versorgen hat. Alles, was den Hausgarten betrifft, wird von Frauen entschieden. Männer haben ohne die Erlaubnis der Frauen keine Befugnis, im Hausgarten etwas anzupflanzen oder Produkte aus dem Garten wegzugeben. Hier können die von Macht geprägten Verhandlungen über Biodiversität und Geschlecht wahrgenommen werden. Der Hausgarten wird in seiner Gänze den Shuar-Frauen zugeschrieben. Sie haben hier eine machtvolle Position: Sie ernähren die Familien, in ihrem Garten wächst das Material für den Hausbau und sie pflegen die Verwandten mit ihren Pflanzen bei Krankheit. Jedoch stehen die Macht und der vermeintlich große Handlungsspielraum in diesem Bereich stets im Zusammenhang mit und in Abhängigkeit von ihren Familien.

Lokales Wissen und geschlechtsspezifische Arbeitsteilung im Bereich der Nahrungsversorgung

Auch im Bereich des Hausgartens wird die geschlechtsspezifische Verteilung der Zuständigkeiten und des lokalen Wissens durch die erwähnte Figur Nunkui begründet. Nunkui hat den Frauen alles nötige Wissen über die Hausgärten überliefert und nur den Frauen ist es möglich, sich mit ihr durch das Singen der *Ánents* in Verbindung zu setzen. Dazu müssen die Frauen mit Liebe und vollem Glauben singen, damit Nunkui sie hört und ihnen Essen bringt. Dieses lokale Wissen über Mythen und soziale Normen, das in Zusammenhang mit Umweltverhalten steht, hat für die befragten Shuar-Frauen eine unterschiedlich starke Bedeutung für ihre geschlechtsspezifische Identität. Viele Frauen betonen die eigene Identifikation und Verbindung mit Nunkui, die ihnen als Frauen eine spezifische Kompetenz im Bereich der Gärten und des Manioks zuspricht. Jedoch birgt diese Verbindung auch die Gefahr der Fest-schreibung von Frauen auf die Versorgearbeit für ihre Familien.

Wie aus der Erfragung der Tagesabläufe hervorgeht, ist eine hohe Stundenzahl der Frauen in Bomboiza mit der Arbeit im Garten gefüllt. Auf Grund der geschlechtsspezifischen Arbeitsteilung verfügen Frauen in Bomboiza über ein sehr großes Wissen über die vorhandene Biodi-versität in den Hausgärten. Dieses spezifische Frauen-Wissen wird in Bomboiza seit Generationen von Frau zu Frau weitergegeben. Vielen Shuar-Frauen in Bomboiza ist daran gelegen, eine hohe biologische Vielfalt in ihrem Garten zu kultivieren. Die Pflanzen eines Hausgartens sind an die lokalen Gegebenheiten, wie klimatische Bedingungen und Böden, bestens angepasst und werden durch die Zucht der Shuar-Frauen weiterentwickelt.

In Gesprächen mit Frauen in ihren Gärten berichteten viele mir stolz, dass beispielsweise ein Käferbefall oder heftige Regenfälle ihnen nicht viel ausgemacht hätten, weil es immer eine Art gab, die sich gut dagegen wehren konnte. Durch die vorhandene Artenvielfalt ist es die-sem Ökosystem möglich, dynamisch auf sich verändernde Begebenhei-ten zu reagieren. So wird in den Hausgärten der Shuar-Frauen seit Ge-nerationen biologische Vielfalt gepflegt, erhalten und weiter kultiviert.[7]

Die Pflanzen, die im Hausgarten gepflanzt und gepflegt werden, sind zudem Abbild der Lebensweise einer Familie. Der Garten zeigt bei-spielsweise, was eine Familie isst und wie sehr die Frau sich im Bereich der Medizinalpflanzen auskennt. So finden sich im Garten einer Fami-lie, in der bestimmte Rituale häufig praktiziert werden, auch die dazu benötigten halluzinogenen Pflanzen. Werden bestimmte kulturelle Prak-tiken nicht mehr ausgeübt, verschwinden auch die dazu benötigten Pflanzen aus dem Hausgarten. Die gesellschaftlichen Veränderungen, die sich bei den Shuar in Bomboiza zeigen, spiegeln sich auch in einem veränderten Anbau wieder.

Das Verhandeln von Geschlecht und Biodiversität

Mit dem Intraface-Ansatz von Padmanabhan betrachtet, wird die Ver-handlung über den Erhalt der Biodiversität im Bereich der Hausgärten deutlich. Da die Anbauflächen in der umliegenden Region knapper werden, kommt es heute zwischen den Geschlechtern zu Konflikten

---

[7] Auch etliche Studien heben die Bedeutung von Hausgärten für den Erhalt pflanzengenetischer Vielfalt sowie für die Ernährungssicherung hervor (vgl. Pohle und Reinhardt 2004).

über die Bewirtschaftung des Gartens. In einigen wenigen Ausnahmen
führt das dazu, dass Männer ein vom eigentlichen Hausgarten abge-
grenztes Stück des Gartens bewirtschaften dürfen. Männer pflanzen
dann vornehmlich Produkte an, mit denen sie Geld verdienen können.
Anders als die Frauen, die mit erworbenem Geld vor allem Zucker, Öl
und Schulutensilien für die Kinder kaufen, geben die Männer in Bomboiza das erwirtschaftete Geld nicht für die Familie, sondern vornehmlich für Alkohol aus. In Bomboiza ist somit im Anbauverhalten eine klare geschlechtsspezifische Tendenz zu beobachten. Die Frauen produzieren in ihren Hausgärten fast ausschließlich für die Subsistenz der Familie und legen dabei Wert auf einen vielfältigen Anbau. Die Männer hingegen kultivieren Produkte, um sie gut verkaufen zu können. Die Männer sind es auch, an die sich marktorientierte Projekte von Entwick-
lungsorganisationen wenden.

Es zeichnet sich in Bomboiza ein Konfliktfeld zwischen den Geschlechtern ab, in dem es zu Verhandlungen über Entscheidungsgewal-
ten, die Teilhabe an Marktwirtschaft und Fragen der Ernährungssicherheit kommt. Da die Frauen über die Erlöse der Männer keine Entschei-
dungsmöglichkeiten haben, sind sie in der Regel finanziell von ihren
Männern abhängig.

In diesem Machtgefälle kommt es zu einer unterschiedlichen Bewertung von Frauen- und Männerarbeit im Bereich der natürlichen Ressourcen. Die männliche Erwerbsarbeit erfährt allgemein eine höhere
Bewertung, wohingegen die Subsistenzarbeit der Frauen untergeordnet
und geringer geschätzt wird.

Das Geschlechterverhältnis wird zudem durch Projekte gängiger
Entwicklungszusammenarbeit beeinflusst. Hier soll Ernährungssicherheit häufig durch die Einbindung in den Markt und Teilhabe an Ver-
marktungssystemen erzielt werden. Das geschieht in der Regel durch
die Inwertsetzung von natürlichen Ressourcen durch Förderung von
Wertschöpfungsketten meist für Monokulturen wie Kaffee, Kakao und
Holz. Bei diesen Ansätzen geraten die sozialen und kulturellen Komponenten der Ressourcennutzung, wie beispielsweise die Mehrdimensionalität von Nahrung, häufig ins Hintertreffen.

Das Übergehen von spezifischen Mensch-Natur-Verbindungen kann
jedoch vor allem in den Ländern des Südens, in denen eine Großzahl
der Menschen direkt von den natürlichen Ressourcen abhängig ist, zu
sozialer Ungleichheit und neuer Armut führen. Der Markt führt so zur
Ausgrenzung einiger Menschen und übervorteilt andere (vgl. Görg
2002 und Lovera 2008). Indigene, und besonders indigene Frauen in
den Ländern des Südens, profitieren häufig nicht von diesem Marktsys-

tem (vgl. Lovera 2008). Gut gemeinte Handlungskonzepte ohne Blick auf das Gefüge einer Gesellschaft können also zerstörerisch wirken.

Wahrnehmung, Nutzen, lokales Wissen sowie Wertschätzung und Erhalt der vorhandenen Biodiversität sind vom jeweiligen Verständnis von Geschlecht und Natur abhängig und werden von Macht und Kontrolle bedingt und erhalten. In Bomboiza manifestiert sich Biodiversität auf vielen Ebenen, sie ist die Voraussetzung für die Nahrungsversorgung der Shuar und für das kulturelle Leben. Die Shuar in Bomboiza sehen sich als Teil der Biodiversität, sie ist konstituierend für ihr Zusammenleben und ihre geschlechtsspezifische Identität und damit nicht geschlechtsneutral.

Wie an den Beispielen deutlich wurde, können hier Natur und Kultur nicht getrennt betrachtet werden, sondern müssen als sich beeinflussende Größen verstanden werden. Eine Biodiversitätsforschung, die diese Verbindungen und Interaktionen nicht erkennt und würdigt, greift zu kurz. Um die komplexen sozialen und kulturellen Dimensionen des Erhalts und der Nutzung der Biodiversität zu erfassen, ist ein Paradigmenwechsel in der Biodiversitätsforschung notwendig.

Durch meine Forschung wurde erkennbar, dass es in Bomboiza vor allem ältere Frauen sind, die großes und vielfältiges Wissen über Biodiversität haben. Für viele von ihnen sind der Maniok, der Hausgarten und der Bezug zu der Göttin Nunkui wichtig für die Identität und den Kultur- und Biodiversitätserhalt. Der Schutz der Biodiversität stärkt reziprok die Position der Frauen in der Gemeinschaft. Biodiversität wird erhalten, wenn das Wissen darüber weiterentwickelt und weitergegeben wird. Um das Wissen an die nächste Frauengeneration weitergeben zu können, müssen sowohl das lokale Wissen selbst als auch seine Trägerinnen geschätzt werden. Solange die spezifischen Wissensbereiche der Shuar-Frauen ihre Bedeutung behalten, sichert dieses Wissen den Frauen Anerkennung und Entscheidungsmacht innerhalb ihrer Gemeinschaft. Diese Stellung und Wertschätzung macht es ihnen wiederum möglich, ihr Wissen weiterzugeben. Die Weitergabe und der Erhalt des lokalen Wissens, die Nutzung der vorhandenen Biodiversität sowie die Stellung der Frauen sind in einem Kreislauf verbunden.

Abschließende Betrachtung

Die Erforschung der Interdependenzen von Biodiversität, lokalem Wissen und Gender ist eine Voraussetzung für den Erhalt der biologischen Vielfalt. Für deren nachhaltigen Schutz im Kontext gesellschaftlichen Wandels kann dies wegweisend sein. Einzelne Aspekte der Biodiversität losgelöst von spezifischen sozialen Kontexten auf internationalen Konferenzen verhandeln zu wollen und ihren monetären Wert zu bestimmen, scheint mir angesichts auch der hier vorgestellten Forschung wenig zielführend zu sein. Auch Konventionstexte über die Anerkennung der Rolle der Frauen im Kontext des Biodiversitätserhalts bleiben – ohne ein tiefgehendes Verständnis der Verbindungen von Biodiversität, ihrem Nutzen und dem lokalen Wissen in einer Gemeinschaft – nicht fundiert. Biodiversität zu erforschen, bedeutet mehr als die vorhandenen Pflanzen und ihre Nutzung zu untersuchen.

In meiner Forschung wurde deutlich, dass lokales Wissen über biologische Vielfalt und Geschlechterkonstruktionen in Abhängigkeit zueinander stehen und sich gegenseitig bedingen. Dabei stehen materielle (wie ökologische, räumliche Begebenheiten) und immaterielle Bereiche (wie Mythen, Traditionen, Normen, lokales Wissen) in einem wechselseitigen Verhältnis zueinander. Es handelt sich um ein komplexes Zusammenspiel von einer einerseits geteilten naturräumlichen Umgebung und andererseits von geschlechtsspezifisch geprägten Unterschieden in den Zugängen zu Ressourcen. Dies gilt auch für Arbeitsteilung, Alltagshandlungen und Routinen sowie in Bezug auf lokales Wissen. Über die symbolische Ordnung und über das normative System lassen sich Unterschiede in den Positionen der Geschlechter begründen (vgl. Teherani-Krönner 2008). Das Intraface-Konzept ermöglicht zu erkennen, dass natürliche Ressourcen eine Schnittstelle zwischen Männern und Frauen bilden, an der Macht, Interessen und Bedeutungen ausgehandelt werden (vgl. Padmanabhan 2002).

Im Kontext der gesellschaftlichen Veränderungen kommt es zu Wandlungsprozessen. Diese können zu einer Neuordnung von Machtverteilungen und Zugangsmöglichkeiten führen, in deren Folge Frauen gestärkt werden können und die vorhandene Biodiversität geschützt werden kann. Ein Gender-Ansatz in der Biodiversitätsforschung wird sozial hergestellte und damit veränderbare Ungleichheiten sowie festgeschriebene Normen beziehungsweise Verhaltensregeln, die als *naturgegeben* beschrieben werden, offenlegen. Dies kann zu einer Infragestellung und Ausbalancierung der Machtverhältnisse zwischen den Geschlechtern beitragen.

Literatur

Akhter, Farida 2001. Seeds in women's hands: a symbol of food security and solidarity. In *Development*. 44 (4): 52–55.

BMU (Bundesministerium für Umwelt, Naturschutz und Reaktorsicherheit) 1992a. *Übereinkommen über die biologische Vielfalt.* URL: http://

www.dgvn.de/fileadmin/user_upload/DOKUMENTE/UN-Dokumente_ zB_Resolutionen/UEbereinkommen_ueber_biologische_Vielfalt.pdf (07.03.2014).

BMU 1992b. *Agenda 21 der Konferenz der Vereinten Nationen für Umwelt und Entwicklung.* Rio de Janeiro 1992. URL: http://www.bmub.bund.de /fileadmin/bmu-import/files/pdfs/allgemein/application/pdf/agenda21.pdf (07.03.2014).

Boserup, Ester 1982. *Die ökonomische Rolle der Frau in Afrika, Asien, Lateinamerika.* Edition Cordeliers, Stuttgart (Orig.: 1970. *Women's Role in Economic Development.* Earthscan Publications, London).

Cruz, Rodrigo de la 2006. *Conocimientos propios y patentes desde la visión indígena. Thesenpapier. II Simposio pluridisciplinario con Pueblos Indígenas: Derecho, estrategias económicas y desarrollo con identidad en América Latina.* 14.-16.07.2006. Weingarten.

FAO (Food and Agriculture Organization of the United Nations) 2001. *Women – users, preservers and managers of agrobiodiversity.* Gender and development fact sheets. URL: http://www.fao.org/sd/2001/PE1201a_en.htm (07.03.2014).

Feldstein, Hilary Sims and Janice Jiggins (eds.) 1994. *Tools for the Field: Methodologies Handbook for Gender Analysis in Agriculture.* Kumarian Press, West Hartford.

Franz-Balsen, Angela, Wolfgang H. Serbser und Susanne Stoll-Kleemann 2008. Vorwort der Deutschen Gesellschaft für Humanökologie. In Karl Bruckmeier und Wolfgang H. Serbser (Hrsg.) *Ethik und Umweltpolitik. Humanökologische Positionen und Perspektiven.* Edition Humanökologie, Band 6. oekom Verlag, München: 7-9.

Görg, Christoph 2002. Biodiversität – ein neues Konfliktfeld in der internatio nalen Politik. In Ulrich Brand und Monika Kalcsics (Hrsg.) *Wem gehört die Natur? Konflikte um genetische Ressourcen in Lateinamerika.* Atención – Jahrbuch des Österreichischen Lateinamerika-Instituts. Brandes & Apsel, Frankfurt am Main: 18-29.

Howard, Patricia L. 2003. *Women and Plants. Gender Relations in Biodiversity Management and Conservation.* Zed Books, London/New York.

Long, Norman 1993. Handlung, Struktur und Schnittstelle: Theoretische Reflektionen. In Thomas Bierschenk (Hrsg.) *Entwicklungshilfe und ihre Folgen – Ergebnisse empirischer Untersuchungen in Afrika.* Campus Verlag, Frankfurt am Main: 217-248.

Lovera, Simone 2008. *Life as Commerce: The Impact of Market-based Conservation Mechanisms on Women.* Global Forest Coalition. URL: http://globalforestcoalition.org/wp-content/uploads/2010/12/impactsmar-ketbasedconservationmechanisms-on-woman41.pdf (07.03.2014).

Mies, Maria und Vandana Shiva 1995. *Ökofeminismus. Beiträge zur Praxis und Theorie.* Rotpunktverlag, Zürich.

Momsen, Janet H. 2007. Gender and Biodiversity: A New Approach to Linking Environment and Development. In *Geography Compass* 1/2. URL:

http://onlinelibrary.wiley.com/doi/10.1111/j.1749-8198.2007.0011.x/pdf (07.03.2014).

Padmanabhan, Martina Aruna 2002. *Trying to grow. Gender relations and agricultural innovations in northern Ghana.* Rurale Geschlechterforschung Bd. 3. LIT Verlag, Berlin/Münster.

Dies. 2008. BioDIVA: Transformationswissen für eine geschlechtergerechte und nachhaltige Nutzung biologischer Vielfalt. In Ute Feit und Horst Korn (Bearb.) *Treffpunkt Biologische Vielfalt VIII.* Wissenschaftliche Expertagung an der Internationalen Naturschutzakademie Insel Vilm vom 25.–29. 08. 2008: 61-66.

Pellizzaro, Siro 1990. *Arutam. Mitología Shuar.* Abya-Yala, Quito.

Pohle, Perdita und Sylvia Reinhardt 2004. Indigenous knowledge of plants and their utilization among the Shuar of the lower tropical mountain forest in southern Ecuador. In *Lyonia.* Heft 7 (2): 133-149. URL: http://www.lyonia.org/downloadPDF.php?pdfID=2.321.1. (07.03.2014).

Schäfer, Christine, Martha Gutiérrez and Ludgera Klemp (eds.) 2002. *The Convention on Biological Diversity: Ensuring Gender-Sensitive Implementation.* GTZ. Eschborn. URL: www. gtz.de/de/dokumente/en-biological-diversity-gender-2002.pdf (03.06.2010).

Schmitz, Julika 2006. Tribalismus oder Die Suche nach der verlorenen Zugehörigkeit. In *Kosmopolis.* Interkulturelle Zeitschrift aus Berlin. Heft 16: 35-47.

Dies. 2008a. „Im not a gender! Im a woman!" Frauenaktivitäten auf und neben der UN-Konferenz zur Biologischen Vielfalt. In Zentrum für transdisziplinäre Geschlechterstudien der Humboldt-Universität zu Berlin (Hrsg.) *HU Gender Bulletin.* Heft 37: 48-50.

Dies. 2008b. Gender, Klimawandel und Biodiversität. In Wem gehört der Klimawandel? *Gemeinsame Ausgabe von Sul Serio 14/ Arranca!* 38: 17-18.

Dies. 2011. *Gender, Biodiversität und lokales Wissen. Eine geschlechtsspezifische Untersuchung zu biologischer Vielfalt in Bomboiza, Ecuador.* Magisterarbeit, unveröffentlicht. Landwirtschaftlich-Gärtnerische Fakultät, Humboldt-Universität zu Berlin.

Teherani-Krönner, Parto 2008. Geschlechtergerechtigkeit – Zugangsrechte zu Ressourcen, eine humanökologische Aufgabe. In Karl Bruckmeier und Wolfgang H. Serbser (Hrsg.) *Ethik und Umweltpolitik. Humanökologische Positionen und Perspektiven.* Edition Humanökologie, Band 6. oekom Verlag, München: 237-260.

UN 1992. *Übereinkommen über die biologische Vielfalt* (engl.: Convention on Biological Diversity CBD). Übersetzung BMU 1992. URL: www.dgvn.de (10.12.2013).

Weller, Ines 2005: Inter- und Transdisziplinarität in der Umweltforschung: Gender als Integrationsperspektive. In Heike Kahlert, Barbara Thiessen und Ines Weller (Hrsg.) *Quer denken – Strukturen verändern. Gender Studies zwischen Disziplinen.* VS Verlag für Sozialwissenschaften, Wiesbaden: 163-184.

Über Aktualität und Aktualisierung von Sprichwörtern

Brigitte Hamburger

E-Mail: mail@brigitte-hamburger.de

Zusammenfassung. Mit Sprichwörtern rund um die Themen Essen, Mahlzeit und Gastfreundschaft wird im Sprachgebrauch eine Vielzahl von Erfahrungen, Informationen oder Ratschlägen vermittelt. Mit Sprichwörtern können Meinungen oder Ratschläge in Bildern mitgeteilt werden. Die persönliche Meinung des Sprechenden kann so indirekt und nicht-konfrontativ zur Geltung kommen, Da die Nahrungsaufnahme stets sozio-kulturell eingebunden ist und komplexen sozioökonomischen, sozialen, kulturellen, psychologischen und politischen Strukturen und Bedürfnissen folgt, kann das Sprechen hierüber dies wiederum abbilden. Entgegen der häufig geäußerten Ansicht, dass Sprichwörter altmodisch und überholt seien, fanden sich viele Beispiele dafür, dass Sprichwörter und Redewendungen durchaus noch verwendet, (ironisch) abgewandelt und weiter entwickelt werden.

Schlüsselwörter. Sprichwort. Essen. Mahlzeit. Kommunikation. Liebe. Hunger. Gesundheit. Gastfreundschaft.

Die Mahlzeit als nonverbale Kommunikation

Sprichwörter geben Erkenntnisse oder allgemeine Lebensregeln in bildhafter Sprache wieder. So gibt es zum Beispiel viele Sprichwörter, die Tiere als Metaphern verwenden. Gegenstände, Eigenschaften oder Berufsgruppen können Thema sein. Ein weites Feld eröffnen bei näherer Betrachtung auch die Sprichwörter rund um die Themen Lebensmittel, Essen, Mahlzeiten und Gastfreundschaft. In vielfältiger Weise werden im Sprachgebrauch Bilder aus diesen Bereichen eingesetzt, um Erfahrungen, Informationen oder Ratschläge zu vermitteln.

Die Kommunikationsforschung hat gezeigt, dass ein großer Teil der menschlichen Kommunikation nonverbal stattfindet (vgl. Argyle 2013). Einen Anteil an dieser nonverbalen Kommunikation hat auch die Mahlzeit. Über das Teilen des Mahls oder gemeinsames Trinken wird ebenso kommuniziert wie über die Verweigerung oder das Verwehren der Tischgemeinschaft. In ihrem Beitrag *Deciphering a Meal* verweist die Sozialanthropologin Mary Douglas (1972) auf die Abstufungen beim Teilen von Nahrung: nicht gemeinsam verzehren, gemeinsam trinken, eine Mahlzeit teilen (vgl. Teherani-Krönner in diesem Band). Mahlzeiten werden auch bei Festen geteilt, beim Staatsbesuch, beim Picknick oder im Beduinenzelt – oft mit detaillierten Vorschriften für das Wie und Wann der Speisenfolge. Auch beim sogenannten *Leichenschmaus* wird gemeinsam gegessen und es wird an die verstorbene Person erinnert, von ihr erzählt, zuweilen gemeinsam gelacht. Eine Voraussetzung für eine Scheidung ist dagegen die Feststellung, dass die Gemeinschaft von Tisch und Bett (mensa et toro) aufgehoben ist.

Nahrungsaufnahme ist also stets sozio-kulturell eingebunden, sie folgt komplexen sozio-ökonomischen, sozialen, kulturellen, psychologischen und politischen Strukturen und Bedürfnissen und bildet diese wiederum ab (vgl. Beitrag Röder in diesem Band). Auf die enge Verknüpfung von Esskulturen mit den jeweiligen sozialen Systemen weist auch Deepak K. Rijal hin:

> "The ways food dishes are chosen and the special dishes used as symbolic offerings vary by ecological, social and economical variables. In totality, food traditions decode social systems"
>
> (Rijal 2010: 1).

Was ist ein Sprichwort und wie kann es gefunden werden?

Ein Sprichwort ist zunächst einmal gesprochenes Wort und als solches kann genau genommen nur ein Satz gelten, der „innerhalb einer bestimmten Sprachgemeinschaft bekannt und geläufig ist" (Liver 1983: 8). Sprichwörter sind „allgemein bekannte, festgeprägte Sätze, die eine Lebensregel oder Weisheit in prägnanter, kurzer Form ausdrücken" (Mieder 1979: 17).

Ebenfalls sehr geläufig, aber der Form nach unterschiedlich sind die sogenannten sprichwörtlichen Redensarten:

> „Von der Form her ist das Sprichwort ein in sich abgeschlossener Satz, der sich durch eine besondere Prägnanz der Formulierung auszeichnet. Diese auffällige Geprägtheit macht, dass das Sprichwort leicht aufgefasst und ebenso leicht im Gedächtnis behalten wird. Syntaktisch ist das Sprichwort autonom und vom Kontext unabhängig. Darin unterscheidet es sich von der sprichwörtlichen Redensart. Auch die sprichwörtliche

Redensart ist ein fest geprägter Ausdruck, ein Ausdruck jedoch, der nicht allein, sondern nur im Gefüge eines Satzes verwendet werden kann"

(Liver 1983: 6).

Mit einem Sprichwort können Meinungen oder Ratschläge in Bildern mitgeteilt werden. Die persönliche Meinung des Sprechenden kann indirekt und nicht-konfrontativ gesagt werden, im Schutz des Allgemeinen, des Gemeinplatzes, dessen, was *man sagt.* Dazu erläutert der Volkskundler und Kulturwissenschaftler Hermann Bausinger:

> „Der Wert, die Brauchbarkeit der Sprichwörter lag (und liegt) in ihrer Vielseitigkeit. Schon das einzelne Sprichwort ist keineswegs immer eindeutig. Dieter Narr sprach einmal vom ‚Hof‘, den jedes Sprichwort habe; das Sprichwort, so betonte er, sei nicht präzise, sondern ‚prägnant‘ im eigentlichen Wortsinn, trächtig, oft nach mehreren Seiten auszulegen. Vor allem aber: wer genügend Sprichwörter kennt, der verfügt über ein Reservoir, das ihm in den verschiedensten Situationen und Konstellationen Hilfen bereitstellt. Sprichwörter – das sind vielfach und vielfältig verwendbare, nicht auf eine einzige Währung festgelegte Münzen; irgendwie kann man damit immer bezahlen, und wenn die eine Feststellung die Situation verfehlt, dann trifft eben die entgegengesetzte"

(Bausinger 1978: 4).

Nach Bausinger geben Sprichwörter zweierlei Regeln wieder: einerseits Regeln, die zeigen, was geschieht und andererseits Regeln darüber, was geschehen soll. Dabei sei

> „die Regel im allgemeinen nicht als Vorschrift formuliert, sondern als Kommentar. Richtet sie den Blick nach vorn, dann meistens nicht als Appell zu aktiver Gestaltung und Änderung, sondern eher als Hinweis auf eine Gesetzlichkeit, die passiv zu erdulden oder klugerweise in Rechnung zu stellen ist, die in religiöser oder weltmännischer Ergebenheit zu akzeptieren ist"

(Bausinger 1968: 98).

Da das Sprichwort gesprochenes Wort ist, mündlich weitergegeben wird und sich dabei auch verändert, wird in Sprichwortsammlungen meist auf Quellenangaben verzichtet. Und auch da, wo es solche gibt, handelt es sich oft um Verweise auf andere Autoren, die ihrerseits keine Quellen angeben. Es gibt natürlich sprichwörtlich verwendete Zitate. Kennzeichen des Sprichwortes ist aber gerade, dass es im tatsächlichen Sprachgebrauch gebildet, abgeschliffen und verwandelt wird. Mehrfach wurde an den großen Sammlungen von Simrock (1978/1846) und Wander (1867/1987) die Kritik geübt, dass sie den Sprichwörtern vieles

andere hinzufügten. Über Simrocks *Die deutschen Sprichwörter* sagt
Hermann Bausinger in seinem Nachwort zum Reprint:

> „Nun ist zwar keineswegs auszuschließen, dass er das eine oder andere
> Sprichwort auch einmal hörte. Aber schon die kurze Vorrede führt in
> andere Zusammenhänge. Sein Sammeleifer ging andere Wege; er führte
> in literarische Jagdgründe, und dort suchte er auch keineswegs Sprich-
> wörter allein"
>
> (Bausinger 1978: 1, vgl. auch Peil 1991 zu Wander).

Das Besondere an Sprichwörtern ist ihre Einprägsamkeit. Interessant ist,
dass z. B. in der Arbeit mit an Demenz erkrankten Menschen häufig
Sprichwörter verwendet werden. Dabei ist festzustellen, dass auch bei
einer weit fortgeschrittenen Gedächtnisstörung Inhalte des Langzeitge-
dächtnisses – und hier vor allem des semantischen Gedächtnisses (für
das allgemeine Weltwissen) – lange erhalten bleiben (vgl. Schacter
2001).So werden im Rahmen von Biografiearbeit oder Gedächtnistrai-
ning die Anfangsworte von Sprichwörtern genannt und von Menschen
mit Demenz mühelos ergänzt.

Sprichwort und Kultur

Die kulturelle Prägung unserer Kommunikationsformen bewirkt, dass
auch die Anwendung von Sprichwörtern unterschiedlich ist.

> „Eine besonders tiefe Tradition hat das Reden in Sprichwörtern in Afri-
> ka. Während wir Europäer einander gerne unsere Meinungen um die
> Ohren hauen und noch meinen, das habe mit Offenheit, Ehrlichkeit und
> Wahrhaftigkeit zu tun, so umschreiben Afrikaner ihre Standpunkte oft
> mit Geschichten, Gleichnissen und Sprichwörtern. Das bedarf für einen
> Europäer der Einübung im Hinhören"
>
> (Rathke 1998: 7).

Das Gesicht bewahren ist in Gesellschaften, in denen enge soziale Abhängigkeiten bestehen, besonders wichtig. So erfahren Sprichwörter
oder Geschichten eine andere Wertigkeit. Wir kennen dies auch unter
dem Ausdruck, etwas *durch die Blume* sagen.

Wie die Sammlung entstand

Die hier vorgestellte Sammlung von Sprichwörtern rund um die Themen Essen und Mahlzeit entstand zunächst im Rahmen des EU-
geförderten Workshops *Meal Cultures in Europe. Changes and Exchanges* am Fachgebiet Gender & Globalisierung der Landwirtschaft-

lich- Gärtnerischen Fakultät der Humboldt-Universität zu Berlin. Mit Unterstützung des GRUNDTVIG-Programms der EU konnte unter der Leitung von Parto Teherani-Krönner die Veranstaltung im Jahre 2011 gemeinsam mit mir ausgerichtet werden (vgl. Teherani-Krönner und Wörteler 2011). Teilnehmende aus etwa einem Dutzend EU-Ländern kamen an der Humboldt-Universität zusammen, um sich über ihre Esskultur – Gemeinsamkeiten und Differenzen – auszutauschen. Die Tagung befasste sich mit theoretischen Beiträgen zum Thema Ernährung und Mahlzeit sowie mit der praktischen Erfahrung verschiedener Esskulturen. Dabei besuchten wir sehr unterschiedliche Lokalitäten in Berlin als Teil der Veranstaltungen. Besichtigt haben wir von der Berliner Tafel, die sich die Verteilung von Essen an Obdachlose und Bedürftige in der Stadt zur Aufgabe gemacht hat, über das SOS-Kinderdorf in Tiergarten, wo MigrantInnen in der Gemeinschaftsküche abwechselnd für einander kochen bis zu der bekannten Star-Köchin Sarah Wiener, die neben ihrem Restaurant auch eine Stiftung für das Kochen mit Kindern gegründet hat (siehe den Beitrag von Eysel-Zahl in diesem Band).

Während der Vorbereitungen baten wir als Veranstaltende die TeilnehmerInnen, neben Rezepten und Fotos auch Sprichwörter mitzubringen. So kamen zunächst etwa 70 – aus dem tatsächlichen Sprachgebrauch der verschiedenen Länder kommende – Sprichwörter zusammen, deren Verwendung und Bedeutungen schriftlich und mündlich erläutert wurden. Die meisten stammten aus europäischen Ländern, jedoch auch z. B. aus Indien, Russland, Nigeria und dem Iran. An Sprichwörtern lassen sich Ähnlichkeiten erkennen und Gedankengänge austauschen. Sicher lässt sich auch darüber streiten, welche Bedeutung alte Sprichworte heute noch haben und wie sie zu interpretieren sind.

Diese Sammlung wurde seitdem durch Literaturrecherche und weitere Befragung von Menschen aus anderen Ländern und Kulturkreisen erweitert. Dabei zeigt sich, dass Sprichwörter sich leicht über Sprachgrenzen hinweg verbreiten, wenn die Sprachen in einer Region oder Gesellschaft koexistieren. So wurde uns z. B. ein Sprichwort zu Messer, Gabel, Löffel (*Wenn ein Löffel oder eine Gabel zu Boden fällt, wird ein weiblicher Gast kommen. Fällt ein Messer, wird der Gast männlich sein. – siehe Gabel*)[1] sowohl in lettischer als auch in russischer Sprache mitgeteilt. Die beiden Sprachen gehören zu unterschiedlichen Sprachfamilien doch kulturell gab es lange Zeit einen engen Austausch, da Lettland bis 1991 Teil der Sowjetunion war.

---

[1]   Das hervorgehobene Stichwort in der Klammer verweist jeweils auf den Begriff, unter dem die genannten Sprichwörter im Glossar zu finden sind.

Aus Indien wurde uns eine Reihe von Sprichwörtern mit prägnanten Bildern – ohne erkennbare Entsprechungen in europäischen Ländern – mitgeteilt (siehe *Dieb*, *Frucht* und andere). Daneben gab es jedoch auch eine direkte Entsprechung zur englischen Redensart *to be born with a silver spoon in the mouth* – aus der Sprache der ehemaligen Kolonialmacht, durch die ein starker kultureller Einfluss ausgeübt wurde (siehe *Löffel*).

Von den vielen Themenfeldern, die in Sprichwörtern rund um das Essen vorkommen, werden hier sieben genauer beleuchtet und mit Beispielen versehen. Es sind dies Glück und Liebe, Hunger, Maß und Gier, Neid und Eifersucht, Gesundheit, Gemeinschaft sowie Gastfreundschaft.

Glück und Liebe

Glück, Liebe und Essen sind in vielen Sprichwörtern eng verknüpft. So gibt es für das Sprichwort *Die Liebe geht durch den Magen* Entsprechungen in mehreren Sprachen. In englischer Sprache heißt es *The way to a man's heart is through his stomach*. Spanisch klingt es so: *El amor entra por la cocina* (Die Liebe kommt durch die Küche). Und in Polen: *Przez żołądek do serca* (Der Weg zum Herzen führt durch den Magen).

In den folgenden Fassungen ist das Geschlechterarrangement ausdrücklich benannt: *Любовта на мъжа минава през стомаха* (bulgarisch: Die Liebe des Ehemannes geht durch den Magen). *Dobra żona tym się chlubi, że gotuje co mąż lubi* (polnisch: Eine gute Ehefrau ist stolz darauf zu kochen, was der Ehemann gerne isst). Und auch in einem Yoruba-Sprichwort fanden wir einen ähnlichen Gedanken: *Ounje ti Baba-Ue kiije Iyawo-Ue kii see* (Die Hausfrau soll nichts kochen, das dem Herrn des Hauses nicht schmeckt).

Dieselbe Metapher für die Verwirrungen in der schönen Zeit der jungen Liebe fanden wir in je einem deutschen und lettischen Sprichwort: *Wenn die Suppe versalzen ist, ist der Koch / die Köchin verliebt* und *Sālīts ēdiens rāda, ka saimniece iemīlējusies* (siehe *Salz*).

Auch weitere Spielregeln der Paarbeziehungen können in Sprichwörter verpackt werden – wie hier zum Thema Treue: *Appetit kannst Du Dir woanders holen: gegessen wird zuhause*. Auch ein frecher aktueller Spruch ist Abbild für Aushandlungen in der Paarbeziehung: *Wer unten liegt, muss kochen*. Es ist klar, dass durch Sprichwörter Geschlechterbeziehungen häufig beschworen und manifestiert werden. Jedoch ist denkbar, dass sich diese auch verändern können und die Sprichwörter dennoch im Gebrauch bleiben. Dann nämlich, wenn Männer sich in die

Herzen der Frauen hineinkochen, was durchaus schon als Ausnahme die Regel bestätigt.

Hunger

Zahlreiche Sprichwörter bringen den Mangel und das *Zuwenig* ins Blickfeld und verweisen dazu auf den Hunger als elementares, starkes Bedürfnis. Dabei werden verschiedene Aspekte hervorgehoben. In vielen Ländern Europas heißt es *Ein hungriger Bär tanzt nicht.* Und auch das sprichwörtlich verwendete Zitat von Bertolt Brecht *Erst kommt das Fressen, dann kommt die Moral*[2] betont diesen Aspekt (siehe *Hunger* und *Fressen*).

Darauf, dass Hunger auch zu Bescheidenheit führen kann und dazu, die Ansprüche zu senken, verweist ein spanisches Sprichwort: *Cuando el hambre es de calor, el pan viejo es fresco* (Wenn du sehr hungrig bist, schmeckt altes Brot frisch). Im deutschen Sprachraum ist *In der Not frisst der Teufel Fliegen* geläufig und ebenso das ironisch gemeinte *In der Not, in der Not, schmeckt die Wurst auch ohne Brot* (siehe *Hunger*, *Teufel* und *Brot*). Wie schwierig der Blick über den eigenen Tellerrand ist, zeigen Sprichwörter wie *Was weiß der Satte, wie der Hunger tut* oder der *Wer satt ist, hat gut fasten* (siehe *Fasten* und *Hunger*). Ein persisches Sprichwort weist auf hierarchische Gesellschaftsstrukturen hin: *Die Reichen bekommen den Kebab, die Armen nur den Duft ab* (siehe *Arm*).

Maß und Gier

Die bekannte Maxime *Iss am Morgen wie ein Kaiser, mittags wie ein König und abends wie ein Bettler*, sowie *Eat at pleasure, drink by measure* oder *Pain tant qu'il dure, vin à mesure* verweisen auf die Bedeutung des rechtes Maßes (siehe *Bettler* und *Essen*).

Auch vor dem zu schnellen oder zu reichlichen Essen und Trinken warnen mehrere Sprichwörter. Es heißt *Your eyes are bigger than your belly*, *Das Fressen bringt mehr Leute um als das Schwert* und *Ne uccide*

---

[2] Parto Teherani-Krönner hat sich in vielen Beiträgen kritisch mit diesem geläufigen Zitat von Brecht befasst, da in ihrem humanökologischen Ansatz Menschen immer mit Moral essen. Ihr Konzept der dualen Bedürfnisstruktur (vgl. Teherani-Krönner 2014) geht davon aus, dass das Bedürfnis nach sozialer Anerkennung gleichermaßen wichtig ist wie jenes nach der materiellen Existenzsicherung.

più la gola che la spade (siehe *Auge* und *Fressen*). Auch in einem afrikanischen Sprichwort wird vom gierigen Zugreifen abgeraten: *Wer zu schnell isst, beißt sich selbst in den Finger* (siehe *Finger*).

Neid, Eifersucht und Lügen

Für Neid und Eifersucht – als zutiefst menschliche Empfindungen – gibt es viele Beispiele in Sprichwörtern. So heißt es *Die dümmsten Bauern haben die dicksten Kartoffeln* und *Die dümmschte Buure hai die gröschte Härdöpfel* wenn ausgedrückt werden soll, dass ein(e) andere(r) unverdient mehr Besitz, größeres Ansehen oder Erfolge erlangt hat (siehe *Bauer*). Und die in mehreren europäischen Ländern gefundene Aussage *Die Kirschen in Nachbars Garten sind immer ein bisschen süßer* oder *The cherries in the neighbour's garden always taste sweeter* findet sich in Sprichwort aus Gabun wieder: *Im Mund des Nachbarn scheinen alle Kolanüsse süß* (siehe *Kirschen* und *Kolanuss*)

Ein Sprichwort zur Lüge wurde uns aus Bulgarien berichtet: *Ни лук ял, ни лук мирисал* (Er hat keine Zwiebeln gegessen, er hat nicht einmal Zwiebeln gerochen) wird gesagt über eine Person, die angibt, unschuldig zu sein und von der man vermutet, dass sie lügt (siehe *Zwiebel*). Das aus dem Bengalischen berichtete *Thakur ghorey ke ami to kola khaini* (Wer ist im Tempel? Ich habe die Banane nicht gegessen) soll sagen, dass ein Dieb auch im Tempel an das Stehlen denken wird (siehe *Dieb*).

Gesundheit

Die Sprichwörter zu Essen und Gesundheit geben oft ganz konkrete Handlungsanweisungen. Einige beziehen sich wiederum auf das Maßhalten, wie das bulgarische *Кратка вечеря, дълег живот* (Kurzes Abendessen, langes Leben – siehe *Abendessen*). Für das bekannte englische *An apple a day keeps the doctor away* fanden wir auch deutsche und italienische Entsprechungen: *Ein Apfel am Tag und die Füße warm, macht den besten Doktor arm* sowie *Una mela al giorno toglie il medico di torno* (siehe *Apfel*). In Finnland wird der Verzehr von Käse empfohlen mit den Worten *Syö juustoa se kasvattaa luustoa* (Käse macht die Knochen stark). Ein Schweizer Sprichwort geht ins Detail und differenziert nach Tageszeiten: *De Chääs isch am Morge Gold, z Mittaag Silber, z Nacht Bley* (siehe *Käse*). Auch vor dem übermäßigen Trinken von Alkohol wird in manchem Sprichwort gewarnt (siehe *Durst*).

Gemeinschaft

Dass Essen und Mahlzeiten in soziale Systeme eingebunden sind, zeigen zahlreiche Sprichwörter. *A jooje n ii dun* (Das Mahl schmeckt süßer, wenn es gemeinsam verzehrt wird) wurde uns als Yoruba-Sprichwort übermittelt und *Es ist besser e teilt's Mahl as e gfehlts Mahl* fanden wir aus der Schweiz (siehe *Mahl*). Im Iran heißt es *Arm ist, wer alleine isst* (siehe *Arm*).

Auf Gabe und Gegengabe verweist *Wer sein Huhn allein isst, muss sein Pferd allein satteln* (siehe *Huhn*) und auf die Notwendigkeit der Anpassung *If you want to be a musungu – you have to eat that what the musungo have* (siehe *Essen*). Auch für die Verantwortung über die eigene Lebenszeit hinaus fanden wir ein Beispiel – das italienische *Pianta la vite per te, e l'ulivo per tuo figlio* (Pflanze den Weinstock für dich und den Ölbaum für deinen Sohn – siehe *Wein*).

Gastfreundschaft

Wo Menschen einander begegnen und Umgang miteinander pflegen, kommt es vielfach zu Einladungen und unterschiedlichen Formen der Gastfreundschaft. Es gibt hierfür eine ganze Reihe von ungeschriebenen Regeln, über die auch Sprichwörter Auskunft geben.

Zu den Pflichten des Gastgebers gehören Begrüßung und Bewirtung. Vom Gast werden Höflichkeit, Dank und häufig auch ein angemessenes Gastgeschenk erwartet. Für beide Seiten ist ein Gefühl für das richtige Maß von Bedeutung. Innerhalb der eigenen Kultur können die Gastregeln als mehr oder weniger bekannt vorausgesetzt werden. Bei interkulturellen Begegnungen dagegen kann es viele weitere Regeln geben, die vorab zu kennen und zu befolgen zu guten Beziehungen erheblich beitragen kann (vgl. Broszinsky 2011: 167f.).

Das Sprichwort *Fünf sind geladen, zehn sind gekommen – Gieß' Wasser zur Suppe, heiß' alle willkommen* fand sich als gestickter Wandspruch in mancher Küche und erinnert daran, auch ungeladene Gäste willkommen zu heißen (siehe *Suppe*) und aus der Türkei kommt *Misafir girmeyen eve melekler de girmez* (In das Haus, in das kein Gast tritt, tritt auch kein Engel. – siehe *Gast*).

Dass die Gastfreundschaft jedoch nicht allzu lange in Anspruch genommen werden soll, sagen viele Sprichwörter, so zum Beispiel *Über den Gast freut man sich zweimal: wenn er kommt und wenn er geht* oder *Ein Gast ist wie der Atem. Er ist schön wenn er kommt, muss aber auch bald wieder gehen.* Der Gast wird auch mit dem Fisch verglichen, der nur frisch Freude bereitet: *Der Gast ist wie der Fisch: Am dritten Tag fängt er an zu stinken.* In einem Suaheli-Sprichwort heißt es: *Behandle deinen Gast zwei Tage lang als Gast, aber am dritten Tag gib ihm eine Hacke.* Auf Rechte und Pflichten des Gastes bezieht sich auch das arabische Sprichwort: *Wenn der Gast ankommt, ist er ein Fürst, wenn er sich setzt, ein Gefangener, wenn er geht, ein Dichter.*

Aktualität und Aktualisierung von Sprichwörtern

Sprichwörter werden in unserer Kultur häufig als altmodisch und überholt empfunden und beschrieben. Gegen diesen ersten Eindruck gibt es viele Beispiele dafür, dass Sprichwörter und Redewendungen oft noch verwendet, (ironisch) abgewandelt und weiter entwickelt werden.

So fanden wir immer wieder Beispiele in den Medien – darunter mehrfach *„Wer Wind sät, wird Strom ernten"* mit Bezug auf die Windenergiegewinnung (BM 2013: 5). In einer Werbeanzeige für die *Welt am Sonntag* hieß es *„Lesen Sie sonntags doch mal einen über den Wissensdurst"* (Khunkam 2013: IV). Auch in Wahlkampagnen wurden wir fündig mit der Abbildung eines Rindes und dem Grünen-Slogan *Was der Bauer nicht kennt, fress' ich nicht – Und du?*.[3] Alle diese Sprüche *funktionieren* nur, weil das zugrunde liegende Sprichwort als bekannt vorausgesetzt werden kann.

Viele der klassischen Sprichwörter sind aus Zitaten entstanden und so wird auch heute mancher Spruch verwendet, dessen Ursprung schon in Vergessenheit geraten ist. So ist *Pöbel frisst, Adel hält auf Taille* aus dem *Bettelstudenten*[4] und das gelegentlich zitierte *Biste richtig down, brauchste watt zu kau'n* kommt aus dem Lied *Currywurst* von Herbert Grönemeyer.

Wenn ein Sprichwort vor allem gesprochenes Wort ist oder wie Sailer es im 19. Jahrhundert formulierte „ein Wort, das in aller Leute Mund ist; ein Wort, das von Vielen in einerley Verstand bey mancherley Anlässen wiederholet wird" (Sailer 1810: 34), dann sind die Slogans und Sprüche von heute sozusagen das Rohmaterial für die Sprichwörter

---

[3] Viele weitere Beispiele aus den 60er und 70er Jahren finden sich in Mieder 1979: 117ff.

[4] Dieser mündlich aus Berlin übermittelte Spruch ist die Abwandlung eines Zitates aus der Operette *Der Bettelstudent* von Carl Millöcker: *Den Hunger spürt nur die Kanaille, und nur der Pöbel isst sich satt. Der wahre Adel hält auf Taille, natürlich wenn er eine hat.*

von morgen. Und zum Sprichwort wird das, was über eine gewisse Zeitdauer vielen bekannt ist und – halb gesprochen – von ihnen ergänzt werden kann.

Ein Beispiel dafür ist der freche Spruch *Zehn Sekunden im Mund und zehn Jahre auf den Hüften* oder *Once through the lips, for ever on the hips*, der in den vergangenen Jahren als Magnet für den Kühlschrank, als Plakat oder Postkarte zu finden war. Und so wie diese Aussage durch Tendenzen zum Übergewicht oder zum Schlankheitswahn bekannt werden konnte, gibt es auch das entgegen gerichtete Motto: *Dick ist chic.* Die Zeit wird zeigen, ob und welche dieser Sätze das Zeug zu einem Sprichwort haben.

Die folgende Sammlung soll als Anregung verstanden werden und zum Ergänzen einladen.

Sprichwörter über Essen und Mahlzeiten – Ein Glossar

Abendessen
Кратка вечеря, дълег живот (Übers.: *Kurzes Abendessen, langes Leben*).   **BG**

Abwasch
jeun kehin n ii fo abo (Yoruba) (Übers.: *Wer zuletzt isst, wäscht die Teller.*).   **NGA**

Apfel
Ein Apfel am Tag und die Füße warm, macht den besten Doktor arm.   **DE**
An apple a day keeps the doctor away.   **EN**
Eat an apple going to bed, Make the doctor beg his bread.   **EN**
Una mela al giorno toglie il medico di torno.   **IT**

There's no making apples of plums.   **EN**

Appetit
Der Appetit kommt beim Essen.   **DE**
Appetite comes with eating.   **EN**
Апетитът идва с яденето.   **BG**
Τρώγοντας έρχεται η όρεξη.   **GR**
L'Appetito vien mangiando.   **IT**
Apetyt rośnie w miarę jedzenia.   **PL**

Appetit kannst Du Dir woanders holen. Gegessen wird zuhause.   **DE**

Arm

Wenn ein Armer ein Huhn isst, so ist entweder er oder das Huhn krank.	DE
When a poor man eats a chicken, one of them is sick.	EN
Quando il poveretto mangia la gallina, o è malato lui o è malata la gallina.	IT
Quando ol poerèt al maia la poia, o l'è malat lu o l'è malada la poia.	IT
As an óreman eßt a hun, is oder er krank oder di hun (Yiddish).	
Die Reichen bekommen den Kebab, die Armen nur den Duft ab.	IR
Arm ist, wer alleine isst.	IR

Auge

Das Auge isst mit.	DE
Die Augen waren größer als der Magen.	DE
Your eyes are bigger than your belly.	EN

Bauch

Voller Bauch studiert nicht gern.	DE
Liaba an Bauch vom Saufen, ois an Buckel vom Orbeiten.	AU
Besser ein Bauch vom Essen als ein Buckel vom Schaffen.	DE

Bauer

Was der Bauer nicht kennt, das (fr)isst er nicht.	DE
Die dümmsten Bauern haben die dicksten Kartoffeln.	DE
Die dümmschte Buure hai die gröschte Härdöpfel.	CH

Bettler

Iss am Morgen wie ein Kaiser, mittags wie ein König und abends wie ein Bettler.	DE
Breakfast like a king, lunch like a prince, dine like a beggar (pauper).	EN

Bezahlt

Co zapłacone, musi być zjedzone (Übers.: *Was bezahlt ist, muss gegessen werden*).	PL

Bier

Das ist nicht mein Bier!	DE

Bratkartoffel / Bratpfanne

Do häsch de Brägel! (alemannisch für Bratkartoffel) (Bedeutung: *Da hast du den Salat! / Jetzt ist es passiert!*).	DE

Do schmecksch de Brägl (alemannisch) (Bedeutung: *etwas vermu-* **DE**
ten oder ahnen)

La frittata e' fatta! (Übers.: *Die Dummheit (der Eierkuchen) ist* **IT**
gemacht).

Cadere dalla padella nella brace (Übers.: *Aus der Bratpfanne ins* **IT**
Feuer springen.) (Deutsche Entsprechung: *Vom Regen in die Trau-
fe kommen.*).

Brot

Leipä miehen tiellä pitää (Übers.: *Brot hält den Mann auf der* **FI**
Straße).

Des Brot Du isst, des Lied Du singst. **DE**

Du sollst dir nicht die Butter vom Brot nehmen lassen. **DE**

Никой не е по-голям от хляба (Übers.: *Niemand ist größer als das* **BG**
Brot).

dire pane al pane e vino al vino (Italienisch). **IT**

al pan pan, al vino vino (Spanisch) (Übers.: *Das Brot Brot und den* **ES**
Wein Wein nennen) (Deutsche Entsprechung: *Das Kind beim Namen nennen*).

Bez mąki chleba nie upieczesz (Übers.: *Ohne Mehl kein Brot*). **PL**

In der Not, in der Not, schmeckt die Wurst auch ohne Brot. **DE**

Ja maizīte nokrīt zemē, tad uzceļot tā jānobučo (Übers.: *Wenn* **LV**
Brot auf den Boden fällt, sollst du es aufheben und küssen).

Dieb

Thakur ghorey ke ami to kola khaini (Bengali) (Übers.: *Wer ist im* **IN**
Tempel? Ich habe die Banane nicht gegessen) (Bedeutung: *Auch im
Tempel wird ein Dieb an das Stehlen denken.*).

Durst

Wer Herr über seinen Durst ist, ist auch Herr über seine Gesund- **DE**
heit.

Qui est maître de sa soif est maître de sa santé. **FR**

Ehefrau

Dobra żona tym się chlubi, że gotuje co mąż lubi (Übers.: *Eine gu-* **PL**
te Ehefrau ist stolz darauf zu kochen, was ihr Mann gerne isst).

Essen

Eat at pleasure, drink by measure. **EN**

Pain tant qu'il dure, vin à mesure. **FR**

Omo mi ti jeun ni mo mo, ng o mo omo mi tiyo (Yoruba) (Übers.: *Eltern denken nur darüber nach, dass ihr Kind Essen hat und nicht darüber, ob es ihm schmeckt*).   **NG**

Ounje ni ore awo (Yoruba) (Übers.: *Wie das Essen, so die Haut*).   **NG**

Es wird nichts so heiß gegessen wie es gekocht wird.   **DE**
Iss, was gar ist, trink, was klar ist, sprich, was wahr ist.   **DE**

Wer nicht kommt zur rechten Zeit, der muss essen, was übrig bleibt.   **DE**

Essen und Trinken hält Leib und Seele zusammen.   **DE**

Nach dem Essen sollst du ruh'n oder tausend Schritte tun.   **DE**

Hara hachi bu / hara hachi bunme (Übers.: *Iss, bis du zu acht von zehn Teilen (80 %) satt bist*. Nach Konfuzius).   **JPN**

If you want to be a musungu – you have to eat that what the musungo have (Übers.: *Wenn du ein Musungu sein willst, musst du essen wie ein Musungu*. – Siehe Interview mit Mary Abukutsa in diesem Band).   **KE**

Ładna miska jeść nie daje (Übers.: *Eine schöne Schüssel gibt noch lange kein Essen*).   **PL**

Fasten
Wer satt ist, hat gut fasten.   **DE**

Finger / Hände
avere le mani in pasta (Übers.: *die Hände in den Nudeln haben*) (Deutsche Entsprechung: *seine Finger im Spiel haben*).   **IT**

Wer zu schnell isst, beißt sich selbst in den Finger.   **GA**

Fisch
Fisch will dreimal schwimmen, in Wasser, Öl und Wein.   **DE**
Un poisson nage à trois reprises: dans la mer, l'huile et du vin!   **FR**

Der Fisch stinkt vom Kopf her.   **DE**

Wann immer Du den Fisch fängst, ist er frisch.   **IR**

Fleisch
S'Gras vom Stoa und's Fleisch vom Boa … (Bayern)   **DE**

Frau
Bir kadın, pişirdiği yemekle beraber pişmedikçe, o yemekte lezzet olmaz (Übers.: *Wenn eine Frau nicht fühlt, was sie kocht, schmeckt das Essen nicht*).   **TR**

Fressen

Das Fressen bringt mehr Leute um als das Schwert.	DE
Ne uccide più la gola che la spade.	IT
„Erst kommt das Fressen, dann kommt die Moral." (Bertolt Brecht)	DE
Pöbel frisst, Adel hält auf Taille.	DE

Frieden

Lieber as Ei im Frieda as a Henna im Chrieg.	CH
Lieber ein Ei im Frieden als eine Henne (ein Ochse) im Krieg.	DE
Better an egg in peace, than a hen (an ox) in war.	EN
Wenn-me will Friede ha, so muess-men-e i der Chuchi sueche.	CH

Frucht

He that would eat the fruit, must climb the tree.	EN
Gachhe katthal goffe tel (Bengali) (Übers.: *Die Jackfrucht / Brotfrucht ist noch auf dem Baum und schon wird Öl auf den Bart gestrichen*).	IN

Gabel

Ja zemē nokrīt dakša, tad gaidāms ciemiņš – sieviete, bet ja nazis – tad ciemiņš būs vīrietis.	LV
Нож со стала упал – гость будет; ложка или вилка – гостья (Übers.: *Wenn ein Löffel oder eine Gabel zu Boden fällt, wird ein weiblicher Gast kommen. Fällt ein Messer, wird der Gast männlich sein*).	RU
Fällt die Gabel, wird es ein Mädchen, fällt das Messer wird es ein Junge.	IR

Gast

Am ersten Tag ein Gast, am zweiten eine Last, am dritten stinkt er fast.	DE
Der erst Tag en Gast, der zweit an Überlast, der dritt Tag en Uflot, wenn er nid hei goht.	CH
Een driedaagsche gast is een last.	NL
Drei Tag Fisch und Gast, hebeds auch, so stinkeds fast.	CH
Der Gast ist wie der Fisch: Am dritten Tag fängt er an zu stinken.	DE
El huesped y el pez á tres dias huele.	ES
L'ospite ed il pesce dopo tre dì rincresce.	IT
O hospede e o peixe a os tres dias fede.	PT
Über den Gast freut man sich zweimal: wenn er kommt und wenn	DE

er geht.

Ein Gast ist wie der Atem. Er ist schön wenn er kommt, muss a-   **IR**
ber auch bald wieder gehen (Das Sprichwort wird oft mit Verweis
auf seinen arabischen Ursprung verwendet, darf sicher nicht gegenüber dem Gast geäußert werden).

Behandle deinen Gast zwei Tage lang als Gast, aber am dritten
Tag gib ihm eine Hacke (Suaheli).

Wenn der Gast ankommt, ist er ein Fürst, wenn er sich setzt, ein
Gefangener, wenn er geht, ein Dichter (arabisch).

Die Speise ist nur schmackhaft, wenn die Gastgeber mitessen (a-
rabisch).

Toku ağırlamak güçtür (Übers.: *Es ist schwierig, einen Gast mit*   **TR**
vollem Magen zu empfangen).

Misafir girmeyen eve melekler de girmez (Übers.: *In das Haus, in*   **TR**
das kein Gast tritt, tritt auch kein Engel).

Glut

Guter Rat ist wie die Glut eines Feuers, man muss ihn sich von   **ZW**
anderen holen.

Hausfrau

Το καρπούζι και τη γυναίκα η τύχη τα διαλέγει (Übers.: *Es ist*   **GR**
Glückssache, ob die Wassermelone oder die Hausfrau sich als gut
erweist).

Ounje ti Baba-Ue kiije Iyawo-Ue kii see (Yoruba) (Übers.: *Die*   **NG**
Hausfrau soll nichts kochen, das dem Herrn des Hauses nicht
schmeckt).

Hering

Die Heringstonne riecht immer nach Hering.   **DE**
La caque sent toujours le hareng.   **FR**

Honig

Mit einem Tropfen Honig fängt man mehr Fliegen als mit einem   **DE**
Fass Essig.
A spoonful of honey will catch more flies than a gallon of vinegar.   **EN**
Si prendono più mosche con una goccia die miele che con un ba-   **IT**
rile d'aceto.

Herz

The way to a man's heart is through his stomach.   **EN**
Przez żołądek do serca (Übers.: *Der Weg zum Herzen führt durch*   **PL**
den Magen).

Hüften

Eine Sekunde auf der Zunge, ein Leben lang auf den Hüften.	DE
Zehn Sekunden im Mund und zehn Jahre auf den Hüften.	DE
Once through the lips, for ever on the hips.	EN

Huhn

Gallina vecchia fa buon brodo (Übers.: *Ein altes Huhn gibt eine*   IT
gute Suppe).

Meglio un uovo oggi che una gallina domani (Übers.: *Besser heute*   IT
ein Ei als morgen ein Huhn).

Was nützt e schöns Huen, wenn s keini Eier leit.	CH
Wer Eier will, mues d Hüehner lo gagge.	CH
He that would have eggs must endure the cackling of hens.	EN
Wer sein Huhn allein isst, muss sein Pferd allein satteln.	DE
Who eats his cock alone must saddle his horse alone.	EN
Quien solo come su gallo, solo ensille su caballo.	ES
Quem só come seu gal o só sella seu cavallo.	PT
Das Huhn des Nachbarn ist eine Gans.	IR
Komşunun tavuğu komşuya kaz görünürmüş.	TR

Hunger

Гладна мечка, хоро не играе.	BG
Ein hungriger Bär tanzt nicht.	DE
A hungry bear won't dance.	EN
Nistikós arkúdos den chorévi.	GR
Gladna Mecka oro ne igra.	MKD
Aç ayı oynamaz.	TR

Cuando el hambre es de calor, el pan viejo es fresco (Übers.:   ES
Wenn du sehr hungrig bist, schmeckt altes Brot frisch).

Der Hunger tribt dr Wolf us dä Studä.	CH
Der Hunger jagt den Wolf aus dem Wald.	DE
La faim chasse le loup du bois.	FR

Niin on nälkä, että näköä haittaa (Übers.: *Ich bin so hungrig, dass*   FI
ich nichts sehen kann).

Aç tavuk kendini buğday ambarında görür (Übers.: *Eine hungrige*   TR
Henne sieht sich selbst in der Kornkammer).

Hunger ist der beste Koch.	DE
Was weiß der Satte, wie der Hunger tut.	DE

Joghurt

Zemheride yoğurt isteyen, cebinde bir inek taşır (Übers.: *Wenn du*   **TR**
im Winter Joghurt essen willst, trage eine Kuh in deiner Tasche).

Käse

De Chääs isch am Morge Gold, z Mittaag Silber, z Nacht Bley.   **CH**

Käse schließt den Magen.   **DE**

Syö juustoa se kasvattaa luustoa (Übers.: *Käse macht die Knochen*   **FI**
stark).

Kalt

Iss warm und trinke kalt, dann wirst du hundert Jahre alt.   **AU/DE**

Wird die Küche kalt, so gehen die Freunde bald.   **DE**

Atsumono ni korite Namasu wo fuku (Übers.: *Wer sich einmal die*   **JPN**
Zunge an heißer Suppe verbrannte, pustet selbst kalte Speisen).

Kamel

Oont ke Muh mein Jeera (Hindi) (Übers.: *Kleine Cuminsamen im*   **IN**
Maul des Kamels.) (Bedeutung: *zu wenig für ein großes Bedürfnis*).

Kartoffel

Co tyka Bło ana do mulki? Zlanym wolejom twarog a kulki! (sor-   **DE**
bisch) (Übers.: *Was macht den Spreewälder stark? Kartoffeln,*
Leinöl und Quark!).

Rein in die Kartoffeln! Raus aus den Kartoffeln!   **DE**

Kauen

Biste richtig down, brauchste watt zu kau'n. (Herbert Grönemey-   **DE**
er)

Kirschen

Die Kirschen in Nachbars Garten sind immer ein bisschen süßer.   **DE**
The cherries in the neighbour's garden always taste sweeter.   **EN**

Těžko sytého častovati, a bohatému darovati (böhmisch) (Übers.:   **CZ**
Wer satt ist, dem schmecken alle Kirschen sauer).

Koch / Kochen

Viele Köche verderben den Brei.   **DE**
Too many cooks spoil the broth.   **EN**
Muchos cocineros dañan la comida.   **ES**
Troppi cuochi in cucina rovinano il brodo.   **IT**
Troppi cuochi guastan la cucina.   **IT**

Gdzie kucharek 6 tam nie ma co jeść (Übers.: *Mit sechs Köchen in*   **PL** *der Küche gibt es nichts zu essen).*

Mäßig Feuer kocht am besten.	DE
Wer unten liegt, muss kochen.	DE
Wenn es zwei Köche gibt, ist die Suppe entweder zu salzig oder ungesalzen.	IR

Kolanuss

Im Mund des Nachbarn scheinen alle Kolanüsse süß.	GA
Obì tó bá fara pamǫ ló máa ṅgbo (Übers.: *Die verborgene Kolanuss wird am größten*).	NG

Küche

All that is said in the kitchen, should not be heard in the hall.	EN
"If you can't take the heat, get out of the kitchen." (Harry S. Truman)	EN

Leber

Zwischen Leber und Milz passt immer noch ein Pils.	DE

Liebe

Любовта на мъжа минава през стомаха (Übers.: *Die Liebe des Ehemannes geht durch den Magen*).	BG
Die Liebe geht durch den Magen.	DE
El amor entra por la cocina.	ES
Du hast den Hunger nicht gekostet, sonst würde dir die Liebe vergehen.	IR

Likör

„Es ist ein Brauch von alters her: Wer Sorgen hat, hat auch Likör!" (Wilhelm Busch)

Löffel

Me cha de Löffel liecht us der Hand ge, wenn me gnueg gesse hät.	CH
mit einem silbernen Löffel im Mund geboren werden (Redensart)	DE
to born with a silver spoon in the mouth	EN
munh mein chandi ki chammach lekar paida hona	IN

Magen

Der Magen einer Sau, die Gedanken einer Frau, der Inhalt einer Worscht bleiben ewig unerforscht.	DE
Wer einen vollen Bauch hat, dem scheinen die anderen auch satt zu sein.	DE

Qui a la pense pleine, il lui semble que les autres sont soûls. **FR**

Barriga llena, corazón contento (Übers.: *Voller Magen, glückliches* **ES/CO**
Herz).

Mahl / Mahlzeit

Es ist besser e teilt's Mahl as e gfehlts Mahl. **CH**

Το νόστιμο φαγητό από τη μυρωδιά φαίνεται (Übers.: *Eine gute* **GR**
Mahlzeit erkennt man am Geruch / Duft).

jooje n ii dun (Yoruba) (Übers.: *Das Mahl schmeckt süßer, wenn es* **NGA**
gemeinsam verzehrt wird).

Pişmiş aşa su katılmaz (Übers.: *Gieße kein Wasser zum fertigen* **TK**
Mahl).

Mais

Wer seinen Mais allein lässt muss auch die Vögel dulden. **GA**

Mehl

Aus einem Kohlensack wird kein weißes Mehl kommen. **DE**
D'un sac à charbon, il ne saurait sortir blanche farine. **FR**

Non e' farina del tuo sacco (Übers.: *Das Mehl kommt nicht aus* **IT**
deiner Tasche).

Milch

Ja katru vakaru dzer pienu ar medu, tad naktīs labi sapņi rādās **LV**
(Übers.: *Wenn du abends Milch mit Honig trinkst, wirst du gute*
Träume haben).

Salz

Wenn die Suppe versalzen ist, ist der Koch / die Köchin verliebt. **DE**
Sālīts ēdiens rāda, ka saimniece iemīlējusies. **LV**

Saufen

Wo s Suufe-n en Ehr ist, ist s Chotze kei Schand. **CH**
Wo saufen eine Ehre ist, ist kotzen keine Schande. **DE**

Schaf

Schafe wissen, wann sie genug gegrast haben. Manche Menschen **IS**
wissen nicht, wie viel genug ist (aus den isländischen Sagas – berichtet von einem isländischen Reiseführer 2010).

Schmecken

Kukure ki ar ghee er mormo bojhey (Bengali) (Übers.: *Der Hund* **IN**
wird nie den Geschmack von Ghee kennen).

Bandar kya jaane adark ka swaad (Hindi) (Übers.: *Was weiß der* **IN**

Affe vom Geschmack von Ingwer?).

Wenn's am besten schmeckt, soll man aufhören. **DE**

Süßes

Ei makeaa mahantäydeltä (Übers.: *Zu viel Süßes macht Übelkeit*). **FI**

Suppe

Zur Supp'n, zur Supp'n, die Knedln san hoaß. **AU**

Fünf sind geladen, zehn sind gekommen – Gieß' Wasser zur Sup- **DE**
pe, heiß' alle willkommen.

Of soup and love, the first is the best. **EN**
Las sopas y los amores, los primeros son los mejores. **ES**

Ja vakarā zupu neizēd, tad otrā dienā būs slikts laiks (Übers.: **LV**
Wenn am Abend Suppe übrig bleibt, wird es am Morgen schlechtes
Wetter geben).

La zuppa senza formaggio è come una carrozza senza cavalla. **IT**
La sopa sensa formai l'è come ona carosa sensa caai (Übers.: *Eine* **IT**
Suppe ohne Käse ist wie ein Wagen ohne Pferd).

Teufel

In der Not frisst der Teufel Fliegen. **DE**

Tisch

A tavola non si invecchia (Übers.: *Zeit, die (gemeinsam) am Tisch* **IT**
verbracht wird, ist nicht verloren).

Es wird gegessen, was auf den Tisch kommt. **DE**

Wasser

Бистра водица, мирна главица (Übers.: *Reines Wasser, klarer* **BG**
Geist).

Mit Wasser und Brod chunnt me dur alli Nod. **CH**

Durst macht aus Wasser Wein. **DE**

Wasser, um das du nicht gebeten hast, ist Erfüllung. **IR**

Wein

Der Wein schmeckt immer nach dem Weinberg. **DE**
Toujours le vin sent son terroir. **FR**

Pianta la vite per te, e l'ulivo per tuo figlio (Übers.: *Pflanze den* **IT**
Weinstock für dich und den Ölbaum für deinen Sohn).

Wer einen guten Wein trinkt, sieht Gott. **DE**
Qui bon vin boit Dieu voit. **FR**

Buon vino fa buon sangue (Übers.: *Guter Wein macht gutes Blut*). **IT**

Take a vine of a good soil and the daughter of a good mother.	EN
Di buona terra to' la vigna, di buona madre to' la figlia.	IT

Wirt / Wirtin

Wo die Wirtin schön ist, ist der Wein gut.	DE
Où l'hôtesse est belle, le vin est bon.	FR
Der Wirt ist nicht der beste, der mehr trinkt als die Gäste.	DE
Wer nichts wird, wird Wirt.	DE

Zwiebeln

Ни лук ял, ни лук мирисал (Übers.: *Er hat keine Zwiebeln gegessen, er hat nicht einmal Zwiebeln gerochen*) (Bedeutung: *jemand gibt vor, unschuldig zu sein*).	BG

Literatur

Argyle, Michael 2013. *Körpersprache & Kommunikation. Nonverbaler Ausdruck und soziale Interaktion*. Junfermann, Paderborn.

Artmann, H.C. 1965. *Je länger ein Blinder lebt, desto mehr sieht er. Jiddische Sprichwörter*. Insel Verlag, Frankfurt am Main.

Bartsch, Ernst 1989. *Wie das Land, so das Sprichwort. Sprichwörter aus aller Welt*. VEB Bibliographisches Institut, Leipzig.

Bausinger, Hermann 1968. *Formen der „Volkspoesie"*. Erich Schmidt Verlag, Berlin.

Bausinger, Hermann 1978. Nachwort. In Karl Simrock *Die Deutschen Sprichwörter*. Harenberg, Dortmund.

Beyer, Horst und Annelies 1984. *Sprichwörterlexikon. Sprichwörter und sprichwörtliche Ausdrücke aus deutschen Sammlungen vom 16. Jahrhundert bis zur Gegenwart*. VEB Bibliographisches Institut, Leipzig.

BM (Berliner Morgenpost) 2013. Wer Wind sät, wird Strom ernten. In *Berliner Morgenpost* vom 27.08.2013, Berlin: 5.

Bohnsack, Wilfried M. 1978. *Das Kamel auf der Pilgerfahrt. 1111 arabische Sprichwörter und 99 Rätsel*. Kiepenheuer, Leipzig und Weimar.

Brandenberger, Erna 1994. *Refranero español – Spanische Sprichwörter*. dtv, München.

Broszinsky-Schwabe, Edith 2011. *Interkulturelle Kommunikation. Missverständnisse – Verständigung*. VS Verlag, Wiesbaden.

Douglas, Mary 1972. Deciphering a Meal. In *Daedalus. Journal of the American Academy of Arts and Scientists. Myth, Symbol, and Culture*. Winter 1972. Cambridge, Massachusetts.

Gööck, Roland 1990. *Vergnügliches Eßbrevier. Kochen und Essen in Sprichwörtern und Lebensweisheiten*. Weltbild, Augsburg.

Italiaander, Rolf 1978. *Schwarze Weisheiten. Sprichwörter, Anekdoten und Meditationen aus Afrika*. Droste, Düsseldorf.

Khunkam, Kritsanarat 2013. Wem gehört der Sonntag. In *Welt am Sonntag*. 04.08.2013: IV.

Krohn, Axel 2010. *Trockene Hosen fangen keine Fische. Sprichwörter und Lebensweisheiten aus aller Welt*. Rowohlt, Reinbek bei Hamburg.

Liver, Ricarda 1983. Schweizerdeutsche Sprichwörter – Schweizer Sprichwörter. In Paul F. Portmann (Hrsg.) *Di letschi Chue tuet's Törli zue*. Huber, Frauenfeld.

Lux, Günter und Bernd A. Chmura 1995. *Morgenstund ist aller Laster Anfang. Sprichwörter zum Selberbasteln*. Eulenspiegel – Das Neue Berlin, Berlin.

Mieder, Wolfgang (Hrsg.) 1979. *Deutsche Sprichwörter und Redensarten. Arbeitstexte für den Unterricht*. Philipp Reclam jun., Stuttgart.

Möller, Ferdinand 1987. *Proverbi Italiani – Italienische Sprichwörter*. dtv, München.

Möller, Ferdinand 1989. *Proverbes français – Französische Sprichwörter*. dtv, München.

Müller-Hegemann, Anneliese 1972. *Das kleine Sprichwörterbuch*. VEB Bibliographisches Institut, Leipzig.

Pacqué, Ruprecht 1976. *Auch schwarze Kühe geben weiße Milch. Spruchweisheit aus Afrika*. Matthias-Grünewald-Verlag, Mainz.

Peil, Dietmar 1991. Karl Friedrich Wilhelm Wander und sein „Deutsches Sprichwörter-Lexikon". In *Proverbium*, Vol.8/1991. University of Vermont, Burlington/Vermont.

Pieper, Werner (Hrsg.) o.J. *Willkommen! Gastfreundschaft weltweit*. Der Grüne Zweig 166, Löhrbach.

Portmann, Paul F. (Hrsg.) 1983. *Di letschi Chue tuet's Törli zue*. Huber, Frauenfeld.

Rathke, Karl-Heinz 1998. *Der Vater ist ein schattiger Baum. Afrikanische Sprichwörter*. Edition innsalz, Aspach.

Richea, Werner und Michael Strich 1986. *Der Honig ist nicht weit vom Stachel*. Koehler & Amelang, Leipzig.

Rijal, Deepak Kumar 2010. Role of Food Tradition in Conserving Crop Landraces On-Farm. In *Journal of Agriculture and Environment*. Vol.11, Jun. 2010. URL: http://www.nepjol.info/index.php/AEJ/article/viewFile/3658/3139 (10.12.2013).

Röhrich, Lutz und Wolfgang Mieder 1977. *Sprichwort*. Metzler, Stuttgart.

Sailer, Johann Michael 1810/1987. Die Weisheit auf der Gasse. Greno, Nördlingen.

Schacter, Daniel L. 2001. *Wir sind Erinnerung. Gedächtnis und Persönlichkeit*. Rowohlt, Reinbek.

Schäfer, Rita 1998. *Guter Rat ist wie die Glut des Feuers*. Centaurus, Pfaffenweiler.

Simrock, Karl 1978. *Die Deutschen Sprichwörter*. Harenberg, Dortmund. (Orig.: 1846).

Smith, William George 1948. *The Oxford Dictionary on English Proverbs (ODEP).* 2nd edition, Clarendon Press, Oxford.

Steindl-Rast, David 2009. *Common Sense. Die Weisheit, die alle verbindet. Sprichwörter der Völker.* Claudius, München.

Stille, Eva Ursula Pfistermeister 1979. *Trautes Heim Glück allein. Gestickte Sprüche für Haus und Küche.* Fricke Verlag, Frankfurt am Main.

Strati, Mihallaq 2004. *Proverba te krahasuara – Proverbi comparati – Comparative proverbs.* Shtepia Botuese Uegen, Tirana.

Teherani-Krönner, Parto und Brigitte Wörteler 2011. *Meal Cultures in Europe. Changes & Exchanges.* Humboldt-Universität zu Berlin. URL: http://mealcultures.wordpress.com/ (10.12.2013).

Teherani-Krönner, Parto 2013. Gleichstellung als Thema der ländlichen Entwicklung. In Silke Franke und Susanne Schmid (Hrsg.) *Ohne Frauen ist kein Staat zu machen. Gleichstellung als Motor zur nachhaltigen Entwicklung. Argumente und Materialien zum Zeitgeschehen.* HSS, München

Teherani-Krönner, Parto 2014. Mahlzeitensicherheit oder Ernährungssicherheit? Das ist die Frage! In: Sarah Sippel und Cornelia Reiher (Hrsg.) *„Essen global" Ein Reader zur Globalisierung von Essen und Esskultur.* erscheint bei Vandenhoeck & Ruprecht, Göttingen.

van Volxem, Do und Uwe Gruhle (Hrsg.) 1990. *Freche Sprichwörter für alle Lebenslagen.* Eichborn, Frankfurt.

Wander, Karl Friedrich Wilhelm (Hrsg.) 1987. *Deutsches Sprichwörter-Lexikon. Ein Hausschatz für das deutsche Volk.* Weltbild, Stuttgart. (Orig.: 1867).

Mahlzeitenpolitik der Zukunft

Foto Zwischentitel:
„Granatapfel mit Trauben zu unserer WZB-Tafelrunde in Berlin bei
Gabi Knötgen, die leider 2013 verstorben ist."
Parto Teherani-Krönner

Empfehlungen: Wege in die Zukunft einer Mahlzeitenpolitik

Parto Teherani-Krönner

E-Mail: parto.teherani-kroenner@agrar.hu-berlin.de

Wichtig sind eine Neuorientierung der Agrarproduktion, der Agrarwirtschaft, der Agrarpolitik und nicht zuletzt der Agrarwissenschaft selbst sowie eine Perspektiverweiterung in den Ernährungswissenschaften. Mit einer Zusammenführung der Agrar- und Ernährungswissenschaften und deren Ergänzung durch sozial- und kulturwissenschaftliche Ansätze einschließlich einer Geschlechterperspektive kann sich eine sensibilisierende Sichtweise auf unsere tägliche Ernährung entwickeln. All diese Aspekte unserer Nahrung lassen sich adäquater mit dem Begriff Mahlzeit fassen, warum er in diesem Band zum Paradigmenwechsel eingeführt wurde.

I. Verbesserung agro-ökologischer und sozio-kultureller Lebensbedingungen

Mit der Forderung nach Ernährungssouveränität, wie sie durch viele verschiedene internationale Organisationen und NGOs, initiiert durch Mitglieder von La Via Campesina (LVC)[1] gestellt wird, geht es um die Wiedergewinnung des Vertrauens in die eigenen Kräfte und um die Verbesserung der Selbstversorgung und Autonomie der Regionen. Wichtig ist die Stärkung regionaler Wirtschaftskreisläufe unter agro-ökologischen (vgl. IAASTD 2008) und soziokulturellen Gesichtspunk-

---

[1] LVC ist eine soziale Bewegung von kleinen Subsistenz-Bäuerinnen und Bauern. Ursprungsregion der Organisation LVC liegt in Lateinamerika. Mittlerweile haben sich mehrere Gruppen aus fast 80 Ländern in verschiedenen Kontinenten angeschlossen. So kann von einer internationalen Bewegung gesprochen werden, die auch mehr und mehr Gehör findet, sogar bei der FAO. LVC ist Begründerin des Konzepts der Ernährungssouveränität (1996), die sich von der bisherigen Agrarpolitik und dem Diskurs zur Ernährungssicherheit distanziert (vgl. Buron 2013).

ten. Die Landbevölkerung sollte nicht durch Prozesse der Modernisierung marginalisiert werden, sondern im Zentrum der Entwicklungsprozesse stehen. Neben den globalen Strategien zum Abbauen von Abhängigkeiten gibt es eine Notwendigkeit, nach regional-spezifischen Wegen zu suchen, um Nahrungsmittelsouveränität – wenn möglich – zu erreichen.[2]

II. Entdecken der Kraft kleiner Subsistenzwirtschaften

Die Agrarpolitik der letzten Jahrzehnte konzentrierte sich auf die Unterstützung der Produktion von Marktfrüchten (cash crops) als Exportwaren. Die Nahrungsmittelproduktion zum Eigenverbrauch (food crops) als Subsistenzwirtschaft wurden vernachlässigt oder ganz ignoriert. Die Unabhängigkeit der ländlichen Bevölkerung sowie ihre Ernährungssouveränität wurden sogar als Rückständigkeit gebrandmarkt. Mit dem IAASTD Bericht (2008) kommt es zu einer Neubewertung und Wertschätzung der Subsistenzwirtschaft, die lange Zeit vernachlässigt war (vgl. auch IAASTD 2008). Die kleinen lokalen Betriebe werden nicht nur als wichtige Produzenten ländlicher Lebensmittel angesehen, sondern als Erzeuger ländlicher Lebensart – livelihood – anerkannt, da sie den gesamten gesellschaftlichen und kulturellen Zusammenhalt in der Gemeinschaft prägen und den Lebensraum gestalten und erhalten.

III. Lokales Wissen weiterentwickeln

Eine der wichtigen Empfehlungen ist die Wieder-Entdeckung lokaler Wissens-Systeme. Wenn eine anwendungsorientierte Bildung angestrebt wird, dann sollte die Ausbildung auf dem Boden der Realität bleiben und bisherige lokale Erfahrungen als Ausgangspunkt wählen. Auch in Ernährungsfragen und der Zubereitung und Weiterverarbeitung von Lebensmitteln, sind lokale Kenntnisse von unschätzbarem Wert. Wie bereits erwähnt, verfügen z. B. ältere Frauen im Sudan über umfangreiche Kenntnisse zur Fermentierung (vgl. Dirar 1993). Dies kann der Ausgangspunkt für Bildungsmaßnahmen sein, um ihr bereits bestehendes Wissen weiter zu entwickeln. Das hat auch den Vorteil, dass damit

---

[2]   Nicht in allen Regionen dieses Planeten ist es möglich eine Selbstversorgung der Bevölkerung sicherzustellen – z. B. in den Staaten am Persischen Golf-. Daher sind die Maximen der Ernährungssouveränität nicht universell umsetzbar.

die Landbevölkerung auf Augenhöhe mitreden kann. Wie Mary Abukutso-Onyango im Interview in diesem Band berichten konnte, liegt das Wissen über die indigenen Gemüsesorten bisher in den Händen der Landfrauen in Ostafrika. Sie werden dann als Wissende behandelt und stehen nicht als Ignoranten da, wie allzu oft in Alphabetisierungskursen.

Allzu oft werden Weiterbildungsmaßnahmen nur in den größeren Städten angeboten und auf urbane Bedürfnisse ausgerichtet. Junge Menschen geraten in eine Einbahnstraße, wenn sie erfolgreich die Bildungspfade verfolgen. Die junge Generation – wenn sie bildungsorientiert ist – verlässt das Dorf und die ländlichen Gebiete, um in der Stadt zu studieren. Aber die erworbenen Kenntnisse sind nicht nach den Bedürfnissen des ländlichen Lebens ausgerichtet (vgl. Teherani-Krönner 2012: 61 ff.). Somit bleiben sie im städtischen Milieu in der Hoffnung einen Job zu finden und hier ihre Zukunft zu gestalten. Sollte diese nicht gelingen, findet eine weitere Migration in fernere Regionen und Länder statt.[3]

Ein Ausbildungssystem, dass das ländliche Leben verbessern will, wird nicht ohne eine Revidierung des gesamten Bildungskonzepts auskommen. Der Orientierungsrahmen wird durch die lokalen Gegebenheiten bestimmt und das Curriculum einer Berufsausbildung kann in Anlehnung an die Ideen der funktionalen Alphabetisierung (nach Paulo Freire 1973) gestaltet werden. Zu empfehlen ist, lokale Kenntnisse mit den Bildungsangeboten, insbesondere mit der beruflichen Bildung zu kombinieren, um ökologisch und sozio-kulturell adäquates Wissen weiter zu entwickeln.

Zur Lösung der Ernährungsfrage wird es nicht hilfreich sein, wissenschaftliche Kenntnisse anzuhäufen, die als Machtmittel über das Pflanzen- und Tierreich mit Patenten eingesetzt werden (vgl. Schmitz in diesem Band). Es ist weit wichtiger, Menschen in ihrer Handlungsweise zu verstehen, nach welchen Kriterien sie ihr Handeln ausrichten und welche Handlungsspielräume ihnen zur Verfügung stehen. Jahrzehnte lange haben Ökotrophologen und Ernährungspolitik zwar naturwissenschaftlich ausgearbeitete Empfehlungen ausgesprochen, doch wurden sie nicht im gewünschten Umfang umgesetzt. Sinnvoll ist es, zunächst Präferenzen und Vorlieben zu erkennen und zu respektieren. Lokales Expertenwissen bedarf der Anerkennung, um darauf aufbauend Weiterentwicklung zu ermöglichen.

---

[3] Beck berichtet über den brain drain: „In Manchester arbeiten beispielsweise inzwischen mehr malawische Ärzte als in ganz Malawi, einem südostafrikanischen Land mit dreizehn Millionen Einwohnern" (Beck 2008: 302).

IV. Verbindung zwischen Agrarproduktion und Mahlzeit

Wichtig ist es die Zusammenhänge zwischen lokalen Produktionsbedingungen und Weltagrarmärkten zu erkennen. Hierzu fehlt es oft an Transparenz in bestehende Machtstrukturen des Ernährungssektors, um z. B. jeweils die Konsequenzen des Kaufverhaltens zu erkennen. Von der Mahlzeitensicherheit sind sowohl Prozesse internationaler Agrarpolitiken und Entscheidungsprozesse auf dem Weltmarkt – wie bei der WTO und CAP (Common Agricultural Policy der EU) – als auch nationale Politikentscheidungen und regionale Organisationen betroffen. Entscheidend sind lokale Märkte und Kaufentscheidungen von Konsumentinnen und Konsumenten, einschließlich aller Prozesse der Weiterverarbeitung von Lebensmitteln zur Mahlzeit. Diese können im häuslichen wie außerhäuslichen Bereich stattfinden. Es sind soziale Orte, die zu bestimmten Zeiten Mahlzeiten zur Verfügung stellen, da Essgewohnheiten bestimmten Rhythmen unterliegen, die kulturell geprägt sind. Damit sind alle Dimensionen einer Kulturökologie der Ernährung angesprochen. Schließlich sind Entscheidungen im Essverhalten stark mit ethischen und ästhetischen Empfindungen verbunden, die im normativen System verankert sind.

V. Keine Lösung ohne Frauen und Geschlechteranalysen

Aus vielen Beiträgen wird ersichtlich, wie bedeutsam Frauen als Akteurinnen im Entwicklungsprozess, insbesondere zur Mahlzeitensicherheit und -politik sind. Das bedeutet, dass alle Politikbereiche eine Sensibilisierung für Geschlechterfragen erfahren müssen. Geschlechteranalysen können auf verschiedenen Ebenen hilfreich sein, sofern sie auf lokale, regionaler wie auch internationale Belange aufmerksam machen. Ländliche Gemeinschaften wie auch Haushalte sollten in ihren Strukturen und Kapazitäten zu einem ausgewogenen Geschlechterarrangement unterstützt werden. Gerade auch die Fähigkeiten von Frauen zur Mahlzeitensicherheit –sind Grundlagen um globale Ernährungsfragen zu behandeln Das Ignorieren dieses Tatbestandes verbaut die Chance Hunger zu überwinden. Frauen sind Haupterzeugerinnen von landwirtschaftlichen Produkten und die Köchinnen unserer täglichen Mahlzeit.

Da die Mahlzeitensicherheit von Haushaltsmitgliedern global betrachtet vornehmlich in Frauenhänden liegt, kann eine Lösung – kurz, mittel und langfristig – nicht ohne sie erzielt werden. Mahlzeiten sind Fäden, die Menschen zusammenführen und es sind überwiegend Frauen, die solche Verbindungen herstellen und an den Fäden knüpfen. Die Zu- und Vorbereitung von Mahlzeiten bleibt eine weibliche Aufgabe, so lange nicht dafür bezahlt wird. Mahlzeitenpolitik wird Wege suchen müssen, die die aktive Teilnahme aller Mitglieder der Gesellschaft, vor allem aber auch die Partizipation von Frauen sicherstellt. Mahlzeitsicherheit kann uns eine neue Orientierung im Umgang mit der Nahrungsmittelknappheit und den Sicherheitsproblemen geben, weil es zum einen eine erweiterte, zum anderen eine vertiefende Perspektive bietet. Die Mahlzeit umfasst nicht nur agrarische Zutaten, sondern die vielen Schritte, die erforderlich sind, bevor eine Mahlzeit zubereitet und gegessen werden kann. Mahlzeitenkulturen können zu einem Schwerpunkt der Forschung in den Ernährungswissenschaften wie auch in den Agrarwissenschaften werden, die landwirtschaftliche Maßnahmen und Vermarktungsketten begleiten.

Nahrungsmittelkrisen können nicht ohne direkte Teilnahme von Produzierenden und Konsumierenden gelöst werden – und Frauen bleiben wichtige Akteurinnen, um Fragen der gesellschaftlichen Arbeitsteilung und der Konstruktion von Geschlechterarrangement nachzugehen.

VI. Gender Budgeting zur sozialen Gerechtigkeit

Ein „Gender Budgeting" – womit die geschlechtersensible Analyse der Haushaltsmittel in Organisationen und Staaten angesprochen werden – (Elson 2002: 1 ff.) könnte im Feld der Landwirtschaft zu einer Revolution führen. Gefordert wäre eine Transparenz in der Subventionspolitik – z. B. innerhalb der CAP / EU und der OECD Länder. Ein nach Geschlecht differenziertes Budget im Agrarsektor wäre aufschlussreich, um geschlechtergerechte Politiken für den Agrarsektor und den ländlichen Raum zu entwerfen und dabei das Ziel der Mahlzeitensicherheit – wie es im ersten Kapitel vorgestellt wurde – im Auge behalten. Dies kann zum Schlüssel für die gesamte Nahrungsmittelsicherheitsdebatte werden. Es wird ein mutiger und höchst innovativer Schritt sein, eine Gender-Budgeting-Politik innerhalb des Agrarsektors durchzuführen und zwar sowohl für die EU-Länder als auch für andere Regionen und internationale Agrarmärkte. Damit kann ein Prozess in Gang gesetzt werden, der das Potential hat, national wie international mehr soziale Gerechtigkeit und verbesserte Mahlzeitensicherheit zu gewährleistet.

Solch eine Forderung mag zwar als unrealistisch gar utopisch abgetan werden, ich befürchte jedoch, dass ohne solch mutige Schritte, Probleme des Hungers in der Welt nicht lösbar sind. Die Geschlechterdimension in der Nahrungsmittelfrage muss ein Hauptbestandteil der

Ernährungsdebatte werden. Mit dem Konzept der Mahlzeitenpolitik kann ein neuer Weg zur Integration der Geschlechterperspektive in die Ernährungsfrage bestritten werden. Wir brauchen eine umfassendere Sicht auf die Mahlzeit und den gesamten Kotext der menschlichen Ernährung. Solch eine Empfehlung bzw. Forderung bleibt notwendig, solange der *gender bias* in der Agrarpolitik, der bis heute existiert, nicht überwunden ist (vgl. Lanz in diesem Band).

VII. Mahlzeitensicherheit eine neue Option zur Ernährungsgerechtigkeit

Wenn in der Ernährungsdebatte nicht nur Produktion und Vermarktungsketten in den Vordergrund stehen würden, sondern die gesamte Mahlzeitenkultur, dann kann der ganze soziokulturelle Rahmen der Nahrungsmittelproduktion und Prozesse der Vorbereitung, der Teilung und des Essens zu wichtigen Bestandteilen der wissenschaftlichen Reflexion über Nahrung und Ernährung werden.

Mit der Mahlzeitenpolitik kann ein neuer Weg eingeschlagen werden. Ein solcher Paradigmenwechsel ermöglicht eine veränderte Perspektive, die das, was Menschen essen in den Vordergrund stellt und nicht das was die Agrartechnologie bietet. Völlig neue Dimensionen unserer täglichen Nahrung treten in den Vordergrund und helfen, vergessene Aspekte und wichtige Akteure einzuschließen: Die Frauen, die für fast alle täglichen Mahlzeiten zuständig sind. Es bedeutet, dass wir die Erzeugerinnen unserer Mahlzeit, die bisher im Schatten standen, ins richtige Licht rücken.

Ob die Agrar- und Ernährungswissenschaften jedoch diese Offenheit zur Neuorientierung haben, um eine Mahlzeitenpolitik zu begleiten, ist eine offene Frage. Proteste gegenüber den bestehenden Verhältnissen finden sich in einer steigenden Zahl von Publikationen, die sich dem Thema Ernährung aus unterschiedlichen Warten zuwenden (vgl. Duve 2011, Worldwatch 2011, Bode2010, Egger und Pucher 2012, u. a.)

Auch soziale Bewegungen wie La Via Campesina, Slow Food und viele andere Organisationen wie FIAN, Foodwatch protestieren gegen die bisherige Agrarproduktion und Nahrungsmittelzubereitung, da Umweltbelange nicht hinreichend bedacht werden. Sie fordern einen anderen Umgang mit Naturressourcen – mit der Pflanzen- und Tierwelt, sind betroffen durch die Auswirkungen auf den eigenen Körper und die menschliche Gesundheit, das eine wichtige Motivation für ein Umweltengagement ist.

Mit dem neuen Ansatz kommt es anstelle der Ernährungssicherheitsdebatten zu einer Diskussion über Mahlzeiten- Mahlzeitenkultur und Mahlzeitenpolitik, die geschlechtersensibel zu führen ist. Es geht um ein *engendering of meal policy.* Dies bedeutet eine Herausforderung für die nationale und internationale Praxis und umfasst die wissenschaftliche (Begriffs-) Debatte über hinreichende und gesunde Nahrung in der Produktion und Wertschöpfungskette bis in die Haushalte und darüber hinaus. Unterstrichen wird die Notwendigkeit Agrarproduktion und Esskultur zusammen zu bringen und die Vielfalt und Vielschichtigkeit unserer täglichen Mahlzeit zu zelebrieren.

Literatur

IAASTD (International Assessment of Agricultural Knowledge, Science and Technology for Development) 2008. *Agriculture at a Crossroad – Weltagrarbericht. Synthesebericht.* Hamburg University Press, Hamburg.

Beck, Ulrich 2008. *Weltrisikogesellschaft.* Suhrkamp, Frankfurt a.M.

Bode, Thilo 2010. *Die Essensfälscher. Was uns die Lebensmittelkonzerne auf die Teller lügen.* Fischer Verlag, Frankfurt a.M.

Buron, Sarah 2013. *Soziale Bewegung auf dem Land. Einfluss kleinbäuerlicher Organisationen am Beispiel von La Via Campesina.* BA Arbeit – eingereicht an der Fachhochschule Eberswalde und Humboldt-Universität zu Berlin, FG Gender & Globalisierung. Berlin.

Dirar, Hamid H.A. 1993. *The Indigenous Fermented Food of the Sudan.* Cab International, Wallingford.

Duve, Karen 2011. *Anständig essen. Ein Selbstversuch.* Kiepenheuer & Witsch, Köln.

Egger, Kurt und Stephan Pucher (Hrsg.) 2012. *Was uns nährt, Was uns trägt. Humanökologische Orientierung zur Welternährung.* oekom Verlag, München.

Elson, Diane 2002. Gender Responsive Budget Initiatives: Some Key Dimensions and Practical Examples. In *Boell Stiftung* URL: http://www.glow-boell.de/de/rubrik_3/6_504.htm (10.12.2013).

FIAN 2005. *Millenniums-Hunger. Halten die Regierungen, was die Entwicklungsziele versprechen?* Nr. 3/05.

Freire, Paulo 1973. *Pädagogik der Unterdrückten. Bildung als Praxis der Freiheit.* Rohwolt, Reinbeck bei Hamburg.

Petrini, Carlo 2007. Communities of Food. In Vandana Shiva (ed.) *Manifestos on the Future of Food & Seed.* South End Press. Cambridge, MA: 11-23

Pollan, Michael 2007. You are what you grow. In Vandana Shiva (ed.) *Manifestos on the Future of Food & Seed.* South End Press. Cambridge, MA: 132-141.

Shiva, Vandana 2007a. For the Freedom of Food. In Vandana Shiva (ed.) *Manifestos on the Future of Food & Seed*. South End Press. Cambridge, MA: 35-40.

Dies. 2007b. Terra Madre: A Celebration of Living Economies. In Vandana Shiva (ed.) *Manifestos on the Future of Food & Seed*. South End Press. Cambridge, MA: 1-7.

Teherani-Krönner, Parto 2009. Chancen zum Überdenken von Agrarpolitiken? Hungerkrise aus feministischer Sicht. In Z. *Zeitschrift Marxistische Erneuerung*. Forum Marxistische Erneuerung e.V./IMSF e.V. (Hrsg.), Heft 76, Frankfurt am Main.: 86-94.

Dies. 2012. Nachhaltige Bildung und transkulturelle Wissenschaftsentwicklung. In Christa Cremer-Renz und Bettina Jansen-Schulz (Hrsg.) *Von der Internationalisierung der Hochschule zur Transkulturellen Wissenschaft*. Nomos, Baden-Baden: 61-79.

Worldwatch Institute (Hrsg.) in Zusammenarbeit mit der Heinrich-Böll-Stiftung 2011. *Hunger im Überfluss. Neue Strategien gegen Unterernährung und Armut. Zur Lage der Welt 2011*. oekom Verlag. München.

AutorInnen

Mary Abukutsa Onyango
ist kenianische Agrarwissenschaftlerin, die an verschiedenen Universitäten in Kenia gearbeitet und geforscht hat. Sie ist Professorin für Gartenbau und leitet die Abteilung für Pflanzenzüchtung an der Jomo Kenyata Universität in Nairobi. Mary Abukutsa Onyango hat mit ihrer Forschung maßgeblich zur Neubewertung indigener Gemüsesorten in Kenia beigetragen. Ihre Promotion hat sie in England abgeschlossen und wurde mehrfach für ihre international anerkannten Forschungsarbeiten ausgezeichnet.
E-Mail: mabukutsa@yahoo.com

Georg Eysel-Zahl
war von 2007-2011 Geschäftsführender Vorstand der Sarah Wiener Stiftung – „Für gesunde Kinder und was Vernünftiges zu essen" in Berlin. Werdegang: Nach einem Doppelstudium der Biologie und Geografie an der Universität Heidelberg promovierte er mit einem Stipendium des Landes Baden-Württemberg interdisziplinär zu Fragen der Biodiversität und Nachhaltigkeit im Agrarbereich (v. a. im Ökologischen Landbau). Nach wissenschaftlicher Mitarbeit im Projekt Kulturpflanzenvielfalt des Naturschutzbund Deutschland (NABU) e. V. übernahm er von 2002 bis 2007 leitende Positionen im Umfeld des traditionsreichsten Bio-Anbauverbandes Demeter, bevor er die Sarah Wiener Stiftung aufbaute und leitete. Aktuell ist er Geschäftsführer der VRD Stiftung für Erneuerbare Energien in Heidleberg.
E-Mail: eysel-zahl@web.de

Brigitte Hamburger
ist Diplom-Sozialwirtin, arbeitet im Bereich der Sozialen Dienste vorwiegend für Menschen mit Demenz und als Dozentin. Zuvor war sie im Verlag, im Buchhandel, in der außerschulischen Erwachsenenbildung und als Wissenschaftliche Mitarbeiterin tätig. An mehreren internationalen Projekten an der Landwirtschaftlich-Gärtnerischen Fakultät der Humboldt-Universität zu Berlin und im EU-Bildungsprogramm Grundtvig war sie als Mitarbeiterin oder Projektleiterin beteiligt.
E-Mail: mail@brigitte-hamburger.de

Josephine Hilliges
wuchs in der gemeinnützigen Obstbausiedlung *Eden* auf, einer Genossenschaft, in der Nähe von Berlin, die 1898 gegründet wurde. Es ging

den Bewohnern darum, Alternativen zum anonymisierten und konsum-
orientierten urbanen Lebensstil zu entwickeln. So kam Josephine Hilliges früh in Berührung mit Ideen gemeinschaftlich-partizipativer Organisation. Nach einem Freiwilligen Ökologischen Jahr bei der Grünen Liga
Berlin studierte Josephine Hilliges Sozialwissenschaften in Berlin mit
einem Fokus auf Agrarsoziologie. Im Jahr 2011/2012 nahm sie am
Women's Studies-Progamm der Universität von Kalifornien in Davis
teil. Ihr Interesse gilt insbesondere gemeinschaftlichen Formen der
Landnutzung.
E-Mail: josephine.hilliges@gmail.com

Michel Lanz

studierte zunächst an der Landwirtschaftlich-Gärtnerischen Fakultät der
Humboldt Universität zu Berlin, wo er seinen BA in Gartenbauwissen-
schaften abgeschlossen hat. Er absolviert sein Masterstudium in *Forest
Information Technology* an der Hochschule für nachhaltige Entwicklung in Eberswalde und der Naturwissenschaftlichen Universität War-
schau. Er zeigte großes soziales Engagement bei der Gründung des Offenen Gartens und Kultur- und Bildungszentrums Raoul Wallenberg in
Berlin Weißensee, zu dem er auch ein Studienprojekt initiiert hat. Er
wurde mit dem Studienstipendium der Heinrich-Böll-Stiftung ausgezeichnet. Derzeit arbeitet er im Bereich Forschung und Entwicklung in
der IT-Branche.
E-Mail: michel.lanz@gmx.de

Elisabeth Meyer-Renschhausen

ist Privatdozentin der Soziologie am Fachbereich Politik- und Sozialwis-
senschaft und Expertin für die Sozialanthroplogie des Speisens sowie
der urbanen Landwirtschaft / des *Urban Gardening* an der Freien Uni-
versität Berlin. Elisabeth Meyer Renschhausen war Gastdozentin an der
Landwirtschaftlich-Gärtnerischen Fakultät der Humboldt Universität zu
Berlin. Publikationen zum Thema: der Streit um den heißen Brei, Zu
Ökologie und Geschlecht einer Kulturanthropologie der Ernährung,
Herbolzheim: Centaurus 2002 sowie Unter dem Müll der Acker –
Community Gardens in New York City, Königstein im Taunus: Ulrike
Helmer Verlag 2004. Sie ist die Gründerin der AG Kleinstlandwirt-
schaft und Gärten, die mehrere Bücher zur *Wiederkehr der Gärten* als
Gärten der Frauen herausbrachte. Auch gab sie den Anstoß zur Grün-
dung des Gemeinschaftsgartes *Allmende-Kontor* auf dem ehemaligen
Tempelhofer Flughafen.
E-Mail: elmeyerr@zedat.fu-berlin.de

Mirjam Röder
hat an der Landwirtschaftlich-Gärtnerischen Fakultät der Humboldt-Universität zu Berlin Agrarwissenschaften studiert. Im Rahmen des Ahfad-Humboldt-Link Programms war sie als Austauschstudentin im Sudan, wo sie auch später ihre Feldforschung zu ihrer Dissertation durchgeführt hat. Ihre Forschungsarbeiten befassen sich mit Fragen der Nachhaltigkeit in Landwirtschaft, Ernährungssysteme und Bioenergie unter dem Einfluss des Klimawandels. Veränderungen in Landnutzungssystem und Ernährungssicherheit sind Themenfelder, die sie auch in ihrer Arbeit am *Tyndall Centre for Climate Change Research* der Universität von Manchester in England verfolgt.
E-Mail: mirjam.roeder@manchester.ac.uk

Rita Schäfer
ist Ethnologin mit Feldforschungserfahrung in Westafrika und im südlichen Afrika, u. a. in Zimbabwe, Südafrika und Sierra Leone. Sie arbeitet als freiberufliche Wissenschaftlerin und Gutachterin. Sie hat zwei DFG-Projekte durchgeführt und hat als Gastprofessorin in Göttingen und an der Humboldt-Universität zu Berlin gelehrt. Ihre Forschungsarbeiten sind mehrfach ausgezeichnet worden. Ihre genderbezogenen Arbeiten zeugen von einem tiefen Verständnis für den historischen Kontext der jeweiligen Gesellschaft. Sie ist Autorin mehrerer Bücher, u. a. „Frauenorganisationen und Entwicklungszusammenarbeit" 1995), „Guter Rat ist wie die Glut des Feuers" (1998), „Gender und ländliche Entwicklung in Afrika" (2003), „Frauen und Kriege in Afrika" (2008).
E-Mail: marx.schaefer@t-online.de

Julika Schmitz
studierte Gender Studies mit Schwerpunkt Agrarwissenschaften und wurde zur Preisträgerin beim Posterwettbewerb *Zwischen Hörsaal und Projekt* der GIZ. Bei ihrem Aufenthalt in Ecuador konnte sie empirisches Material für ihre Abschlussarbeit sammeln. Seit 2003 beschäftigt sie sich mit Aspekten der Nachhaltigkeit und war aktiv in mehreren Umweltorganisationen und der GIZ. Als Studentin arbeitete sie für LIFE e. V./genanet, wohin sie jetzt mit dem Projekt *Care, Gender and Green Economy. Forschungsperspektiven und Chancengerechtigkeit nachhaltigen Wirtschaftens* (CaGE) zurückgekehrt ist.
E-Mail: julikalena@gmx.de

Parto Teherani-Krönner
ist sozialwissenschaftlich orientierte Humanökologin. Ihre Magisterarbeit hat sie in Agrarsoziologie und ihre Promotion in Umweltsoziologie geschrieben. Seit Anfang der 90er Jahre konnte sie das Arbeitsgebiet der Ruralen Frauen- und Geschlechterforschung an der Landwirtschaftlich-Gärtnerischen Fakultät der Humblot Universität zu Berlin aufbauen, das nunmehr als Fachgebiet Gender & Globalisierung etabliert wurde. Sie hat Forschungs- und Lehrerfahrungen in den Themenfeldern Gender in Umwelt und Landwirtschaft, Kulturökologie der Ernährung und urbanem Gartenbau mit Feldforschungen in Deutschland, Iran, Sudan. Zurzeit arbeitet sie als Beraterin in einem Forschungsprojekt zu indigenen Gemüsesorten in Ostafrika. Sie ist Mitglied im wissenschaftlichen Beirat der Deutschen Gesellschaft für Humanökologie.
E-Mail: parto.teherani-kroenner@agrar.hu-berlin.de

Nachhaltigkeit von
A-Z →

G wie Genuss

Immer mehr Menschen ernähren sich vegetarisch oder vegan. Was und wie wir essen wird immer bedeutender – manche(r) beklagt eine übertriebene Moralisierung dieses menschlichen Grundvollzugs. Dabei kann eine ethische Wahrnehmung der Ernährung durchaus intensiven Genuss fördern. Essen und Trinken beinhalten vielschichtige Botschaften, die in Speisen, Tischsitten, der Zubereitung und dem Verzehr verborgen sind. Ihre Entdeckung führt zu überraschenden und teils auch provokanten Einsichten.

M. Rosenberger
Im Brot der Erde den Himmel schmecken
Ethik und Spiritualität der Ernährung
446 Seiten, broschiert, 34,95 Euro, 978-3-86581-687-0

H wie Handlungsstrategien

Ressourcenkonflikte, Versteppung, Erderwärmung und Bevölkerungswachstum werden die bereits heute herrschende Nahrungsmittelknappheit noch deutlich verschärfen. Internationale Experten entwerfen hier Handlungsstrategien für die Zukunft und gehen der Frage nach, wie unsere Erde zukünftig ihre Bewohner nachhaltig ernähren kann. Spannend zu lesen sind die vielfältigen Praxisberichte – von Ausflügen in die urbane Landwirtschaft bis hin zur bäuerlichen Familienlandwirtschaft in Brasilien.

S. Albrecht, R. Braun, Z. Heuschkel, F. Marí, J. Pippig (Editors)
Future of Food
State of the Art, Challenges and Options for Action
266 Seiten, broschiert, komplett in englischer Sprache, 39,95 Euro,
ISBN 978-3-86581-419-7

Bestellen Sie versandkostenfrei innerhalb Deutschlands unter www.oekom.de, oekom@verlegerdienst.de

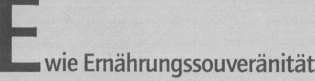